U0809782

旅游大数据

应用与实践

黎巎　张俊刚　张璐　赵翔◎编著

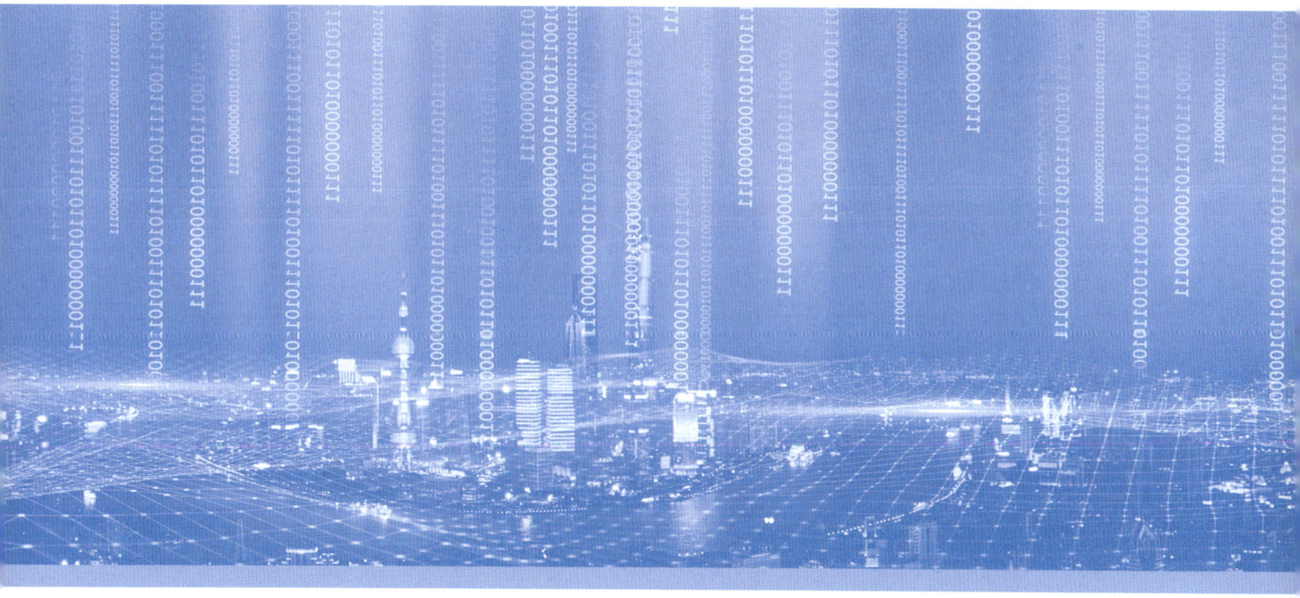

中国旅游出版社

项目策划： 孙妍峰
责任编辑： 孙妍峰
责任印制： 钱 宬
封面设计： 武爱听

图书在版编目（CIP）数据

旅游大数据应用与实践 / 黎巎等编著. -- 北京 : 中国旅游出版社，2021.4（2025.1重印）

ISBN 978-7-5032-6692-8

Ⅰ. ①旅… Ⅱ. ①黎… Ⅲ. ①数据处理－应用－旅游业－高等学校－教材 Ⅳ. ①F59-39

中国版本图书馆CIP数据核字(2021)第065370号

书　　名： 旅游大数据应用与实践

作　　者： 黎巎　张俊刚　张璐　赵翔　编著
出版发行： 中国旅游出版社
（北京静安东里 6 号　邮编：100028）
http://www.cttp.net.cn　E-mail:cttp@mct.gov.cn
营销中心电话：010-57377103，010-57377106
读者服务部电话：010-57377107
排　　版： 北京旅教文化传播有限公司
经　　销： 全国各地新华书店
印　　刷： 三河市灵山芝兰印刷有限公司
版　　次： 2021 年 4 月第 1 版　2025 年 1 月第 4 次印刷
开　　本： 787 毫米 ×1092 毫米　1/16
印　　张： 17.5
字　　数： 370 千
定　　价： 49.80 元
I S B N　978-7-5032-6692-8

版权所有　翻印必究

如发现质量问题，请直接与营销中心联系调换

序 言

黎巎教授主编了一部题为《旅游大数据应用与实践》的著作，邀我为其作序。我颇费踌躇。也许是因为她知道我曾讲授过十几年统计学的缘故，加之又在做一些旅游研究的工作，所以才促使她萌生让我写序的念头吧。但其实，我的那点儿个人经验，与相关领域突飞猛进的技术发展相比，已经完全、彻底落伍了。按照一段时间颇为盛行的观念来看，利用传统的统计学手段认识世界，至少在大数据占据主导性潮流的时代，似乎已经力有不逮了。当头脑中有了这样一些想法之后，就更不敢轻易捉笔。但犹豫再三，深感却之不恭，只能忝列门墙，贸然说几句外行话，以就教于黎巎教授及其同人在相关领域所做的筚路蓝缕的探索。

随着现代数字技术的发展，大数据已经越来越作为一种资源而存在。如果我没有理解错的话，大数据不仅具有海量特征，而且，相比于传统的借助于统计手段采集的数据而言，它还是一种伴生性的自然数据。对于所有人类乃至于为人类所关切的所有生命和非生命的存在来说，只要他们被人类配置以相应的数据采集设备、工具，并建立相应的数据关系逻辑，他们的存在状态就很可能由相应伴生的大数据来表征。于是，这种可以使人类从整体上认识世界的数据呈现，自然也就成为一种绝对稀缺的资源。谁拥有、占有这样的资源，谁就很可能获得某种话语权乃至其他权力，拥有对世界做出权威解释的能力。从这个意义上说，大数据可能正在改变着当今世界的权力关系和权力架构。

不过，大数据与传统的统计学，甚至与人类所建立的被我称为"第二系统"（见拙著《灵水识谭》）的整个知识形式和语言体系相比，在本质上未必有多少更为出人意料的神奇能力。说到家，它依然仅仅是一个工具而已。面对生生不息的世界，大数据与人类知识生产所积累的所有理论模型一样，都将仅仅是对过往世界的呈现而已。大数据可以帮助人类更系统、更全面甚至更准确地积累“常识”，更好地构建某种貌似“全元素”的理论模型，但大数据依然无法与人类的智慧（或可称为“缘识”）相比肩。人类所具有的见微知著、洞幽烛微的能力，以及人类所奉持的往事不追、来世不迎的生命态度，一直在挑战人类对知识命题那种孜孜以求的态度。从这个意义上来理解大数据，会把我们从数据崇拜、大数据崇拜的神坛拉回到现实人生，辨正地看待大数据在人类知识生产中的作用。

自从科学成为主导知识生产的主要路径以来，实证研究就是知识界最主要的工作方式。在这一范式之下，经验数据（Data）就成为科学工作者最基本的工作材料。这样，站在科学占主流的现代社会，我们就要看到，大数据在科学知识生产中的地位，看到大数据在“常识”或“理论”的生产中所具有的超越传统统计学和其他借助对数据资料进行加工的知识生产路径，意识到大数据在未来的应用空间必将会越来越大。最近十多年来在这个领域的现实发展已经证明了这一点。尤其是在2020年，这个当代人类所经历的极为不同寻常的一年，也从一个非同一般的角度证明了大数据对于解决人类共同面临的重大问题的能力和价值。就此而言，黎巎教授及其团队所探讨的大数据的应用和实践问题，就具有特殊的意义。尤其值得肯定的是，作者团队将大数据技术用于解决旅游实践中的旅游消费行为、品牌管理和营销推广等领域，其现实的指导意义和工具价值都很大。相信本书的出版，会对整个旅游学科的理论建设大有裨益。

不揣冒昧，忝为之序。

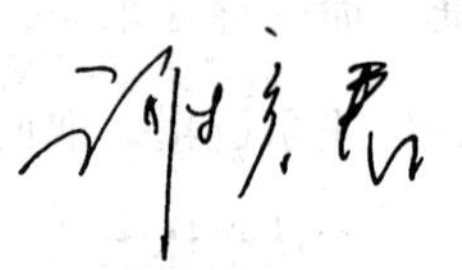

2021年2月5日

于海南大学东坡湖畔

前　言

大数据的概念与技术自提出以来，受到世界各国、各应用领域的广泛关注和推动。旅游业受益于移动互联网和智能移动设备在游客中的大量普及，游客及其所使用的设备产生了海量数据，如何合法、合理地获取这些数据并加以科学分析，更好地为旅游业治理、提质升级以及可持续发展提供决策支持，是旅游业需要解决的问题。

近年来，在需求引导和政府指导下，旅游业积极探索大数据应用，尝试应用大数据技术提升旅游营销、宣传、服务以及行业监管等方面的水平。然而，当前全国旅游大数据人才奇缺，由于人才缺乏，无法对旅游大数据进行有意义的采集、有价值的分析并实际应用到旅游工作中。这一问题已经直接制约了旅游业数字化、信息化以及现代化发展水平。

本书为适应旅游大数据专业方向人才培养大趋势而编写，适用于旅游高等院校旅游大数据教学和行业内各类旅游大数据培训。主要内容包含旅游大数据的基本概念，基于大数据的旅游消费行为分析、旅游品牌管理、旅游营销推广与效果评估、旅游行政监管、旅游舆情应急管理以及旅游客流统计与预测六个方面的基础知识、相关技术、最佳实践以及未来的应用方向。

全书建议学时为 48 学时。本书中各章的参考学时参见以下学时分配建议表。

章	节	理论学时	实践学时	总学时
第一章　认识旅游大数据	第一节　认识大数据	2		4
	第二节　认识旅游大数据	2		
第二章　基于大数据的旅游消费行为分析	第一节　旅游消费行为	2		6
	第二节　旅游消费行为的大数据分析	2	2	

续表

章	节	理论学时	实践学时	总学时
第三章　基于大数据的旅游品牌管理	第一节　认识旅游品牌	1		6
	第二节　旅游品牌评估	2	2	
	第三节　旅游品牌的应用	1		
第四章　基于大数据的旅游营销推广与效果评估	第一节　旅游目标市场分析	2		12
	第二节　目标市场生命周期判断	2	2	
	第三节　营销推广及广告投放	2		
	第四节　营销效果评估	2	2	
第五章　基于大数据的旅游行政监管	第一节　认识旅游行政监管	1		4
	第二节　旅游行政监管常用的大数据	1		
	第三节　大数据在旅游行政监管中的应用	2		
第六章　基于大数据的旅游舆情应急管理	第一节　认识旅游舆情	1		8
	第二节　旅游舆情数据采集与处理			
	第三节　旅游舆情分析	1	2	
	第四节　舆情处置	1	1	
	第五节　旅游声誉修复	1	1	
第七章　基于大数据的旅游客流统计与预测	第一节　基于大数据的旅游客流统计	1	1	8
	第二节　基于大数据的旅游客流预测	1	1	
	第三节　旅游统计与大数据	2	2	

本书具有以下特色：

（1）本书是我国以及国际范围内第一本面向旅游高等教育专科、本科、研究生以及旅游从业人员的偏重应用的旅游大数据教材，旨在促进旅游高等院校开设相关课程，业界开展相关培训，旅游大数据相关人才的培养。

（2）本书体现了产学研协同合作的特色结果，主编和参编人员来自旅游高等院校和旅游大数据企业，教学设计目标为培养学生既具备基础知识，又具备实际应用能力。

（3）本书围绕大数据在旅游领域中应用最为典型的方向开展教学，教学内容将旅游大数据的基本概念、原理、技术和行业应用与实践进行一体化教学，实践操作性强，教学案例均从实际应用中来，培养学生解决实际问题的能力。

（4）本书配套了旅游大数据平台和数字资源教学支持，教学设计中融入了旅游大数据平台的实际使用、案例分析和数据资源，以实际操作加强相关知识、技术以及原理的理解和应用。

本书由黎巎和张俊刚负责总体与结构设计。第一章由黎巎、张璐编写；第二章由张璐、黎巎编写；第三章由于洋编写；第四章由赵翔编写；第五章由张俊刚、黎巎编写；第六章由张俊刚、兰芸与吴飞编写；第七章由黎巎、文玲与吴飞编写；全书由黎巎进行统稿。

本书的编著过程是一个对旅游大数据应用并开展高等教育的探索过程。将尚未纳入旅游高等教育成熟体系的前沿技术与应用厘清并系统性讲解，是一个不小的挑战，未来也还需各类旅游高等院校与产业方协同创新、逐渐完善。对于本书存在的问题和不足之处，还恳请各位读者不吝批评指正。

编者

2021 年 1 月

目　录

第一章

认识旅游大数据

【学习目标】

· 掌握数据、信息、知识和智慧之间的关系
· 理解大数据的 4V 特性
· 了解大数据技术在典型行业中的应用
· 认识旅游的特点和对大数据的需求
· 了解大数据在旅游领域的典型应用
· 理解大数据支撑下的智慧旅游

第一节 认识大数据

要想认识旅游大数据，首先要认识大数据；而对大数据的认识，要基于对“数据”的理解。

一、对“数据”的理解

从广义的角度讲，数据是能输入到计算机，并被计算机程序进行加工处理的对象。从计算机科学自身的角度出发，其中被较为广泛接受的关于“数据”的理解来自知识管理（Knowledge Management）领域的关于数据（Data）、信息（Information）、知识（Knowledge）和智慧（Wisdom）之间关系的 DIKW 金字塔模型（见图 1-1）。从中可以看出，数据、信息、知识和智慧之间是相互联系与彼此依存的关系。

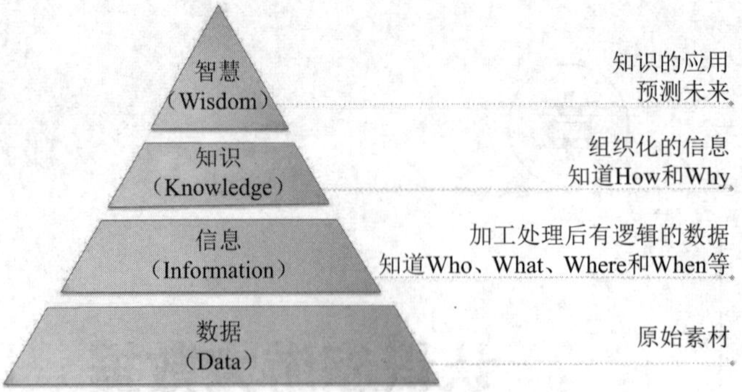

图 1-1　DIKW 金字塔模型

（一）数据和信息

数据是未经加工解释的原始素材。可以认为“数据”是对现实世界的一种单纯的记录，记录客观事物的性质、状态及相互关系等内容。图 1-2 是两张故宫博物院的门票，分别记录了游客进入景区的人数、价格及时间等内容。在没有被进一步加工解释前，这些记录，仅仅是对进入故宫游览这种旅游活动状态的一种记录，不代表任何特别的意义。

图 1-2　故宫门票—景区数据

信息是与数据直接相关的概念，意为对数据的加工解释。也就是说，数据作为一种原始素材，被加工解释后便形成了信息。这些信息可以认为是对现实世界的带有一定意义的描述。例如，对大量故宫门票记录进行收集和分析，可以得到故宫运行情况的相关描述，如对游客流量的统计描述。据故宫博物院相关负责人介绍，2009 年，故宫博物院年度接待观众人数首次突破 1000 万人次，之后每年参观人数都以百万计持续增长：2012 年度突破 1500 万人次，2016 年突破 1600 万人次。2018 年故宫接待观众人数首次突破 1700 万人次，据统计机构 Statista 发布的全球博物馆游客数量的统计数字显示，故宫以绝对优势居首，成为当之无愧的世界上参观人数最多的博物馆（见图 1–3）。这样大量的、丰富的及综合的景区信息，能够为管理者全面与准确地掌握景区运行情况提供有力支撑，从而更好地对景区进行有效管理。

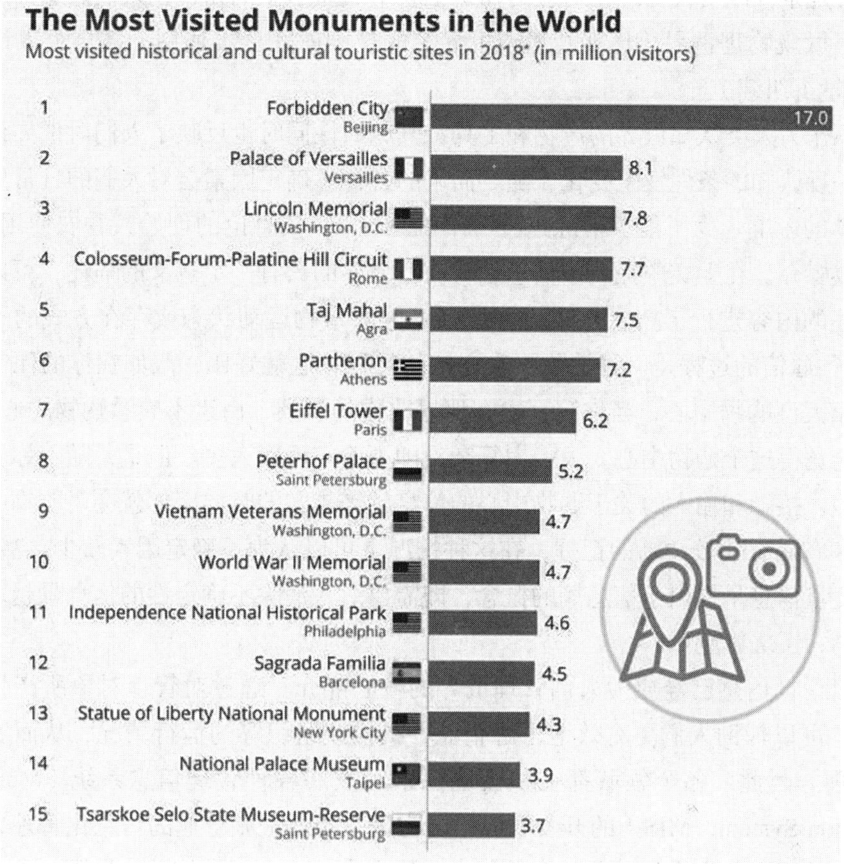

图 1–3 全球博物馆参观人数统计信息

（二）信息和知识

最早的关于知识的理解由古希腊哲学家柏拉图提出，并且一直对后世有着深远的影响。他认为知识是：“合理的真实的信仰（Justified True Belief）。”这里涉及与知识相关的三个关键词：合理（Justice）、真理（Truth）及信仰（Belief），分别代表了知识的三个方面。对合理、合法、公平及公正等内容的探讨属于伦理学的范畴。对何谓“信仰”的理解又十分主观。因此，都不适用于本书中对“知识”的讲解。但是，对于真理，却存在着被普遍接受的看法。伟大的哲学家马克思认为，从二分法的角度出发，真理可以被分为：绝对真理（Absolute Truth）和相对真理（Relative Truth）。

绝对真理可被认为是能够对客观世界的一切进行解释的终极真理。例如，理论物理学界弦论（String Theory）的最终目标就是能够发现一个可以解释客观世界一切变化的，最简单与最基本的公式。然而，到目前为止都没有任何的研究表明绝对真理的发现。与绝对真理相对，相对真理则是指人们对于客观世界的认知都是在一定条件下成立的。相对真理体现的是知识的相对性，即现如今人类所有的知识都是在一定条件下成立的。换言之，若是条件改变，与之相对应的知识也就不成立了。例如，在人们熟悉的宏观物理世界中，微观物理世界（比如，量子世界）的规则就完全不适用，甚至可以说是颠覆（比如，量子纠缠）。

知识作为人类认知世界的产物和工具，其相对性同时也反映了人们对世界认知的局限性。一旦认知的条件发生变化，随之而来的各种不确定因素会对人们的日常生活造成难以预计的影响。为了能够消除这种“不确定性”，信息论的创始人香农使用“信息”作为有效媒介。在上文中提到，信息是对现实世界的具有一定意义的描述。可以说，香农对描述的内容进行了拓展，他认为:“信息是对事物运动状态或存在方式的不确定性的描述。”通信的过程是一种消除不确定性的过程。这就好比，假如在你的住宅附近新开了一家大型购物中心，当你第一次在那里购物的时候，由于不熟悉购物中心的布局，你可能会觉得这个购物中心太大、太复杂，即不确定因素太多。但是，随着你去的次数越来越多，接触和输入的关于购物中心的信息越来越多的时候，你就会对购物中心整体的结构和布局有比较清晰的把握，在这种情况下可以认为不确定因素较少，甚至没有。香农为度量信息量提出了信息熵的概念，即需要引入消除不确定性的信息量越多，则信息熵越高，反之则越低。

可以说，信息已经成为人们管理世界的核心媒介。通过对管理对象所产生的信息的掌握，可以辅助人们更有效地了解企业、机构或组织等的运行情况，从而实现更有效的管理。因此，各个领域都在积极地探索和发展各种管理信息系统（Management Information System，MIS）的开发和应用。为进一步促进旅游业的信息化管理，国务院更是在《关于加快发展旅游业的意见》中明确提出“建立健全旅游信息服务平台，促进旅游信息资源共享”和“以信息化为主要途径，提高旅游服务效率”等指导意见。

从现代社会的角度来讲，知识来源于对大量信息的分析，通过挖掘信息背后隐藏的规律或原理，从而实现对现实世界的探索。从大众日常生活的方面来看，社交、搜索、电商及移动 App 这些领域都在不断产生大量的数据。基于对大量数据的分析，又能够持续得到海量的信息。既然信息是人们管理世界的核心媒介，那么，对于知识的分析和挖掘也能够随着数据和信息的不断产生而持续更新，从而有效地突破人类认知世界的局限性。随着我国从工业时代进入知识经济时代，整个社会的发展对知识的需求迫在眉睫。在科学技术不发达的时代，对知识的分析和挖掘主要依靠人类的经验和智慧。现如今，由于人工智能等新一代信息技术的飞速发展，知识的发现已经可以基于复杂的且智能化的计算机算法来实现（见图 1-4）。

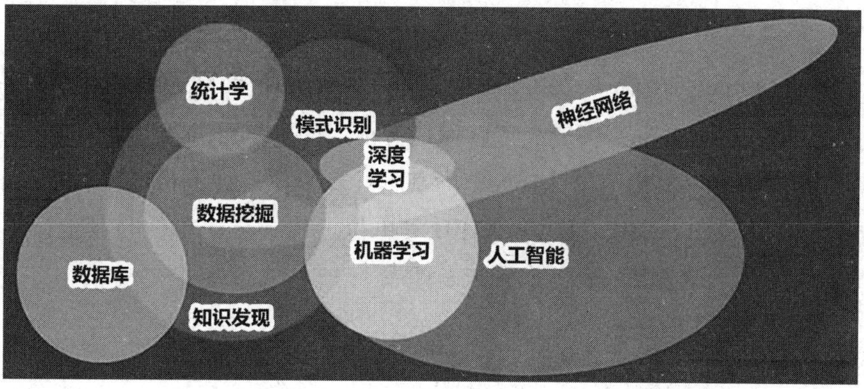

图 1-4 人工智能相关领域关系图

（三）知识和智慧

智慧是对知识的运用，是人们对现实世界进行创新的基础。在英语中，经常用于描述“智慧”的主要有两个单词“Wisdom”和“Intelligence”。而这两个单词也分别代表了人们对于智慧的两种不同理解。“Wisdom”主要用于描述人对知识的运用程度。例如，同一个班的学生，坐在同一个教室，听同一位老师讲授相同的内容。但是，期末考核的时候，每个人的成绩都不同。除却期末复习等因素，也从一定程度反映了不同的学生对知识的掌握程度不同。人对于知识的运用十分复杂，涉及个人的认知系统，成长背景，乃至人脑物理结构等综合内容。“Intelligence”同样用于描述人类智慧，但却是从更为客观的角度出发，经常用来描述采用定量方式对人类智慧进行量化的活动。例如，由美国斯坦福大学心理学家推孟教授提出的，用于衡量个人智力高低的标准——智商，即智力商数（Intelligence Quotient）。随着认知科学等领域对人脑的探索不断深入，大量的人类经验和智慧模式被发现和总结，使得机器模仿人类成为可能，促进人工智能领域（Artificial Intelligence）的形成和发展，进一步调和了人类主观性和机器客观性之间的矛盾。目前，对人工智能的探索主要分为两个主要方向：一是较为传统的，依然以模仿人类为核心的探索；二是以实现某个优于人类的功能为终极目标的探索。例如，现代家庭常用的智能扫地机器人，其工作原理并不是试图模仿人类扫地的机制，而是主要基于对空间的科学计算，以达到高效扫地的目的。而不管是哪一种探索方式，知识都是人工智能的基础。

二、对“大数据”的理解

我们对“数据”的概念已经有所了解，那么何谓“大数据”？大数据的“大”体现在哪里？这是我们接下来需要讨论的问题。一般认为，大数据的“大”主要体现在它的 4V 特性，即体量大（Volume）、种类多（Variety）、价值高（Value）及速度快（Velocity）。

（一）体量大（Volume）

提到“大数据”，人们往往会直观地联想到“大量数据”的意思，也就是大体量的数据（Data with Big Volume）。要想了解体量大小，首先要知道数据的体量是如何度量的。计算机中的数据存储以字节（Byte）为基本计算单位，往上目前比较常用的是（B代表Byte）：KB、MB、GB、TB、PB、EB等单位。每级存储单位与其上级单位的换算关系都是1:1024，即1:2^10，其换算关系如表1-1所示。

表1-1 存储单位换算

数据单位	换算关系	举例
Byte		相当于一个英文字母
KB	1KB=1024B	相当于一则短片故事
MB	1MB=1024KB	相当于一则短篇小说
GB	1GB=1024MB	相当于贝多芬第五乐章交响曲的乐谱
TB	1TB=1024GB	相当于一家大型医院中所有的X光图片资讯量
PB	1PB=1024TB	相当于50%的全美学术研究图书馆藏书资讯内容
EB	1EB=1024PB	5EB相当于至今全世界人类所讲过的话语

据统计，1986年，全球只有0.02EB也就是约21000TB的数据量，而到了2007年，全球已经达到280EB（约300000000TB）的数据量，比之前翻了14000倍。近些年，由于移动互联网与物联网等新一代信息技术的出现和普遍应用，各种终端设备的接入，各种业务形式的普及，使得全球数据量几乎以平均每40个月的频率成倍增加。在2012年，每天会产生大约2.5EB的数据量。据英特尔预测，从2013年到2020年，全球数据量将会从4.4ZB猛增到44ZB（1ZB=10亿TB=1万亿GB），而单单中国产生的数据量就将达到8ZB，大约占据全球总数据量的五分之一。由此可见，随着社会的进步和科学技术的发展，人类已经积累了大量的数据，并且还将会以近乎爆炸式的方式持续增长。

（二）种类多（Variety）

除了体量大，大数据的“大”还体现在数据种类的多样性上。与传统数据相比，大数据可处理的数据种类的多样性主要体现在哪里？要回答这个问题，首先要了解目前都有哪些类型的数据。任何事物的分类方法主要是为人们提供理解该事物的多种角度。因此，从不同的角度出发，会产生对数据种类的不同认知。例如，若是从专业领域的角度出发，可以得到生物数据、天文数据与人口统计数据等与专业相关的数据类型。

从一般意义上讲，较为通用的数据分类方法将数据分为了结构化数据（Structured Data）、半结构化数据（Semi-structured Data）和非结构化数据（Unstructured Data）。

这三类数据最主要的区别在于是否存在预先定义好的数据模型（Data Model）。模型（Model）可以认为是对现实世界的抽象。不管是具体的玩具模型，复杂的建筑模型，抑或是抽象的数学模型等都是对所描述事物关键特征的一种抽象。以此类推，数据模型（Data Model）可以理解为是对数据特征的一种抽象描述。结构化数据使用二维表结构（例如，Excel 表格）来描述数据的抽象特征，是高度组织化、格式化及规律化的数据（见表 1-2）。典型的结构化数据包括日期、电话号码、地址、邮编及各种报表等。正是由于存在清晰明确的结构，使得结构化数据能够被高效地进行处理分析。

表 1-2　结构化数据——学生考勤表

学号	姓名	性别	专业
1001	张三	男	旅游管理
1002	李四	女	酒店管理
1003	王五	男	会展管理

介于结构化和非结构化数据之间的一类数据是半结构化数据。半结构化数据只具有一定的结构性。其中依然包含着非模型化的部分，为半结构化数据提供一定的灵活性，而这也正是其优势所在。以典型的半结构化数据 XML 为例，XML 是一种用于标记电子文件，使其具有结构性的标记语言（见图 1-5）。XML 使用标签对（例如，<person></person>）来组织内容。标签对之间可以进行嵌套来组织逻辑。但是，对具体使用哪些标签并没有统一规定，而是根据上下文决定。例如，标记一个人的信息，可能包括其姓名、年龄及性别等内容。若是需要添加其他的属性，可以继续添加相应的标签对。

```
<person>
    <name>A</name>
    <age>13</age>
    <gender>female</gender>
</person>
```

图 1-5　半结构化数据——XML

非结构化数据与结构化数据相对，是没有通过预定义的数据模型进行结构化的数据，即无法使用二维表结构对其数据特征进行描述的数据。典型的非结构化数据以文本、图片、音频和视频为主，在互联网上的内容形式中占据了很大比例。随着“互联网 +”战略的实施，将会有越来越多的非结构化数据产生。据预测，非结构化数据将占据所有各种数据的 70%~80%。结构化数据的分析挖掘技术经过多年的发展，已经形成了相对比较成熟的技术体系。由于没有清晰明确的模型化的结构，使得对非结构化数据的处理一直存在很大的困难。直到大数据技术的崛起，为处理和分析非结构化数据提供了有效支撑。也正是由于非结构化数据中没有限定结构形式，表示灵活，蕴含了丰富的信息。因此，对非结构化数据强大的计算能力成为大数据技术的关键特点之一。

（三）价值高（Value）

相比传统数据，大数据的高价值一部分来源于前面提到的两个特性，即体量大和种类多。首先，爆炸式增长的数据量保证了大数据能够挖掘更高价值的基础。其次，对非结构化数据的分析作为大数据的核心技术特色和传统数据分析涉及较少的部分，又为大数据提供了挖掘高价值的更多可能性。

由于大数据呈现出的新特性，原有的数据分析方式已经不足以发挥大数据的价值，从而导致新的数据分析方式的出现。其中，对数据间“关联关系”的重视是典型现象之一，而这也正是大数据高价值特性的另一部分体现。随着大数据的兴起，人们逐渐发现有些看似“风马牛不相及”的事情，却有很强的“关联性”或叫作“相关性”。例如，大数据的典型案例——啤酒与尿布的故事。全球零售业巨头沃尔玛在对消费者购物行为分析时发现，男性顾客在购买婴儿尿片时，常常会顺便搭配几瓶啤酒来犒劳自己，于是尝试推出了将啤酒和尿布摆在一起的促销手段。没想到这个举措居然使尿布和啤酒的销量都大幅增加。

经常与数据间的关联关系（即“相关性”）一同讨论的还有因果关系（即“因果性”）。一般来讲，因果关系讨论的是两个事件（即“因”与“果”）之间的作用关系。从逻辑上讲，这两个事件之间有前后之分，即前面的事件是导致后面事件的原因，而后面的事件是前面事件的结果。以“啤酒＋尿布”的故事为例，沃尔玛超市在通过大数据分析发现了啤酒与尿布销售数据之间的相关性之后，进一步探索了其背后的原因。原来，在美国有婴儿的家庭中，一般是母亲在家中照看婴儿，年轻的父亲去超市买尿布。年轻的父亲在购买尿布的同时，通常会顺便购买啤酒。这便是啤酒与尿布的因果关系。

在大数据领域中一直存在着对相关性与因果性的讨论，甚至争议。比如，有一种观点认为：“在大数据时代，有相关性就够了，不需要因果。”又如，经过千百年来的观察，人们发现“燕子低飞”和“即将下雨”存在相关性。因此，很长时间内，凭借着这样的“经验”，一旦看到“燕子低飞”，人们就知道“天将下雨”，从而提前采取一些必要措施。也是后来，随着科学技术的发展，人们才逐渐了解下雨前天气的变化导致燕子低飞的原因。因此，人们认为大数据凭借其“大”的特性，能够保证数据间相关性的挖掘就已足够。

而另一种观点则认为：“放弃对因果关系的追寻，是人类的自我堕落。”因为，千百年来，因果关系已经深深地写入了人们的思维基因里。做某事前，我们总习惯给自己找个理由。比如说，“我要好好学习，将来才能找个好工作”。事后也爱给自己的行为“结果”，找个“原因”。比如说，“因为我要早晨去上班，所以我必须6点钟起床”。而且，支持这一观点的人们还认为：“相关性分析是寻找因果关系的利器”。的确，在很多相关的事件背后可以进一步挖掘其因果关系（例如“啤酒＋尿布”的故事）。然而，实质却是“相关性并不一定意味着因果性”。比如，太阳的光照时间长会使水果的甜度增加，也会使太阳能的发电量增加。因此，水果的甜度和太阳能的发电量之间会存在一定程度的正相关，然而，却不能得出二者之间存在因果关系的结论。

本书认为，对关联关系和因果关系的评判不应仅围绕数据而言，真正决定其价值的是“需求”。比如，对沃尔玛超市来说，作为零售企业，它最关心的是“能否提高销售额”赚取更多的利润。像“啤酒”与“尿布”这种销售数据间相关性的发现，就足以满足沃尔玛超市的需求，进一步挖掘因果关系并不能为其带来额外的收入。再如，对医生们而言，仅发现生命体征或指标之间的相关性并不是最终目的，发现病人根本的病因才是关键所在。

拓展练习：

大数据的重要意义之一就在于从海量的数据里寻找出一定的相关性，然后推演出行为方式的可能性，从而为决策提供依据、提升管理效率甚至颠覆人类原有的思维模式。大数据的很多经典案例都可以说明这一点（见表 1–3）。

表 1–3 大数据经典案例

案例	简述
指挥世界杯球赛	2006 年世界杯，德国队守门员莱曼在对阿根廷的点球大战之前获得一张教练给的小纸条，纸条上是科隆大学 50 名精英分析出来的阿根廷队队员踢点球的习惯动作和方位，并以此取胜。现在德国足协跟软件公司 SAP 合作，建设了两套升级版的大数据系统。队员和教练直接在 iPad Pro 上实时用图形和视频分析对手每个球员的攻防特点、球队阵型和踢点球习惯。
Google 成功预测冬季流感	2009 年，Google 发现人们输入的搜索关键词代表了他们的即时需要，反映出用户情况。因此，通过分析 5000 万条美国人最频繁检索的词汇，将之和美国疾病中心在 2003 年到 2008 年间季节性流感传播时期的数据进行比较，并建立一个特定的数学模型。最终 Google 成功预测了 2009 年冬季流感的传播甚至可以具体到特定的地区和州。为验证“谷歌流感趋势”预警系统的正确性，Google 多次把测试结果与美国疾病控制和预防中心的报告作比对，证实两者结论存在很大相关性。
超市预知高中生顾客怀孕	2012 年，明尼苏达州一家塔吉特门店被客户投诉，一位中年男子指控塔吉特将婴儿产品优惠券寄给他高中生的女儿。但没多久他却来电道歉，因为女儿经他逼问后坦承自己真的怀孕了。塔吉特百货就是靠着分析用户所有的购物数据，然后通过相关关系分析得出事情的真实状况。
微软大数据成功预测奥斯卡 21 项大奖	2013 年，微软纽约研究院的经济学家大卫·罗斯柴尔德利用大数据成功预测 24 个奥斯卡奖项中的 19 个，成为人们津津乐道的话题。 2019 年罗斯柴尔德再接再厉，成功预测第 86 届奥斯卡金像奖颁奖典礼 24 个奖项中的 21 个，继续向人们展示现代科技的神奇魔力。

基于以上有关大数据4V特性中“价值高”的描述，请选择任意一个感兴趣的大数据案例，围绕以下关键问题对其进行展开分析：

1. 对数据间“关联关系”进行挖掘的优势和劣势分别体现在哪儿?

2. 如何识别数据间的“关联关系”和“因果关系”，并选择适用的具体应用情境?

（四）速度快（Velocity）

该特性可以认为是大数据最为基础的一个特性。没有快速的处理能力，数据的体量再大、种类再多，价值再高也无济于事。以电子地图的导航功能为例，其导航功能的实现主要依靠对海量地理数据和信息的处理。尤其是使用者对导航功能实时性的要求，需要计算机技术高速的处理速度和应对无法预料的突发状况的灵活处理能力。大数据技术能获得如此强大的计算能力，主要得益于云计算的发展。

到底什么是云计算？要回答这个问题，首先要了解“计算”的含义。计算首先是指数字的运算。而在计算机领域中，特指数字“0”和“1”的二进制运算，在此基础上逐渐发展出计算机的软、硬件及网络。如今，现代化的环境离不开计算机以及相关技术的支撑。因此，从一般意义上讲，“计算”主要是指基于计算机技术，对来自生活、学习及工作等各方面任务的处理。传统意义上的基于计算机的任务处理主要发生在客户端独立的主机或服务器。例如，普通的文件存储主要是将文件存储在个人的电脑主机/服务器的硬盘或移动硬盘上。但是“云计算”对各种任务的处理并不基于独立的主机或服务器，因其计算能力有限，无法有效支撑对大数据的处理。

为克服单机有限的计算能力，“集群”的概念被提出，即集合多台服务器共同完成同一个工作（不同的服务器运行相同的代码，做同一件任务），从而达到更高的效率。“集群”的方式不仅分担了压力，而且当其中一台或多台服务器发生故障，其他的服务器同样可以承担并完成任务。然而，“集群”的方式依然存在缺陷。虽然发挥了“集体的力量”，但是，对单个服务器的资源依然不能进行充分利用。“分布式”的概念为此又提供了一种可能性，即将各个单个的服务器资源“打散”，统一集中起来，进行按需分配。在分布式系统中，可以将一个业务拆分成多个子业务，部署在不同的服务器上并行处理（这时不同的服务器运行的是不同的代码，但却是为了共同高效地完成一个任务）。其中，互联网为服务器群之间的连接和通信提供了有效支撑。因此，通过互联网进行连接的，基于分布式计算为用户提供服务的服务器群组便是“云计算”概念中所指的“云”。“云盘”或“网盘”便是普通用户最经常使用的基于云计算的服务。而之所以用“云”来形容服务器群组主要是因为云彩“虚无缥缈”的特性从一定程度上体现了云服务的方便性。

云计算主要以三种方式服务用户，基础设施即服务（IaaS）、平台即服务（PaaS）、软件即服务（SaaS）。在云服务没有普及之前，各个企业或机构主要是依靠搭建专门的机房来支撑其信息化的运行。不仅要消耗大量的财力和物力，还要维持相应的技术人员，投入颇高。

· IaaS 的服务方式是为用户提供包括计算机、存储空间、网络连接、负载均衡及防火墙等资源在内的云计算的基础设施。

· PaaS 是为用户提供平台的服务方式，在云计算的三种服务方式中起到一个承上启下的作用。其中，平台指的是部署在基础设施之上的应用，通常包括操作系统、编程语言的运行环境、数据库及 Web 服务器等内容。用户可以在平台之上继续部署自己的应用，但不能管理和控制底层的基础设施。

· SaaS 的服务方式是直接为用户提供应用软件。用户不需要自己开发和部署软件，而是可以租用基于 Web 的软件来管理企业或机构的活动。例如，数据处理和财务管理等。因此，SaaS 是最能体现云服务方便性的服务方式。用户几乎感觉不到，也不需要感知技术层面的任何内容，只需要集中于基于功能实现的管理活动，这也是“云计算”的核心特点所在。

目前，能够提供这些云计算服务的主要集中在包括百度、阿里巴巴及腾讯等在内的大型技术和数据企业。

三、大数据的行业应用

中国大数据产业的发展将迎来“黄金期”。随着国家大数据战略配套政策措施的制定和实施，我国大数据产业的发展环境将进一步优化，大数据的新业态、新业务及新服务将迎来爆发式增长，产业链进一步成熟和扩张。同时互联网的高速发展，也将带动社会各领域对大数据服务的需求进一步加强。

（一）零售大数据

对零售业来讲，客户及客户的需求起到决定性的作用。因此，大数据在零售业的应用大部分集中于与客户相关的分析。

（1）大数据可以对客户群体进行细分。通过对用户大数据的收集、存储、分析和挖掘，零售企业可以对客户进行群体细分，针对不同的客户群体制订相应的营销计划，从而为客户提供更为精准的产品和服务，提升营销转化率，达到事半功倍的效果。而以淘宝为典型代表的超级电商更高级的做法是，通过给每一位客户建立动态的“客户画像”，能够精确定位到每一位客户的需求，从而为客户提供更加个性化的产品和服务。

（2）大数据支持下的客户关系管理也正是得益于此。大数据时代飞速发展的背景下，越来越多的企业意识到客户管理的重要性，企业通过不同的角度去深度分析客户，通过分析数据来挖掘新客户、提升客户黏性及降低客户流失率等目的。

（3）大数据还能够为零售业挖掘新的客户需求。随着智能手机的普及，用户的每一次浏览、每一次点击及每一次消费等行为都会形成海量的数据，使得客户的行为数据呈现爆发式增长。其中，各大社交媒体平台的迅猛发展更是为之提供了一大助力。人们的各种所思、所想及潜在需求都蕴含在分享的信息中。而这种分享行为产生的复杂数据，正好成为对客户进行深度分析，挖掘客户新的需求提供了有效支撑。

除了对客户的分析，大数据在零售业中还主要应用于对市场的分析。零售的关键概念无非主要围绕着“人”“货”“场”三个角度展开。其中，对市场行情的把握是一个零售企业生存的关键。在大数据技术没有普及之前，对市场趋势的把握主要依靠企业经验。即便存在数据的支持，大多也只是同类企业，甚至附近企业的数据，其宽度和广度都有限。但是，大数据技术能够通过对海量和多种类数据的分析和挖掘，帮助企业突破这些限制，为企业提供更加综合、细致及完善的市场信息，从而更好地辅助零售企业的决策和经营活动。例如，是否应该推出促销活动，产品的陈列与包装是否需要优化等。

（二）交通大数据

交通大数据是目前大数据领域应用比较典型的一种。随着各个城市保有量的增加，城市拥堵现象日趋严重。如何解决拥堵问题成为各级政府的头疼问题。大数据的发展及在各行业的示范应用，使其也越来越广泛地应用到交通领域。

首先，交通管理部门通过在道路上预埋或预设物联网传感器，实时对车流量、客流量、复杂天气、事故及各种突发事件等信息进行收集，同时结合各种道路监控设施及交警指挥控制系统的数据，打造智慧交通管理系统。例如，在道路交通系统中，驾驶员的素质、车辆的安全性能、环境、道路及气候等因素的不良变化，都可能导致交通事故的发生。交通大数据支撑的智慧交通管理系统可通过 GPS 定位技术采集车辆行驶轨迹，判断车辆是否正常行驶，以便提前预测事故发生的可能性。若出现非正常行驶，可及时通过交通部门对车辆进行管制。基于对交通行为大数据的分析，使得交通主管部门的决策越来越科学，有利于交通管理部门提高道路管理能力，有效制定疏散和管制措施预案，及时预警和疏导交通，从而提高交通系统管理和运行的效率。

除此之外，出租车数据也成为交通大数据的重要来源之一。实际上，出租车是城市道路的最多使用者。通过对其车载终端或数据采集系统提供的实时数据进行分析和挖掘，可以随时了解主要道路的交通路况。同时，此类数据经过长期的积累，可以形成城市区域内交通“热力图”，可以进一步辅助交通管理部门充分掌握类似“什么时段的哪些地段拥堵严重”等交通信息。

随着全球定位系统（GPS）和地理信息系统（GIS）的飞速发展和普遍应用，通过对卫星地图数据的分析和挖掘，可以实时呈现城市道路的交通情况，供交通管理部门使用，助力智慧交通管理系统。同时，由于智能手机的普遍应用，多数智能手机能够下载电子地图（如高德地图），地图提供商将收集到的相关数据进行大数据分析，也可以发布在各种数字终端供出行人员参考，辅助决定自己的行车路线和道路规划。

不仅如此，大数据在交通上的应用还体现在一些生活的细节。比如，识别套牌机动车、基于 GPS 定位技术解决停车难的问题、发现违规停靠的情况并向车主手机推送相关违规信息等。

（三）医疗大数据

医疗是大数据应用的另一个主要场景之一。随着医疗信息化和生物技术的高速发展，医疗数据的类型和规模正以前所未有的速度快速增长。医疗大数据利用包括影像数据、病历数据、检验检查结果及诊疗费用等在内的各种数据，搭建合理先进的数据服务平台，可为广大患者、医务人员、科研人员及政府决策者提供服务和协助。近年来，为促进大数据在医疗领域的发展，健康医疗大数据相关产业已经被列入国家大数据战略布局，并频频推出相关的政策。例如，2018 年国家卫生健康委印发了《国家健康医疗大数据标准、安全和服务管理办法（试行）》，对医疗健康大数据行业从规范管理和开发利用的角度出发进行了规范。可见，医疗大数据领域的未来确可预期，其应用主要体现在以下几个方面：

1. 治疗疾病

大数据在对海量医疗数据进行分析和挖掘的基础上，首先能够为临床医师提供科学的决策参考，不仅能够提高临床诊疗水平，而且可以使医生从耗时过长的简单咨询工作中解脱出来，提高其诊疗效率。在治疗疾病方面，大数据一项极为特殊的应用之一是基因大数据。人类基因组，是一部蕴藏着生命奥秘的“天书”。基因中储存着包括种族、血型、从生到死及孕育生命等在内的人类生存过程的全部信息，同时也蕴含着疾病与体质等关键信息。科学家相信，通过体液或细胞对 DNA 进行扫描和解读——基因检测，可以解决很多疾病的问题。例如，许多遗传疾病，如癌症与糖尿病等，都是遗传基因缺陷引起的疾病。然而，基因组数据的庞大规模令人生畏，直到大数据技术的发展为此提供了可能性。基于医疗大数据，医学和生物学研究人员能在数秒钟内鉴定出最终会导致癌症等的突变基因。除了对局部基因进行分析，大数据在基因领域更高级的“打法”是对全基因组进行测序。苹果前 CEO 乔布斯是世界上第一个对自身所有 DNA 和肿瘤 DNA 进行排序的人。他得到的不是样本，而是包括整个基因的数据文档。医生按照所有基因按需下药，最终这种方式帮助乔布斯延长了好几年的生命。

2. 预测和预防疾病

基因大数据不仅能够有效地辅助疾病的治疗，还能够提前预测和预防某些疾病的发生。例如，著名影星安吉丽娜·朱莉通过基因检测发现了自身携带一个名为 BRCA1 的“错误”基因，这使得她有 87% 的概率患乳腺癌。因此，为了降低患癌症的风险，她进行了切除乳腺的手术，将乳腺癌患病风险降到了 5%。除了基因预测，通过对在患者档案方面的大数据分析，也可以确定哪些人是某类疾病的易感人群，使其尽早接受预防性干预。

3. 慢病和健康管理

慢病，即慢性病，是人们长期积累形成的疾病。近些年，像高血压、高血脂、糖尿病及脂肪肝等慢性疾病已经成为导致人死亡的主要原因。慢性病一旦出现便难以根除，需要长期甚至终身治疗 / 服药。因此，治疗慢性病需要患者积极配合、合理用药、定期检查及长期坚持。并且，慢性病往往源于不健康的生活方式。因此，预防慢性病与健康管理息息相关，主要依靠科学饮食、合理营养、积极运动、良好睡眠及减少精神压力等，也要靠自己去落实。面对种种问题和需求，医疗业的另一个创新是可穿戴设备的应用。这些智能终端，可实时监控和收集人们的生物信息、行为习惯及用药记录等医疗数据。通过互联网与各种医疗健康应用软件结合进行分析，能够实时汇报用户的健康状况，还能提供相应的治疗建议。并且，可穿戴设备能在医疗机构之外的场所使用，降低了医疗成本，为人们的慢病和健康管理提供了极大的方便。

除此之外，大数据在医疗领域中的应用还涉及医院管理、医疗保险及智慧养老等社会关键问题。

实训与思考

新零售中的大数据应用——盒马鲜生

近年来，随着互联网技术的发展，“互联网 +”这种新模式给城市生活带来了翻天覆地的变化。2015 年，在政府工作报告中，李克强总理首次提出了“互联网 +”的概念和行动计划。各企业也看准了政府对于新业态模式的大力支持，纷纷开启“互联网 +”模式，“互联网 + 物流”及“互联网 + 金融”等。

作为市场上最大的行业之一的零售业，也迎来了“互联网 +”的全新模式。在经过多年的互联网冲击下，传统的零售业迎来了重要的转型，为了搭上“互联网 +”的首班高铁，传统零售商们也纷纷利用自媒体、线上 App、各种线上平台及线下体验线上消费等模式开启了新零售的大门。

盒马鲜生是阿里巴巴旗下的关于零售行业的创新，在人、货、场三者之间实现了最优化匹配，并且从供应链、仓储到配送，盒马鲜生都进行了精心的设计。从 2016 年年初开出第一家店以来，截至 2019 年 12 月 31 日，阿里巴巴在中国一、二线城市共拥有 197 间自营的盒马鲜生门店，形成了“超市 + 餐饮 + 电商 + 物流”的新模式。随着模式的日益成熟，盒马新店实现盈利的周期也大幅缩短，很快便进入全面规模化盈利期。

然而，盒马鲜生的江苏昆山新城吾悦广场店却于 2019 年 5 月 31 日宣布闭店。那么问题来了，被各种看好的盒马鲜生为什么会关店？是新零售的模式出现问题？拥有“无限可能”的新零售面临着什么样的难题呢？

不妨追本溯源回到大数据营销的初始目标上。大数据营销，本质上是在海量数据的基础之上，通过深挖数据与广积数据，通过统计分析敏锐地抓住用户的所思所想，知道用户最想要的是什么，最需要的是什么。再锁定目标用户为他们量身打造营销策略，通过不同的途径，对不同的用户发送不同的内容。然后实时观察回流数据，不断优化营销策略，提升用户转化，并和第一步的用户洞察形成完整的高效循环。

在整个过程中，大数据营销最强调的一个特征，也是它的优势，就是“全流程定制化”。正因为有海量的数据做支撑，才使深度洞察用户成为可能，而不是单纯靠销量、靠主观臆断、靠个人喜好。传统模式下，无论是效率的提升，还是产品的差异化与供应链的优化，都很难迅速改变，大数据就是让传统零售像新零售转变的快速车道。

其实，真正的大数据并不仅仅是关注数据的数量，更要关注数据的质量、深度及适应度。数量只是基础和起点，大数据的核心意义在于帮助更多的企业、行业进行定制化升级，为更多用户量身打造属于每一个人的智能化生活。新零售只是其中的一个领域而已。最直观的变化是，有了大数据的支持，新零售的配送能力得到显著提升，也更加符合年轻用户的生活习惯。

回头来看这次的盒马关店，盒马方面表示，“做零售没有百分之百的事情，尤其门店规模上去了，好的要更好，差的也要及时调整，这样才能保持健康的体魄”。并声称未来将在苏州和昆山开出更多门店。毋庸置疑的是第四次零售革命会继续以不可思议的速度席卷旧世界，而在高速的疯狂扩张中尤为重要的是保持冷静不被冲昏头脑，时刻停下来反省自身在这条转型之路上是否坚守初心，认认真真做好产品，踏踏实实稳步前进。

【实训目的】

进一步理解大数据的应用价值。

【实训要求】

以盒马鲜生为例，回答以下思考问题。

【思考问题】

1. 请回答，该案例中的数据、信息、知识及智慧分别指的是什么？彼此之间存在什么关系？

2. 请分析该案例中所体现的大数据 4V 特性之间的关系。

【自我评价】

通过实训，进行自我评价，评价量表如表 1–4 所示。

表 1–4 评价量表

评价项目		评价标准
实训内容	对大数据的认识程度	等级一：能高质与高效地回答思考问题，并能提出新颖的想法。
		等级二：能高质与高效地回答思考问题。
		等级三：基本能够回答思考问题，但需要进一步指导。
通用能力	逻辑思维能力	等级一：能高质与高效地回答思考问题，并能提出合理与新颖的观点。
		等级二：能高质与高效地回答思考问题，并提出合理的观点。
		等级三：基本能够回答思考问题，但所表达的观点不够清晰与明确。

【拓展练习】

1. 对人类未来发展与大数据技术之间的关系进行进一步思考。

2. 大数据技术不是孤立存在的，与其他技术的发展紧密相关。大数据技术通常被认为属于新一代信息技术。那么，新一代信息技术中还包括哪些重要技术？与大数据技术又有怎样的关系？

第二节 认识旅游大数据

在对大数据技术形成一定理解的基础上，接下来需要思考的重要内容是大数据是如何助力旅游业发展的。所谓“需求决定供给”，技术的应用总是跟行业的需求密不可分。因此，想要认识大数据在旅游中的应用，首先要清楚旅游业如今都呈现出哪些“需求”。

一、旅游情境的特征与需求

（一）综合性

旅游本质上是围绕着食、住、行、游、购、娱等方面展开的综合性与一体化消费活动。因此，为满足旅游者多样化的旅游需要，旅游业也需要提供同样多样化的旅游产品。这决定了旅游业的产品是众多企业共同作用的产物。这些不同类型的企业，按照传统的产业划分标准分别属于若干相对独立的行业，但为旅游者提供产品和服务的业务纽带将它们联系在一起，形成旅游业内部各企业间的横向联系。随着旅游活动不断向深度广度的进一步发展，旅游业综合性的特点会越来越显著。

大数据技术在旅游业的主要应用之一就是应对旅游业综合性和一体化的特点。大数据能够分析和处理不同企业在为旅游者提供旅游服务时产生的海量的与多种类的数据。并基于此打造智慧旅游服务平台，不仅能够为旅游者提供旅游信息的综合服务，同时还能够实现不同企业之间旅游信息的互通，从而能够更好地整合各企业之间的旅游资源，为旅游者提供更加智能化的综合性与一体化的旅游服务。

（二）服务性

旅游业是以出售劳务为特征的服务性行业，在有形的旅游设施和产品基础之上，主要为游客提供无形的旅游服务，使游客在得到物质享受的同时，更能够实现精神上的满足。尤其在党的十九大之后，旅游业作为人们追求美好生活的主要方式之一，更加重视各种旅游体验给旅游者带来的滋养，甚至促进了商（商务旅游）、养（养生旅游）、学（研学旅游）、闲（休闲旅游）、情（情感旅游）、奇（探奇旅游）新的旅游六要素的产生与发展。其中，尤其重视文化元素在旅游中的融合，乃至促进了我国传统文化的发展。

旅游业的服务性主要体现在其无形性的特点上。也正因为"无形"，旅游业很难获得旅游者的真实反馈，从而掌握旅游服务的效果。在 Web2.0 的时代下，由于以社交媒体为典型的新媒体技术的发展，产生了海量的旅游者自己生成的数据（UGC）。对各种类型的 UGC 数据的分析和挖掘是大数据的典型特征之一。基于旅游大数据的分析，旅游业不仅可以精准掌握旅游者对旅游服务的口碑评价与情感评价等信息，还能够通过深度分析旅游者需求，持续不断地挖掘新的旅游主题。

（三）异地性

旅游是具有异地性和流动性的活动。旅游者在进行旅游活动时经常是跨地区甚至跨国界的。因此，旅游市场也经常被划分为入境游、国内游和出境游。而且，旅游所体现出的异地性不仅指的是空间的变化，还涉及广泛的人际交往活动。尤其是随着自由行和自驾游等新兴旅游方式的出现，游客的自由度和自主性被进一步拓展，更加渴望与当地的风土人情"亲密接触"。因此，旅游业的经营不仅涉及经济目的，同时还担负着促进各地区与各国人民的相互交往，增进人民间的友谊和了解的重要任务。特别是在国际旅游中，旅游者应当能够做到尊重各国与各民族人民的宗教信仰和生活习俗，维护国家的声誉，促进国际的友好往来。

由于旅游活动存在异地性，旅游目的地对旅游者来说往往十分陌生，导致在很长一段时间内跟团游都是人们主要的旅行方式。虽然，随着以互联网为基础的新一代信息技术在旅游的普遍应用，人们旅游活动的广度和深度已经被极大地扩展。但是，跟团游这种旅行方式为旅游者构建的"乌托邦"依然存在。那么，大数据技术能够为此做些什么呢？大数据首先能够为旅游者提供全面、综合、及时及准确的旅游信息，让旅游者能够尽可能地实时掌握旅游目的地的各种情况。除此之外，自助游和半自助游等灵活度更高的旅行方式已经成为旅游者的出游首选，如何合理地规划行程就成了主要问题。因此，各种旅游定制服务应运而生。目前，部分旅游定制服务主要还是依靠人力——旅行定制师来完成，例如，无二之旅。但是，有些行程规划服务却是基于大数据技术实现的，如穷游网。通过分析海量的旅游者发布在网上的游记、攻略及锦囊等内容，穷游网的行程助手能够挖掘出与各种旅游情况相适应的旅游内容与安排，从而根据用户输入的目的地和旅游时长等基础信息，为旅游者提供适合的旅游规划。而且，随着用户的数据不断积累，大数据能够为用户提供越来越精准，甚至个性化的旅游规划服务。

（四）敏感性

旅游是一种极易受到各种因素影响的活动。首先是来自各种自然、政治、经济和社会等外部因素的影响，会使旅游业在某一特定时期或地区内有很大的波动性。例如，2020 年新型冠状病毒疫情的暴发，突如其来并迅速席卷全球，又恰逢本应是旅游热期的中国传统春节，为国内外旅游业造成了不可估量的巨大损失。同时，旅游业内部各组成部分之间，以及有关的多种部门与行业之间错综复杂的关系又形成了影响旅游业的内部因素。不论是旅游客源地，还是旅游接待地的各种微小变化都会在较大程度上对旅游需求发生作用，从而增加旅游业经营的不稳定性。

为了增强旅游业抵抗风险的能力，大数据技术首先能够定期或实时的收集各种旅游和相关信息，基于对数据强大的分析和处理能力，对旅游行业和相关领域进行监管。并基于对海量历史数据的分析和挖掘，辅助旅游业制定各种应急管理机制。同时，大数据技术还能通过打造智慧旅游系统，帮助旅游业各组成企业不断改进经营、调整产品及创新业务，从而增强抵御风险的基础和应变能力。

二、旅游大数据的类型

（一）按产生数据的主体划分

1. 人产生的数据

（1）用户生成内容（User-Generated Content，UGC）。

用户生成内容（UGC）的概念最早起源于互联网领域，即用户将自己原创的内容通过互联网平台进行展示或提供给其他用户。UGC 是伴随着 Web2.0 概念而兴起的。Web2.0 是互联网的新时代，更加注重用户的交互作用，用户既是网站内容的浏览者，同时也是网站内容的制造者，用户的角色由被动地接收互联网信息向主动创造互联网信息发展，突出体现了人性化的特点。在旅游领域中，最典型的 UGC 网站便是马蜂窝，其中分布着大量由游客自己分享发布的评论与游记等旅游内容。

（2）职业生成内容（Occupationally-Generated Content，OGC）。

职业生成内容（OGC）是经常与 UGC 相对出现的互联网术语。UGC 主要指的是普通大众用户自由生产的内容，其最主要的缺点是内容质量参差不齐。与UGC相反，OGC主要指的是具有一定知识和专业背景的行业人士（例如，具有新闻专业背景的记者与编辑等）生产的内容，从而在一定程度上保证了生产内容的专业性。在旅游领域中，穷游网中的“穷游锦囊”便是OGC最典型的代表。为了能够生产更加专业的内容，穷游网签约了400多位作者，形成了覆盖全球600多个目的地的专业旅游内容。

（3）专业生成内容（Professonally-Generated Content，PGC）。

专业生成内容（PGC）也是一种互联网用语，指经由互联网进行传播的与专业生产的内容。所谓“专业”主要体现在所生产的内容的专业性几乎与通过传统方式制作的电视节目无异，但在内容的传播层面，却必须按照互联网的传播特性进行调整。UGC时期，由于用户可以自由上传内容，在使网站内容得到极大丰富的同时，也造成了内容质量的参差不齐。PGC的兴起，能够让更专业与更具原创性的内容制作合伙人参与进来，相比仅靠职业背景的OGC能够建立起更加完善的生态系统，从而进一步确保生产内容的质量，这也是现在很多视频网站采取的主要方式。据统计，优酷PGC生态系统已拥有500家内容合作伙伴，总节目数800个，总播放量150亿，总分成达2400万元。其中，《罗辑思维》《暴走漫画》《飞碟说》等多个节目分成收入超百万元。2015年3月6日，腾讯在与无人机厂商合作推进航拍视频发展之后，腾讯视频宣布将联合“万合天宜”“暴走漫画”及“胥渡吧”等内容提供商合作，启动“惊蛰计划”，计划在2015年内签约，支持100个PGC项目，打通PGC行业上下游产业链。2016年5月12日，“百度旅游2016旅行家峰会暨度旅人签约发布仪式”在印尼巴厘岛举行。在当天，百度旅游与首批100名“度旅人”现场签约，百度旅游开始全面进军旅游PGC模式。

2. 机构产生的数据

（1）政府数据。

各级政府和相关单位承担着维持旅游行业稳定发展的重要任务。为了能够对旅游行业进行更好的监督和管理，相关政府单位定期会从各个角度对旅游数据进行收集和分析，从而为决策提供强有力的支持。相关的旅游政府数据可能包括旅游政策数据、旅游统计数据（投入产出表、各类普查数据及统计年鉴等）、旅游法律法规数据、旅游行业数据（行业资源、地理空间、行业管理、企业诚信、导游资历及出入境团队数据等）、政府共享涉旅数据（公安、交通运输、社保、海事、水务、商贸、文体、环保、国土资源、城乡建设、农业及林业）等。

（2）涉旅企业数据。

在旅游领域中，除了旅游者和旅游公共部门（政府）之外，最主要的核心角色便是涉旅企业。为了自身企业的稳定发展和对市场趋势的洞察，各个旅游企事业单位也会对相关旅游数据进行收集和分析。相关的涉旅企业数据可能包括各种企业报表（例如，企业基本情况表与财务报表等），及其信息系统产生的数据（例如，旅游电子商务公司的游客消费、交易及其网站或手机App、微信公众号的游客浏览数据等）。

（3）机器 / 设备产生的数据。

除了内容层面的数据（例如，UGC、OGC 及 PGC 等），主体借由某种机器或设备（例如，导航仪器、手机基站及 Wi-Fi 设备等）产生的数据同样是旅游领域关注的重点数据类型。尤其随着手机等智能移动设备的普及，基于基站的手机信令数据受到了广泛的关注。因为，对该类型数据的分析能够更加准确地还原游客的行为轨迹，从而实现更加高效的旅游管理。不仅如此，随着物联网技术的普及，更多的机器或设备被连入互联网。为了共同实现某种功能，各个机器或设备之间进行的“交流”或“沟通”也会产生大量的数据。这些数据是维持整个系统稳定运行的重要资源。

（4）科学研究产生的数据。

随着各种信息技术被广泛地应用到各个领域，科技在科学研究领域的支撑作用体现得尤为明显。科学研究中会涉及大量的模拟实验和计算，都需要信息技术的辅助，同时也会产生大量的科学数据，而这些数据又会成为洞察科学规律的宝贵资源。随着科学研究进入大数据时代，世界各国对科学数据的重视达到了前所未有的高度。2018 年 3 月，国务院办公厅印发《科学数据管理办法》。2019 年 6 月，科技部与财政部在前期科学数据工作的基础上，在高能物理、基因组、气象及地震海洋等领域组建了 20 个国家科学数据中心。继“观察实验”“理论分析”“计算模拟”之后，“大数据驱动科学发现”已成为科学研究的第四范式。

（二）按数据来源的行业划分

1. 互联网公司

互联网公司已经成为大数据领域重要的数据来源。随着互联网的普及应用，可以说在如今的信息时代，人们的任何行为或活动（例如，信息浏览、交流通信及购物预订等）几乎离不开互联网。人们在使用互联网的同时，会在网络上留下各种“痕迹”，从而形成海量且种类繁多的数据资源。在我国，以 BAT（即百度、阿里巴巴及腾讯）为典型代表的互联网公司存储着国人大量的数据。据统计，百度公司数据总量超过了千 PB 级别，阿里巴巴公司保存的数据量超过了百 PB 级别，拥有 90% 以上的电商数据，腾讯公司总存储数据量经压缩处理以后仍然超过了百 PB 级别，数据量月增加可达到 10%。

2. 电信、金融、保险、电力及石化系统

除了互联网公司，覆盖范围广泛的电信、金融、保险、电力及石化等国家级复杂系统也是产生大数据的重要行业。据统计，电信行业数据年度用户数据增长超过 10%，金融每年产生的数据超过数十 PB，保险系统的数据量也超过了 PB 级别，电力与石化方面，仅国家电网采集获得的数据总量就达到了数十 PB，石油化工领域每年产生和保存下来的数据量也将近百 PB 级别。

3. 交通领域

某些领域产生的数据对旅游领域来说有着特殊的意义，如交通领域。交通是影响目的地旅游的重要因素之一，交通可达性是衡量旅游目的地竞争力的重要指标。对于旅游来讲，交通一般是指外部交通和内部交通两种类型。外部交通是指通达旅游目的地的交通方式。内部交通是指在旅游目的地内部的交通方式。交通方式一般分为民航、铁路、公路、城市公交及城市地铁等。据统计，一个中、大型城市，一个月的交通卡口记录数可以达到 3 亿条；航班往返一次产生的数据就可达到 TB 级别；列车与水陆路运输产生的各种视频与文本类数据，每年保存下来的也达到数十 PB。在当前的技术背景下，地图服务商（例如，高德）已经能够构建强大的地理大数据系统，通过对交通大数据的挖掘与分析，为用户或游客提供基于位置的信息服务。

4. 气象领域

天气，对于旅游的影响不言而喻。良好的天气往往是旅游的重大动因，而恶劣的天气也会造成旅游行为的大幅减少。天气数据一般有两个维度的表述，一种是常规表述，如晴、微风、22℃等；另外一种是天气现象的描述，如雷雨、大风与冰雹。中国气象局保存的数据将近 10PB，每年约增数百 TB。基于对海量数据的复杂分析，在当前的技术背景下，天气预报机构已经能够对外提供时间和空间颗粒度都很小的实时和预测天气数据，这对于旅游行业监测有非常大的助益。

（三）按获取数据的途径划分

1. 互联网数据采集

在本书中，所采集的互联网数据主要指的是互联网内容数据，是以数据分享为目的而存在于互联网上的数据，并不包含程序、日志文件及交易记录等。互联网内容数据，存在于各大新闻网站、论坛、博客及贴吧等具备媒体性质的载体中，其存在形式往往为文字、图片、音频及视频等。对互联网内容数据进行采集主要是通过网络爬虫或网站公开 API 等方式获取。除了网站中包含的内容之外，还可以使用 DPI 或 DFI 等带宽管理技术实现对网络流量的采集。

2. App 移动端数据采集

随着智能手机等移动设备的普及应用，部署在这些移动设备上的纷繁复杂的 App 已经成为获取用户移动端数据的有效方法。App 中的 SDK 插件可以将用户使用 App 的信息汇总给指定服务器，即便用户在没有访问时，也能获知用户终端的相关信息，包括安装应用的数量和类型等。

3. 与数据服务机构合作

进入大数据时代，许多专业的数据服务机构通常具备规范的数据共享和交易渠道，人们可以在平台上快速与明确地获取自己所需要的数据。尤其对于企业生产经营数据或学科研究数据等保密性要求较高的数据，可以通过与企业或研究机构合作，使用特定系统接口等相关方式采集隐藏了敏感信息的数据。

（四）按存储数据的形式划分

（1）结构化数据；

（2）半结构化数据；

（3）非结构化数据。

本书第一章第一节认识大数据中，在解释大数据技术的特性之一——种类多（Variety）的时候提到，大数据之所以被称为“大”，其中一个关键的原因是大数据技术所面对的数据种类繁多。在这里，数据的种类主要包括结构化数据（如学生考勤表）、半结构化数据（如 XML 标记语言）、非结构化数据（如文本、图片、音频及视频）。并且，大数据技术尤其强调对非结构化数据的处理。对旅游领域来讲，旅游的一切几乎是围绕着旅游者展开。新时代的旅游者体现出了很多新的特性，对新技术（如移动互联网）的应用便是其中之一，也因此产生了海量的旅游数据，尤其是基于分享行为的一些评论与游记等包含了丰富旅游信息的非结构化数据。

从另一个角度讲，纷繁复杂的数据类型也可以进步一步总结为外部数据和内部数据（见表 1–5）。内部数据主要指的是在旅游体系范围内产生的数据。例如，来源于景区门票闸机系统的游客入园数据、景区停车数据及景区导航数据等。外部数据主要指的是与旅游活动相关，但不局限于旅游体系的部分产生的数据。例如，游客在旅游前产生的搜索数据、通过互联网产生的预订或消费数据等。从获取的角度来说，内部数据的获取相对容易。然而，从价值的角度来说，由于旅游本身的综合性与复杂性，对外部数据的挖掘是大数据技术在旅游领域应用的重点。

表 1–5　数据类型

数据类别		说明	主要应用
外部数据	互联网内容数据	互联网爬取（资讯、论坛、贴吧、问答、微信、微博、视频、OTA 等）	旅游情绪分析
	广播电视数据	各地广播电视局	旅游情绪分析
	运营商位置数据	电信运营商、App 运营商	游客行为分析
	交通卡口数据	交通局、高速公路公司	游客行为分析
	消费数据	银联 + 网联 + 收单机构	游客消费分析
	搜索数据	百度、携程、同程、马蜂窝等	旅游意向度分析
	投诉数据	互联网、12301、地方投诉热线等	投诉应对与处置
	预订数据	携程、同程、飞猪等	游客预订分析
	资源数据	景区、酒店、餐饮、厕所、旅行社等的名称、位置、规模等	旅游资源管理
内部数据	游客入园数据	来源于园区门票闸机系统	游客入园分析
	停车数据	来源于园区停车系统	自驾、团队游分析
	其他 MIS 系统数据	GIS 系统、OA 系统等	各类内部分析

三、大数据的旅游应用

（一）消费行为分析

对旅游领域一切问题与现象的分析最终的目的都是为游客提供一个良好的环境与服务。因此，分析和认识旅游者是旅游领域永恒的话题。旅游本质上是一种活动，在活动过程中，旅游者在需求的驱动下会发生各种行为。而在发生各种行为的过程中，又会涉及对旅游相关产品的消费。这样一系列复杂的消费过程，需要大数据技术的支撑。大数据不仅能够处理海量且种类繁多的旅游数据，随着旅游逐渐成为人们的一种生活方式，各种与旅游相关的生活类数据也同样能够在大数据技术的支持下得到分析和挖掘，使得旅游领域能够对旅游者形成更加综合全面的认识，从而为提升旅游产品和服务做出贡献。详细内容请参看本书第二章。

（二）品牌管理

为了更好地吸引旅游消费者，除了认识旅游者本身之外，建立良好的旅游企业品牌同样是打造核心竞争力的关键环节。尤其旅游产品作为一种不可存储、消费与生产同步进行的体验型产品，很难直接将产品特征和形象展示在消费者面前。因此，如何通过品牌建设来传递产品消费感受和产品形象，对于旅游企业在竞争中取胜至关重要。随着大数据技术的应用范围日益广泛，其中的重点应用范围之一是在商业领域的运用，尤其对品牌传播与管理的价值凸显。通过对涉及企业本身和所在市场的海量数据进行分析，大数据技术能够帮助企业进行正确的品牌定位。并且，基于大数据技术对多种数据类型的支持，尤其是对互联网数据的有效处理，旅游企业品牌管理与旅游消费者之间的关系也将得到重塑。详细内容请参看本书第三章。

（三）营销推广与效果评估

在认识旅游者和旅游企业的基础上，为了促进两者之间的良好互动，营销推广是重要环节。其中，重要的议题之一是确定目标用户。在进行市场细分与确定目标用户的过程中，数据的维度起着至关重要的作用。如今的大数据营销能够让一切营销行为数据化。更多的标签和更复杂的标签组合可以实现更全面的“游客画像”，从而实现精准营销。不仅如此，大数据技术支撑下的数据流化还使得营销行动可追踪、可评估及可优化，从而造就了以数据为核心的营销闭环。详细内容请参看本书第四章。

（四）行政监管

在“互联网 +”发展模式的促进下，随着信息化水平不断提高，人们逐渐采用智能化的方法来取代人工管理。政府部门在管理模式上，为进一步提高效率，也开启了智能化的管理，涉及城市管理的方方面面。在旅游领域，来自旅游公共部门的行政监管是维护良好旅游环境的重要手段。大数据为其智能化的管理提供的有效支撑主要体现在两个方面——各环节各类型数据的流通和管理流程的优化。尤其在互联网大数据和地理大数据的支撑下，旅游领域的行政监管正在实现智能化管理的闭环。详细内容请参看本书第五章。

（五）舆情应急管理

随着移动互联网的迅速发展，人们每天会不知不觉地接触无数或真或假的信息，因为无法分辨信息的真与假，极易被舆论影响。现在政府、机构及企业已开始重视舆情，深知负面舆情带来的巨大危害。大数据技术已经被广泛地应用于舆情监测。首先，大数据对互联网数据高效的处理能力能够提高对网络舆情整体的掌控能力，可通过建立网络舆情大数据监测系统，实时采集网站、博客、微博、微信及论坛等各个网络平台数据，全面分析舆情传播动态。同时，大数据技术可通过分析网上数据，实时掌握网民情绪和意见倾向，了解网民的喜好和特点。不仅如此，大数据还能在充分收集相关数据的基础上，通过图表等数据可视化技术，全面呈现事件的来龙去脉，让网民充分了解事件的真相、背景和脉络，从而实现有效的舆情应急管理。详细内容请参看本书第六章。

（六）客流统计与预测

客流统计是从较为宏观的角度对旅游者整体进行综合分析，目的是能够为旅游企业提供决策依据。除了群体的画像分析，客流统计的内容还可能包括客流访问路径与增长趋势等。大数据技术对客流统计的支持首先体现在对游客数据的收集和分析，尤其是一般统计手段无法获得的有效数据（例如，卫星定位数据和手机基站数据等）。然而，统计的目的是更好地预测，从而实现更高效的旅游服务和管理。因此，大数据强大的数据挖掘算法为实现对客流数据更高效的分析和预测提供了有效支撑。详细内容请参看本书第七章。

四、智慧旅游

旅游信息化对旅游发展的促进作用已经被广泛接受和认可。现如今，旅游信息化已经进入智慧旅游的发展阶段。旅游大数据作为核心“大脑”，对智慧旅游的发展起到了积极的促进作用。早在 2011 年，国家旅游局就提出将以信息化为主要途径，积极开展旅游在线服务、网络营销、网络预订和网上支付，构建旅游数据中心与呼叫中心，全面提升旅游企业、景区和重点旅游城市的旅游信息化服务水平，争取用 10 年左右的时间，显著提高信息技术在旅游业应用的广度和深度，形成一大批引领作用强、示范意义突出的智慧旅游城市与智慧旅游企业，在全国范围内初步实现“智慧旅游”。

此后，“智慧旅游”被写进了不少地方政府的旅游文件中，写进了许多省市的“十二五”旅游发展规划中。2012年北京智慧旅游行动计划纲要发布暨工作部署大会在北京长富宫饭店隆重召开。会上，北京市旅游发展委员会正式发布了《北京智慧旅游行动计划纲要（2012—2015年）》和“智慧景区”“智慧饭店”“智慧旅行社”“智慧旅游乡村”四个建设规范。由北京市旅游发展委员会召集，北京市各旅游业态领军单位、各相关科技企业和科研院校共同发起成立的北京“智慧旅游联盟”也同时宣告成立。

那么，智慧旅游的“智慧”体现在何处呢？智慧旅游（Smart Tourism）的概念源于美国IBM公司提出的智慧城市（Smart City）和智慧地球（Smart Planet）等战略构想。“智慧地球”就是把电子感应器嵌入到电网、铁路、桥梁、隧道、公路、建筑、供水系统及大坝及油气管道等各种物体中，并且被普遍连接，形成“物联网”，然后将“物联网”与现有的互联网整合起来，实现人类社会与物理系统的整合。

自江苏镇江于2010年在全国率先创造性地提出“智慧旅游”的概念之后，到目前为止，智慧旅游依然是一个较为新颖的命题。旅游业中一直存在着对智慧旅游不同的理解。2015年，在国家旅游局印发的《关于促进智慧旅游发展的指导意见》中，从政府主管部门层面，为这样一个行业的新业态，提供了一个较为规范与统一的解释。其中，有几个重点需要注意：

（1）新一代信息技术的应用。从一般意义上讲，新一代信息技术普遍认为包含互联网、移动互联网、物联网、云计算、大数据及人工智能等内容。

（2）应用新一代信息技术，全面、综合、精准、及时地感知和使用各类旅游信息。

（3）实现旅游服务、旅游管理、旅游营销及旅游体验的智能化。

（一）智慧服务

如上所述，智慧旅游系统的打造基于新一代信息技术的应用。而在此基础之上发展出的地理大数据技术（例如，地理信息系统GIS）也被广泛地应用于旅游领域，极大地扩展了旅游者的旅行范围和自由度，促进了自助游、半自助游及自驾游等灵活度更高的旅行方式的发展。尤其在移动设备（如智能手机）和应用（如电子地图）及物联网技术（如二维码）等内容的刺激之下，为了能够更好地服务游客，智慧旅游基于地理大数据，将导航、导游、导览及导购等功能的建设列为智慧服务的重点内容。

（二）智慧管理

首先，智慧管理的基础是数字化。从旅游企业的角度出发，从市场调研、设计产品、市场营销、接待服务、客户管理、财务管理、人力调配、物务计调和安全监控等各个方面，均可实行数字管控。从旅游公共部门的角度出发，从调查统计、政务发布、行业管理和市场监控等各方面，都可实现政务数字化。本书在前文中提到，“数字化”代表着数据和信息能够被计算机技术进行分析和处理。在数字化的基础之上，旅游管理的“智慧”主要体现在一体联动的管理机制。海南省的三亚市民游客中心是典型案例之一。三亚市作为以旅游为主的城市，存在着诸多的旅游问题。旅游公共部门为了能够为游客提供一个安全、稳定及舒适的旅游环境，将相关的旅游各个职能部门（例如，旅游警察）统一集中在三亚市民游客中心进行办公，方便联动调度。而在这样的联动机制背后，是来自数据层面的集成、分析和信息层面的流通与共享。

（三）智慧营销

智慧的旅游营销主要体现在“游客画像”的应用上。旅游营销的对象是游客。因此，全面、综合、精准、及时地掌握游客的需求是首要任务。游客画像是用户画像技术在旅游领域的应用，是一种能够对游客的基本属性、生活特征、行为习惯及兴趣爱好等个性化内容进行分析和描述的模型。基于对游客画像的掌握，旅游营销方（例如，旅行社、景区、酒店及餐饮等）能够更加清晰地了解游客的真实需求，从而推荐更加精准和个性化的旅游资源。

（四）智慧体验

旅游本质上是一种体验经济。现如今，人们越来越关注在旅游的过程中获得的生理和心理双重体验。尤其在文化与旅游深度融合的时代，如何能够获得更加丰富与更富有深度的文化体验是旅游界探讨的主要问题之一。所谓“智慧”的旅游体验，是指新一代信息技术（如人工智能）和与之相关的新兴技术（如虚拟现实 VR）在旅游中的应用，为旅游者带来的新颖体验。例如，故宫博物院在旅游信息化和智能化方面的创新，在我国乃至世界范围内都是处于一流水平的。故宫为了丰富游客体验，利用新技术做了各种尝试，并在端门建设了专门的数字馆予以展示，其中包括 VR 虚拟三希堂、人工智能召见大臣、基于体感技术的皇家服饰试穿装置及基于弧幕技术的小剧场等内容。在 2020 年新冠肺炎疫情期间，故宫更是基于直播技术，组织了线上游览故宫的活动——云游故宫。

实训与思考

景区智能化管理——电子票务系统

以故宫电子票务系统为例

故宫是中国旅游文化的名片，全年吸引着大批游客的到访，尤其是在节假日黄金周期间，人流承载量经常会达到饱和甚至超负荷状态，而人流控制紊乱与票务系统老旧等问题也一直困扰着故宫方面的工作人员。随着以互联网为基础的新一代信息技术的发展，在解决人流和票务问题方面，故宫开始尝试寻求各种先进技术的支持。

2011年年初开始，永乐科技对故宫实地进行了多次考察和改造。从最初提出南进北出方案，保证进入故宫的游客单向流动与改造原有老售票系统，初步实现网络售票功能，减少现场游客排队购票时间，到引入二代身份证作为票品介质，全面推进无纸化与电子化的门票体系，并在此基础上逐步实现实名制入院（见图1–6），再到永乐科技提出现场检票解决方案，设置初检区，使得限流雏形初步实现。

2013年，永乐科技提出完善检票系统，将检票区整体前移（外延），扩大检票口和安检口的缓冲区，进一步完善游客限流。完善后的检票系统由三层构成，最外层是初检票层，将故宫参观游客与其他人员实现有效分离；下一层是检票口，设置分隔栏，实现有效分流；最里面是安检口，10个机器可同时作业，保证黄金周等大流量也能快速完成安检入院。新的现场检票系统得到故宫博物院领导的一致好评，也确实逐步改善了故宫老系统的各种问题，获得成效。

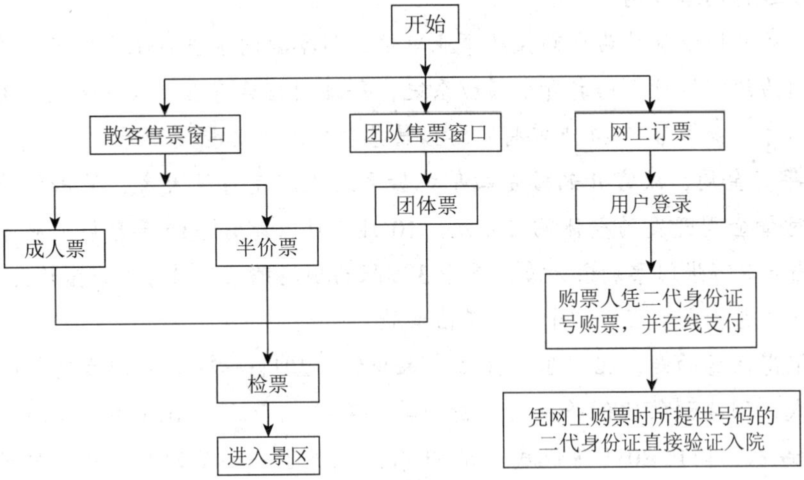

图1–6 故宫电子票务系统

老旧的故宫票务系统无法联网，不具备电子化与网络化的销售条件；而手工验票，无法全面实现无纸化与实名制入院，更杜绝不了黄牛倒票的现象。虽然之前通过永乐科技的改造搭建了无线外网售票系统，采用PDA无线检票，获得了良好的效果，但无线外网并不十分稳定，要真正实现每日8万限流，重建票务系统，更新硬件设备十分必要。

重建后的票务系统支持改签，全部或部分退票，由原来的提前5日购票提前到10天，同时支持现场扫码购票，方便了没有提前网上预购，提升游客出游的便利性；特别要提的是永乐科技开发的安全保障系统在断网、停电等突发状况下依然支持票务系统正常运营，不影响售票，再次联网后自动保存，上传数据。2017年10月10日中午12时，故宫端门售票处的牌匾被工作人员缓缓摘下（见图1–7），故宫博物院的现场售票窗口彻底关闭，每天限量8万张的门票全部通过网络销售。

图 1-7　故宫传统售票处关闭

而且，为了更好地实现网络预售分销，永乐科技除了对故宫官网，还向下扩展分销渠道。现在，游客不仅可以通过故宫的官方网站及微信微博购票，还可以通过携程等旅游网站同步进行网络预购。

另外，故宫博物院作为全额拨款事业单位，门票款均须当日上缴国库。为此，永乐科技还专门为故宫设计了一套资金管理系统，每日闭馆后将当日入院金额全部通过系统直接转入国库，确保每日 24 点前将网络预售票款转入国库指定账号。

2015 年黄金周，故宫开始接受四年之后系统逐渐完善的大考，凭借之前四年的积累以及针对黄金周开发的整体购票系统。10 月 2 日，故宫系统后台数据显示，短短两个小时，当日 8 万张门票剩余为零，其中 3 万张为现场购票，其余 5 万张均为网络预售，新票务系统畅通，成功经历"十一"峰值考验。

尤其值得注意的是，据永乐科技负责人介绍，2011—2014 年游客还普遍采取现场购票的形式，网络预售比例并不大，新的票务系统运营后，2015 年黄金周现场购票人数为 283069 人，同比 2011 年锐减 308313 人，减少了一半多的人流量。而网络预售人数从 2011 年的 51654 人增至 2015 年的 255738 人，锐增 204084 人，近 4 倍的人流量。由此可见，新的票务系统运行优秀，渠道分销举措发挥良好作用，游客认知度、接受度明显提高，这才能使每日限流 8 万的愿想获得成功。

而除了对售检票系统的重建，现场硬件设备的更新，为了强化游客的出游体验，永乐科技还为故宫提出了现场秩序维护方案，通过安排固定位置的现场人流疏导人员，现场指导讲解人员，有效维持现场购票，检票秩序，让 2015 年的故宫出游有了全新的体验。未来，故宫将在永乐科技的协助下进一步完善网络购票，充分利用票务系统后台大数据开发手机 App，电子导游系统，不仅在购票，入院前实现限流，入院后依据景点的人流量数据，游客也可以通过电子导游选取观览线路，智能出游。同步扩大分销渠道网，普及现场二维码扫码购票，逐步减少现场售票人员比例，直至实现全部网络售票的愿景。

故宫的全新面貌开创了旅游行业票务系统改革的先河，而这一切都是可复制的，更是应互联网时代大潮，IT 系统社会化趋势的产物。中国会有越来越多的景区实现票务系统智能化，景区的管理轻松了，游客的出游感受将会不断提升。

【实训目的】

进一步理解大数据在旅游领域的应用价值。

【实训要求】

对大数据技术在智慧旅游中的地位与作用有一定程度的认知。

【方法与工具】

1. 方法

案例分析法。

2. 工具

网络搜索引擎、百度百科、百度文库、中国知网、ScienceDirect 等数据库。

【操作步骤】

1. 熟读案例；

2. 思考以下关键问题：

（1）该案例中，故宫面临着怎样的问题？有着怎样的需求？

（2）大数据技术为此提供了哪些解决方案？在解决问题的过程中，涉及哪些数据类型？是如何进行分析的？结果如何？

【自我评价】

通过实训，进行自我评价，评价量表如表 1–6 所示。

表 1–6 评价量表

评价项目		评价标准
实训内容	是否能够识别、分析与评价旅游中的大数据应用	等级一：能发现关键问题与总结提炼相应的解决策略，并能够提出自己的意见或建议。
		等级二：能发现 些问题与总结提炼相应的解决策略，并能够提出自己的意见或建议。
		等级三：不能发现问题与总结提炼相应的解决策略，但能够提出自己的一些意见或建议。
通用能力	逻辑思维能力	等级一：能发现关键问题与总结提炼相应的解决策略，并能够提出自己的意见或建议。
		等级二：能发现一些问题与并总结提炼相应的解决策略，并能够提出自己的意见或建议。
		等级三：不能发现问题，并总结提炼相应的解决策略，但能够提出自己的一些意见或建议。

【拓展练习】

进一步思考“智慧二字”的含义，智慧旅游中的“智慧”与人工智能，以及人类智慧有什么区别和联系。

第二章

基于大数据的旅游消费行为分析

【学习目标】

· 掌握旅游消费行为的概念与内涵
· 了解影响旅游消费行为的主要因素
· 熟悉旅游者和组织机构购买决策过程
· 掌握两种常见的旅游者购买行为模式

第一节 旅游消费行为

一、旅游消费行为概述

旅游通常被认为是一种人类活动，在活动的不同阶段会发生各种各样的行为。例如，购买行为、游览行为及分享行为等。其中，消费行为是最主要的行为类型之一，并且贯穿于旅游活动前、中、后的整个过程中，共同构成了旅游的经济性。进入新时代，旅游作为人们追求美好生活的主要方式之一，已经成为我国的重要支柱产业之一。为了有效地刺激旅游消费，对旅游消费行为的分析一直都是旅游领域研究的重点，而对旅游消费行为的分析又是基于对旅游消费行为本身的理解基础之上的。

（一）旅游消费行为概念

想要理解旅游消费行为的含义，首先需要回答的问题是：作为旅游活动中主要的行为类型之一，旅游消费行为具体会包含哪些行为。回答此问题的关键在于对消费

（Consumption）概念的理解。一般来讲，它是指利用社会产品来满足人们各种需要的过程。在旅游情景，对其进行理解的关键点在于旅游产品对旅游者需求的满足过程。例如，在旅游的过程中，旅游者需要住宿。因此，会有酒店客房产品来满足旅游者对住宿的需求。然而，旅游者对旅游产品进行“消费”的过程并不是独立存在的，与消费过程前（如决策与购买）和消费过程后（如评估与处理）等诸多行为有着紧密的联系。

行为的发生基于主体。那么旅游消费行为的主体又有哪些？最直观的回答是旅游消费者，通常被认为包括旅游者个体、家庭及群体。除此之外，也会发生以某种组织为购买单位的消费行为。例如，公司为奖励绩优员工而组织的奖励旅游。然而，对旅游消费主体从不同的角度进一步认知又会得到不同的内容，其购买目标、消费目的与性格特点等都会影响旅游消费行为的分类。

（二）旅游消费行为模式

旅游消费行为一般遵循着由需求（Requirement）产生动机（Motivation），由动机（Motivation）产生行为（Action）的模式（见图 2-1）。

图 2-1 旅游消费行为模式

1. 需求

可以看出，需求是一切的源头。因此，认识“需求”也是充分理解旅游消费模式的基础。在旅游领域，对需求的解释通常来自马斯洛需求层次模型（见图 2-2）。马斯洛将人类需求划分为五个层次，各层次是由低级向高级呈上升的趋势。并且，高级的需求总是以低级的需求为条件。最底层的也是最基础层的是生理需求，反映的是人们为了维持生存本能的需求内容。例如，水、空气及食物等。在保障了生理需求的基础上，人们会对安全产生需求，不仅是人身安全，同时还包括财产、事业及家庭等内容的安全。在保障安全的基础上，人们会对情感归属产生需求。从生物学的基础上，人是群居动物，必然会与周围的人产生联系。而这种联系又会促成某种情感的产生，如亲情、爱情及友情等。在找到情感归属的基础上，人类又渴望得到尊重，也就是尊重的需求。人们不仅希望在与人的交往中得到对方的信任与尊重，同时也存在很强的自我尊重的需求。最高层次的需求是对自我实现的追求。所谓自我实现，实际是一个不断探索自我价值的过程，从对亲人的价值、对朋友的价值、对工作单位的价值，甚至是对社会的价值。

除此之外，人类的各种需求可以进一步被总结和归纳。例如，从需求源头的角度来说，可以分为自然需求和社会需求。从需求对象的角度来说，可分为物质需求和精神需求。旅游本质上是一种追求愉悦的过程，不仅是身体上的愉悦，更是精神上的愉悦。对旅游需求不同角度的认知和思考，直接影响了旅游者经由旅游体验而获得的具体享受。

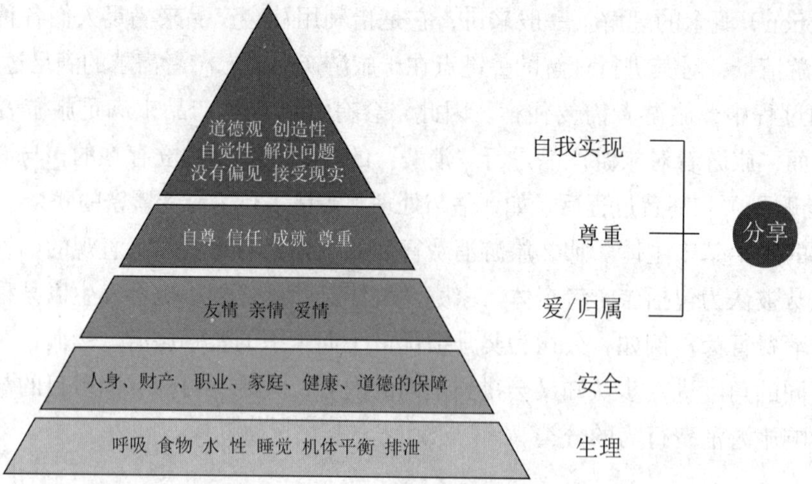

图 2-2 马斯洛需求层次模型

2. 动机

所谓动机是发动和维持人的活动，并使活动指向一定目的的心理倾向。旅游动机是驱动旅游者产生具体的旅游消费行为的内部驱动力。旅游动机是在旅游需求的刺激下产生的。当需求处于萌芽状态，并且缺乏能够满足需求的对象时，需求仅表现为一种意愿或意向，无法产生动机。然而，尽管存在能够满足需求的对象，对其产生的需求却依然处于较低程度，仍然无法促成动机的产生。只有当需求被强化到一定程度，并且客观上存在能够满足需求的对象时，需求就会向动机转化。

既然动机来源于需求，那么多样的需求自然也会产生各种类型的动机。例如，日本学者田中喜一提出的心理动机（比如，思乡）、精神动机（比如，审美）、身体动机（比如，修养）及经济动机（比如，购物）等。美国学者约翰·托马斯总结的文化教育动机（如研学）、休息娱乐动机（如浪漫邂逅）及种族传统动机（如瞻仰故土）等。

3. 行为

前文中提到，旅游消费行为并不是孤立存在的，它是由决策、购买、消费、评估及处理等一系列行为共同组成的。因此，作为驱动旅游者产生具体旅游消费行为的驱动力，旅游动机在向旅游行为转化的第一个关卡就是旅游决策行为。由于旅游者的决策行为对后续行为有着直接的影响，因此旅游决策行为一直是人们研究的重点内容，其中总结和提出了许多描述旅游决策行为的决策过程模型（见图 2-3、图 2-4）。

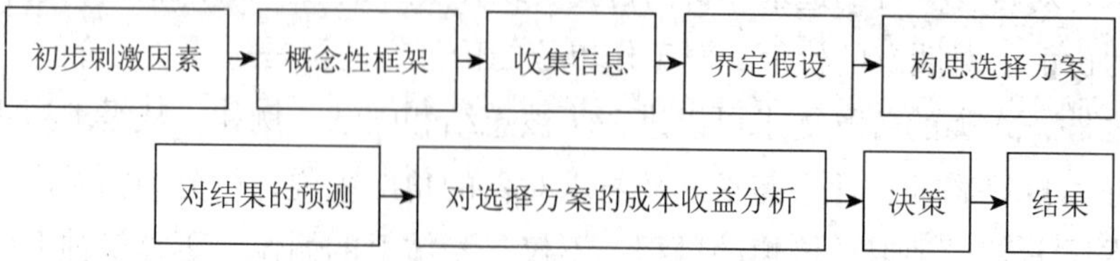

图 2-3 瓦哈比等人的旅游者购买决策过程模型

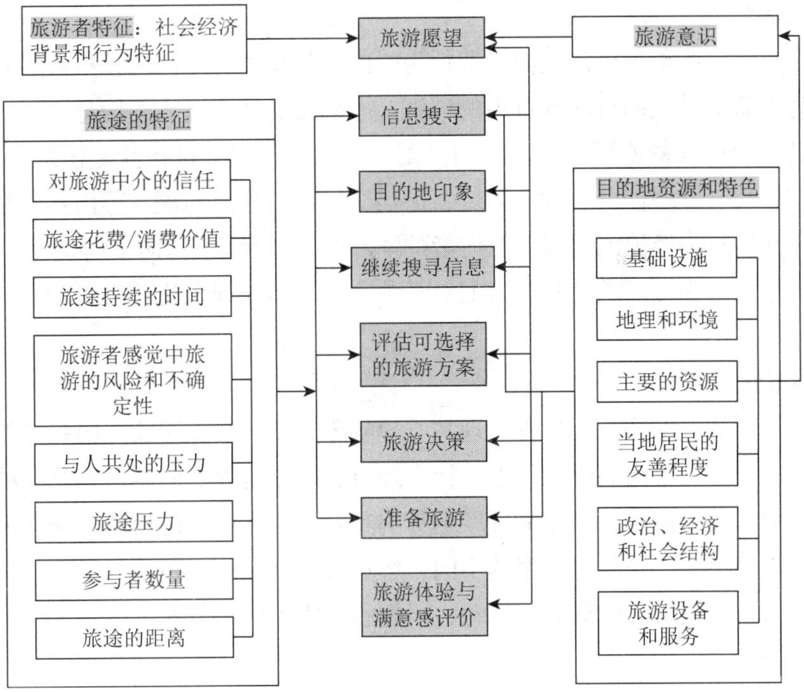

图 2-4　玛蒂森和沃尔提出的旅游决策过程模型

（三）消费行为影响因素

在整个旅游消费过程中存在着各种各样的影响因素，主要分为内部因素和外部因素。其中，内部因素包括旅游者的心理因素和个人因素。外部因素包括旅游者身处的社会因素和文化因素（见图 2-5）。

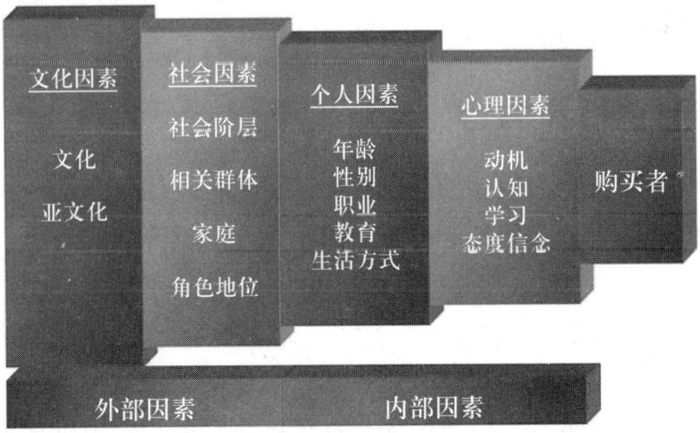

图 2-5　旅游消费行为影响因素

1. 心理因素

前文中提到，旅游动机是旅游消费行为的内部驱动力。不同的动机会触发不同的旅游消费行为。认知是人们对外部世界的理解。人脑接受外界输入的信息，经过头脑的加工处理，转换成内在的心理活动，进而支配人的行为，这个过程就是信息加工的过程，也就是认知过程。其中涉及感觉、知觉、记忆、思维、想象和语言等内容。学习是人在生活过程中获得行为经验的过程。旅游者的学习内容包括旅游动机的学习、旅游态度的学习及旅游经验的学习。态度是指人们对某种客观事物或观念比较一贯的评价、感觉及行动倾向。

2. 个人因素

年龄和性别的差别往往意味着生理和心理状况、收入及旅游购买经验的差别。职业在很大程度上决定一个人的收入水平、社会地位及闲暇时间。旅游消费是一种弹性较大的消费，旅游者的经济状况在很大程度上影响其对产品和服务的价格选择，最终影响其旅游服务的消费决策。受教育程度的不同，影响着一个人的兴趣爱好及文明素质。生活方式是一个人所表现出来的有关其活动、兴趣和看法的生活模式。

3. 社会因素

社会阶层是根据人们的社会地位、声望、价值观及生活方式等划分的相对稳定的人的群体。同一社会阶层的人的行为具有很大的相似性。相关群体是指人们在相互交往的基础之上形成的不同社会群体。在旅游消费中，大部分旅游活动是以家庭形式进行的，家庭成员对旅游决策的影响作用是首位的。家庭中的角色和地位（丈夫主导、妻子主导及孩子主导）对旅游决策的影响力也不容忽视。

4. 文化因素

文化是指一个国家或地区的民族特征、文化传统、价值观、宗教信仰、社会结构及风俗习惯等情况。文化是一个社会所有成员共同拥有和认同的，往往决定着一个社会的消费习惯、伦理道德、价值观念和思维方式等，文化的差异决定了消费行为的差异。

二、旅游消费行为内容

在初步理解旅游消费行为内涵的基础上，接下来将围绕旅游消费行为的消费主体是在何种消费动机的驱动下，对何种产品进行的消费，以及消费的时机、市场和方式等具体内容进行展开讨论。

（一）消费主体

前文中提到，旅游消费行为的主体既包含旅游者又包含组织机构。本书中主要关注旅游者在进行旅游消费行为的过程中呈现出的具体特点。旅游者可进一步被划分为个体、家庭和群体。由于不同消费主体存在着各自的特点，从而导致了消费需求的多样化，直接影响着旅游消费行为的发生和发展，以及大数据技术服务于旅游消费主体的方式。

（1）对个体而言，最突出的特点是自由度，可以相对家庭和群体拥有更多灵活支配旅游行为的能力。尤其随着互联网、移动互联网、移动设备（如智能手机）和应用（如电子地图）的飞速发展和普遍应用，人们的旅游消费行为在时间和空间等方面的限制被进一步突破。现如今，自助游与自驾游等自由度更高的旅行方式成为越来越多人的出游首选。不仅如此，旅行过程中各个阶段之间的界限也越来越模糊。例如，很多游客已不再提前做大量的攻略和计划，而是更倾向于到目的地用手机查攻略、看点评、做选择及定出行，从而来一场“说走就走的旅行”。随着各种社交媒体平台在旅游中的广泛应用，以各种旅游主题形成的社区，将志同道合的“驴友”进行连接，将旅游消费行为同时赋予了社交行为的属性，不仅丰富了个人游客的旅游体验，也将旅游本身自带的社会性进一步放大。

（2）对家庭而言，这种旅游主体经常带有情感属性。前文中在对“需求”进行解释的时候我们引入了马斯洛的需求层次模型。其中，第三层对人类在社交与情感方面的需求进行了描述。家庭中父母与子女之间的亲情与夫妻之间的爱情等都是家庭生活的重点。尤其我国的旅游主体经常以家庭为单位，这与中国人传统文化中家庭观念重与重视亲情有关。大多数家庭想通过旅游来增进家庭成员之间的情感连接，从而出现了亲子游与爸妈游等主题旅游。而这些情感主题对以家庭为购买单位的旅游消费行为会产生直接的影响。

（3）对群体而言，由多个个体根据某种相同属性构成的群体是目前旅游消费行为研究的主要内容之一。为了能够更加精准地定位旅游消费者，旅游企业通常的做法是尽可能地将旅游者根据某种共有属性划分成细小的群体，即进行市场细分。其中，从人口统计学的角度（如性别、年龄与教育背景等）对群体进行细分是主要的方式之一。并且，随着对旅游者的认识逐渐深入，将有更多的属性（如智能手机型号与移动支付习惯等）被发掘和使用。通常，群体作为一个整体会呈现出一些相同的特征，以供旅游企业进行分析，从而实现更为精准的营销。不仅如此，群体中的个体因具有相似的特征，彼此之间还会形成相互影响。例如，群体间对某一旅游产品的口碑评价会直接影响个体的消费行为。

旅游消费主体与大数据之间有着紧密的关系。首先，旅游消费主体是产生旅游大数据的重要源头之一。随着以互联网为基础的新一代信息技术的普遍应用，人们的生活、学习和工作都得到了极大的便利。在旅游已经成为人们的一种生活方式的情况下，这一点在旅游领域尤为明显。这也使得旅游者在使用各种技术进行复杂操作（如上传、下载、搜索、浏览、购买、分享及评论等）的过程中能够持续不断地产生种类丰富的旅游数据（如文本、图片、音频及视频等）。当游客规模达到一定程度的时候，单个游客丰富且有限的旅游数据就会汇集成海量的数据而最终成就“旅游大数据”。同时，由旅游消费主体产生的旅游大数据又反过来成为旅游领域深度研究旅游消费者的宝贵资源。整个旅游者的旅游活动从一定程度上可以被认为是一种消费活动。因此，旅游者的所思所想都会渗透进其各种消费行为中。以评论为例，通过分析游客对某一旅游产品的评论数据，可以得知游客对该旅游产品的态度与情感等信息，为旅游企业进一步完善旅游产品提供了有效支撑。

（二）消费动机

前文中提到（旅游消费行为模式），旅游消费动机是驱动旅游者进行旅游消费行为的内在心理动因。其形成不仅涉及需求，还与客观存在的、能够满足旅游需求的对象相关。同时，也需要旅游者能够有相应的经济支撑和闲暇时间。除此之外，很多学者对旅游动机进行了更为深入的思考，形成了不同的动机理论：

（1）普洛格的旅游动机理论将旅游动机与旅游者人格相联系。他认为旅游者人格是一个连续体（Continuum），在其两端分别是“自我中心型”（Psychocentic）人格和“多中心型”（Allocentric）人格。自我中心型人格将思想或注意力集中于生活琐事，他们在旅行模式上更趋保守，偏爱“安全”的旅游目的地，且经常多次重游；多中心型人格则具有冒险的精神，持有游览或发现新旅游目的地的动机，很少去同一个地方旅游两次。

（2）丹恩的旅游动机理论将旅游动机分为两种力量，推力和拉力。即旅游动机研究中广为引用的“推—拉”动机理论模型（Push and Pull Theory）。具体而言，推力是一种发自内心的渴望，即旅游消费者“想做什么”；而拉力则指外部环境所产生的拉动，主要是指旅游目的地的属性，即旅游消费者“能做什么”。克朗普顿的研究支持了“推—拉”动机理论模型，并进一步将旅游动机分为七个方面，即逃离、自我探索、放松、声望、回归、密切亲友联系和增加社会交往。他将推力动机分为两种，新奇和教育。

（3）麦金托什的旅游动机理论将旅游动机分作四类，身体健康的动机、文化动机、交际动机和地位与声望的动机。

（4）与丹恩的旅游动机理论类似，艾泽欧—阿荷拉提出的旅游动机模型包括两个方面因素，逃避（Escaping Element）和寻求（Seeking Element）。“逃避”指离开日常环境的愿望，“寻求”指通过去相对照的环境旅游以获得内在的心理回报的愿望。

旅游消费动机直接与旅游主题相关。随着人们将注意力逐渐转向对“美好生活”的向往与追求，旅游作为主要方式之一也发生了诸多重要的转变（例如，从小众旅游向大众旅游转变，从景点旅游向全域旅游转变，从观光旅游向休闲旅游转变等），其中无不反映着旅游需求与动机的变化。为了能够积极地应对这些变化，旅游企业等希望通过大数据技术对海量旅游数据的深度挖掘，能够即时与准确地捕捉旅游需求与动机的变化。

（三）消费产品

旅游消费产品，即旅游产品，不仅包含具体有形的实物，同时还包含无形的服务，且以无形的旅游服务为主要产品。因此，旅游产品亦称旅游服务产品，包括旅行商集合景点、交通、食宿及娱乐等设施设备、项目及相应服务出售给旅游者的旅游线路类产品，旅游景区与旅游饭店等单个企业提供给旅游者的活动项目类产品。

根据原国家旅游局的文件，旅游产品可以分为以下五种类型：

（1）观光旅游产品：自然风光、名胜古迹及城市风光等。

（2）度假旅游产品：海滨、山地、温泉、乡村及野营等。

（3）专项旅游产品：文化、商务、体育健身及业务等。

（4）生态旅游产品：森林、草原、湿地、荒漠及海洋等。

（5）旅游安全产品：保护用品、意外保险产品及防护用品等。

除此之外，还有许多从不同角度对旅游产品进行的分类。例如，按旅游产品组成状况分类可分为整体旅游产品和单项旅游产品。按旅游产品形态分类可分为团体包价旅游、散客包价旅游、半包价旅游、小包价旅游、零包价旅游、组合旅游及单项服务。此外，旅游还可以按距离、计价形式、费用来源及旅游方式来分类。

目前，大数据是设计、开发和完善旅游消费产品应用的主要技术之一。从不同的角度出发会得到对旅游消费产品的不同认知。而每一种认知又包括旅游消费者、旅游资源、市场及政策等多方面信息的综合考量。因此，旅游消费产品的产生极其复杂，需要大数据综合且深入的数据分析对其进行有效支撑。例如，大数据可以通过对气象、地理、社会及历史等复杂数据的综合处理实现对旅游资源的深度分析，从而能够更好地辅助基于该旅游资源的旅游产品的研发。

（四）消费方式

消费方式决定着旅游者选择如何对旅游产品进行消费。随着社会的发展和科技的进步，如今的旅游消费方式正在发生着悄然的变化。例如，相较于走马观花或地标打卡式的旅游，越来越多的旅游消费者更注重旅行体验，且更愿意在当地餐饮和文化活动上消费。尤其对中国旅游消费者来说，旅游是生活方式和生活态度的缩影。在中国消费者旅行中的具体需求上，舒适是对大多数人来说最重要的需求；其次是文化需求、探索需求及个性化需求。而且，据分析，这些特质的呈现已经渐渐无关年龄，充分说明中国新兴旅客在生活方式及品质方面的追求不再仅仅以年龄和地域区分，更多是自身价值观及思维方式的展现。随着中国消费者人均可支配收入的增长，人们的视野更加国际化、更加开阔。出门旅游对他们来说不再是难事，中国消费者越来越倾向于探索新的旅游目的地，并在旅途中获得不同的新奇体验。

旅游消费方式是连接旅游者与旅游产品的桥梁，是旅游消费行为分析的重要内容。尤其大数据对多种数据类型的分析，能够进一步拓展对旅游消费方式的分析。例如，基于游客的银行卡数据，大数据不仅能够分析旅游消费者在食、住、行、游、购、娱哪方面的消费较多，而且能够挖掘出旅游者在进行购买行为时的支付偏好。并基于此，进一步探索旅游消费者在消费方式方面的属性（例如，偏好微信支付的带有社交属性，偏好支付宝支付的带有金融属性）。

实训与思考

旅游消费行为实训

【实训目的】

将理论与实际相结合，基于自身经验，进一步理解旅游消费行为。

【实训要求】

选择一次感兴趣的旅游经验形成一篇游记（3000 字左右），并基于知识点对该经验进行分析。

【方法与工具】

1. 方法

案例分析法。

2. 工具

网络搜索引擎、百度百科、百度文库、中国知网、ScienceDirect 等数据库。

【操作步骤】

1. 概括游记中旅游者体现出的需求与动机；

2. 总结由动机导致的旅游行为；

3. 分析行为背后的影响因素。

【自我评价】

通过实训，进行自我评价，评价量表如表 2–1 所示。

表 2–1 评价量表

评价项目		评价标准
实训内容	是否能够清晰地识别旅游消费过程与行为	等级一：能够清晰地识别旅游消费过程与行为。
		等级二：基本能够识别旅游消费过程与行为。
		等级三：无法识别旅游消费过程与行为，较为混乱。
通用能力	逻辑思维能力	等级一：能够清晰地识别旅游消费过程与行为。
		等级二：基本能够识别旅游消费过程与行为。
		等级三：无法识别旅游消费过程与行为，较为混乱。

【拓展练习】

1. 当代旅游消费行为呈现出哪些新的特征与需求？

2. 你预测未来的旅游消费行为会发生哪些转变？

第二节 旅游消费行为的大数据分析

基于以上对旅游消费行为内涵和具体内容的认知，接下来进入对利用大数据技术对旅游消费行为进行分析的了解。前文中提到，“信息”是人们管理世界的媒介。具体的实例就是各个领域中存在的管理信息系统。而“信息”的产生基于“数据”，是对“数据”进行分析和解释之后形成的带有某种特殊含义的内容。“大数据”分别从体量、种类、价值和处理速度等方面为新时代的信息化管理提供了坚实的基础。对旅游领域来说，其核心主体是旅游者，即一般意义上的旅游消费者。因此，基于大数据技术充分发掘旅游消费者及其行为的有价值的信息，能够为旅游业实现更加智慧化的经营和管理提供有效的支撑，从而为旅游者提供更加高品质的旅游服务。

一、基于游客的分析（游客画像）

对游客进行分析，也就是对游客进行“画像”，深度挖掘游客需求，是大数据技术应用于旅游领域的主要场景之一。目前，旅游大数据对旅游者进行的分析主要围绕对其客源地、基本属性、行为和偏好展开。

（一）游客基本属性分析

游客基本属性分析是对旅游者本身特征进行认识的初步阶段。对游客基本属性的分析一般是从人口统计学特征的角度对旅游者进行认识。人口统计学特征一般包含对游客性别、年龄、教育、职业、婚姻及收入等基本属性的认识。从不同的属性切入，会得到对旅游者及其消费行为的不同理解。

以年龄为例。人类通常可以按照年龄阶段被划分为不同的群体，而不同年龄的群体由于社会背景等内容的不同通常会表现出不同的特点，从而影响该群体的旅游需求。2019年2月，银联商务股份有限公司和中国旅游研究院旅游消费大数据联合实验室共同发布了《2019春节旅游消费大数据报告》。该报告基于全国多行业旅游消费大数据，详细解读了2019年春节假期中国旅游消费的特点。其中，通过对年龄属性数据的统计分析发现，2019年春节假期期间，旅游消费人群中25~34岁的青年游客达40.9%，并且从2017年到2019年一直呈上升趋势，反映出我国的旅游消费人群日趋年轻化的发展状态。

因此，旅游各行业都十分重视年轻群体对旅游的需求。据腾讯与原国家旅游局产业运行监控平台披露的数据，以“90后”“00后”为代表的“Z世代”（Generation Z）已经崛起成为新兴消费主体。该群体已经呈现出了许多鲜明的特点。比如，他们是互联网从无到有的原住民，是中国互联网的中坚力量，拥有真正的互联网思维，享受着移动互联网科技带来的多元娱乐和社交，他们的生活需求，也在很大程度上推动消费升级（见图2-6）。

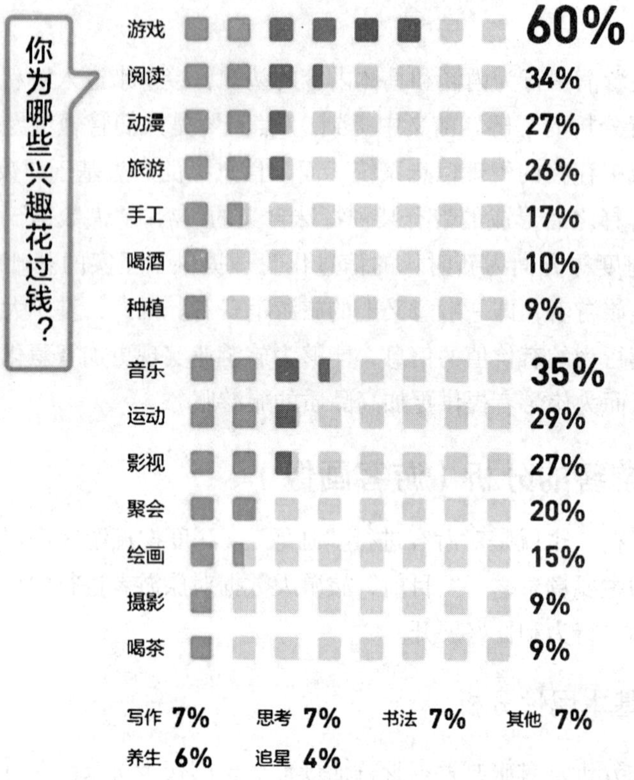

图 2-6 数据来源：城市画报 × 腾讯 QQ 联合推出《"95 后"兴趣报告》

在旅游方面，年轻群体的需求特征更为突出。据 2017 年 11 月腾讯数据实验室发布的《2017 年中国旅游目的地白皮书》统计，以 Z 世代为代表的年轻旅游群体出行习惯更加趋于随性，水体娱乐、户外探险、海岛和温泉等选择开始逐步替代单一的观光需求。相应地，年轻人喜欢的社交、视频及新闻类 App 的关注度走高。马蜂窝旅行网发布的《"浪"一代：90 后旅行方式研究报告 2017》指出，"90 后"比人们想象中更加经济独立。报告显示，有 60% 的"90 后"每月都有储蓄，仅 8% 需要向父母寻求经济支持。28% 的"90 后"挣多少花多少，但他们并不认为当"月光族"是一件感到羞耻的事。另外，"90 后"平均税后月收入为 4891 元，但每年平均花费 11810 元在旅行上。69% 的"90 后"表示自己会承担全部的旅游花费。令人意外的是，"90 后"实是属于较为精明的消费者。数据显示，73% 的"90 后"会在出国前提前列好购物清单，力图让这场旅行值回票价。甚至有 36% 的"90 后"会一边现场血拼，一边利用国内电商平台比价，精打细算到极致。"90 后"对于口碑评价与服务质量最为重视，力图获得更好的旅行体验及更高的性价比，比如在挑选住宿时，“90后”最重视的要素依次为“地理位置、性价比及口碑”，挑选餐厅时，则最看重“口碑、人均消费水平及菜系”。这也体现出“浪一代”对品质与快乐的追求。据报告显示，“90后”的心理期待是一年能旅行3次，但报告数据显示，因为没钱和没假，他们实际仅平均出行1.6次。除此之外，一个人虽自由，但没有分享的快乐。调查表明，大多数“90后”仍然希望与亲近的人一同旅行，喜欢独自旅行的仅占9%。其中，45%的“90后”最想和爱人一起去旅行，其次是朋友及父母。同时，“说走就走”旅行占比比想象中的低很多，报告显示，56%的“90后”会在出发前阅读攻略或游记，仅有5%会真的毫无准备地“说走就走”。大数据显示，最受“90后”喜爱的境内目的地在中国西部，如西藏的拉萨与林芝、云南的丽江与大理、四川的成都与稻城亚丁、青海与新疆等。与北上广深等大都市相比，“90后”更偏爱拥有自然风光与特色文化的地区。境外目的地中，日本成为“90后”最想去的国家。动漫、日剧及饮食等流行元素深刻影响着在国际多元文化环境下成长起来的“90后”。欧洲国家位列其次，包括英国、法国及瑞士等。

（二）客源地分析

旅游客源地是指具备一定人口规模和经济能力，能够向旅游目的地提供一定数量旅游者的地区。旅游者生存于旅游客源地，其旅游需求必然会受到来自客源地政治、经济及文化等各个方面的巨大影响。例如，据数据显示，超过20%的北上广深城市居民每年的最大消费开支是旅游（见图2-7），这与北上广深作为我国一线城市不无关系。因此，客源地一直是理解旅游者及其消费行为特点的重要视角之一。

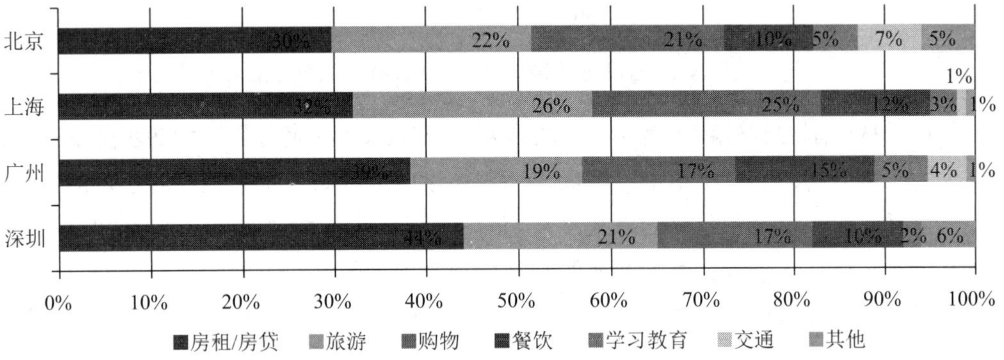

图2-7 不同城市的年最高消费支出类别

根据旅游目的地的市场规模和范围不同，可以将旅游客源地划分为以下类型：

①区域性客源地主要是向某一个特定区域内的旅游目的地提供旅游者或旅游需求方，是一个旅游目的地周边地区或邻近地区的客源生成地。例如，北京是天津与河北等周边地区的主要客源地。

②全国性旅游客源地是从国内旅游的角度，对全国范围内的旅游目的地贡献旅游者或旅游需求方的客源地。例如，每一年的暑期，我国的一线城市都是暑期旅游的主要客

源地，以京津唐、长三角及珠三角等经济发达地区为代表。据文化和旅游部发布的《中国旅游消费大数据报告 2018》统计，上海在我国前十大客源地中是为旅游消费贡献最多的客源地（见图 2-8）。

③中转性客源地是指那些具有交通中转和出入境口岸功能，可以形成过往和过境旅客的地区。例如，北京、上海和广东等。

④客源地国家则是从国际旅游角度来划分的客源地，它是相对于旅游目的地国家而言的，作为一个国家从不同的角度看，既可以是旅游客源地国家，又可以是旅游目的地国家。例如，据中国旅游研究院联合携程旅游集团发布的《2017 年中国出境旅游大数据报告》统计，中国已经成为泰国、日本、韩国、越南、柬埔寨、俄罗斯、马尔代夫、印尼、朝鲜及南非 10 个国家的第一大入境旅游客源地，中国游客在这些国家国际游客中的占比最高达 30%。

排名	城市
1	上海
2	北京
3	广州
4	深圳
5	南京
6	郑州
7	武汉
8	苏州
9	杭州
10	长沙

图 2-8　2018 年旅游消费贡献 TOP10 客源城市

并且，从个别的旅游客源地切入，可以对来自客源地的旅游者进行初步的认识。以北京为例。据分析，北京旅游者已经成为比较挑剔的成熟旅游者，他们对于产品质量的重视，超过了对于价格和距离的重视；他们对于旅游环境的重视程度，已经超过了对直接游览对象。例如，景观、景点及各类观赏事项吸引力的重视。因此，对旅游目的地经营者来说，要想吸引更多的北京旅游者前来，更多的是要在改善服务和接待设施，提高旅游环境上下功夫，而不是开发更多的旅游吸引物。尤其是在休闲式旅游和一地停留度假式旅游更加流行的未来，这一点会显得越来越重要。

（三）游客行为和偏好分析

在基于对游客基本属性分析的基础上，需要对游客的旅游消费行为和发生行为时体现出的偏好进行深入分析。进入新时代，旅游者的各种消费行为（如决策、购买、消费、评估及处理等）都体现出一些新的特性和偏好。首先，随着人们收入水平逐渐提高，生活质量不断提升，加之闲暇时间的增加，旅游渐成国民常态化消费，人们的出游频次不断增加。据艾瑞咨询调研数据显示，2018 年，每个月在国内出游一次以上的用户占比达 27.5%，较上一年增长了 1.5%；在出境游方面，超六成游客年均出游 1~2 次。

并且，随着国内消费者收入水平以及对品质要求的提升，出境游成为众多游客的首选，近年来中国游客已成为拉动全球旅游市场的主要力量。根据世界银行数据显示，中国已连续多年保持世界第一大出境旅游支出国地位，但近两年来中国游客境外消费愈发理性，出境旅游消费增速有所放缓。据文化和旅游部数据显示，2019 年十一长假期间，全国口岸日均出入境旅客达到 198 万人次，7 天合计出境游客突破 700 万人次，与数年前长假国人海外暴买不同，今年假期出境游客更加注重放松心身，抢购马桶盖、感冒药及电饭锅等商品，甚至打包用小集装箱运回国内的现象鲜有发生，出境旅游市场繁荣，消费更趋理性。

游客行为和偏好的改变不仅体现在宏观的趋势上，同时在许多旅游细节中也有所体现。例如，在进行旅游前的信息搜索时，相对于一些专业的垂直搜索引擎，旅游者更倾向于使用社交媒体等应用查找信息。再如，旅游者在进行旅游预订时，相比提前做规划和预订，更倾向于随时预订。并且，据中国互联网络信息中心的数据显示，2019 年上半年旅游预订在移动端的交易占比达到 94%。除了对移动端 App 的偏好，新时代旅游者还关心在旅行中如何拥有完美的纪念照片，甚至影响手机拍照能力成为年轻人选择手机的重要参考标准。

二、基于旅游目的地的分析

旅游者的旅游消费行为不是独立存在的。首先，旅游者的旅游消费行为与旅游目的地相关。因此，从旅游目的地的角度对旅游消费行为进行分析也是重要内容之一。

（一）消费热度分析

旅游消费热度主要描述的是旅游目的地对旅游消费者的受欢迎程度。一般来讲，去往该目的地的旅游消费者越多，某个旅游目的地的受欢迎程度越高，反之同理。对旅游目的地消费热度进行分析，能够从更为宏观的角度掌握旅游者在旅游需求方面的状态、趋势和变化等内容。

例如，据中国旅游研究院（文化和旅游部数据中心）综合测算，2019 年春节期间，旅游热点城市分布较广，三亚、厦门及丽江等南方老牌旅游城市热度不减，而成都、杭州及重庆等新兴旅游城市渐受追捧（见图 2-9）。数据还显示，近几年春节期间祈福类景区人气旺盛。尤其是 2019 年春节，游客日均消费人数和消费金额均已达到平日的 2 倍以上。全国各地以名刹古寺为代表的祈福景区人气高涨，这与游客想在辞旧迎新之际许下对未来的美好愿景的需求不谋而合。

排名	城市
1	三亚
2	成都
3	广州
4	厦门
5	杭州
6	丽江
7	深圳
8	重庆
9	上海
10	武汉

图 2-9　2019 年春节全国目的地身份旅游消费热度

（二）消费结构分析

从实际的角度来讲，消费结构指的是消费者在各项消费资料的花费，以及占总消费支出的比例与变化规律。通俗来讲就是人们愿意在哪些产品上花钱消费。在旅游情境下，消费结构分析主要探索的是旅游者对各类旅游产品的消费情况。而旅游产品是基于旅游资源设计和产生的。因此，对旅游消费结构进行分析之前，首先要对各类旅游资源进行详细充分的了解。

旅游资源是旅游业发展的前提，是旅游业的基础。一般来讲，旅游资源主要包括自然风景旅游资源和人文景观旅游资源两大类。自然风景旅游资源包括高山、峡谷、森林、火山、江河、湖泊、海滩、温泉、野生动植物及气候等，可归纳为地貌、水文、气候及生物四大类。人文景观旅游资源包括历史文化古迹、古建筑、民族风情、现代建设新成就、饮食、购物、文化艺术和体育娱乐等，可归纳为人文景物、文化传统、民情风俗及体育娱乐四大类。不同类型的旅游资源有其独特的特点。旅游者对各类型的旅游资源的消费情况也是旅游需求的整体反映。

以人文景物为例。据《北京文旅消费大数据报告》显示：2018 年度北京旅游产品（旅游线路与景点门票等）消费中历史遗迹类占比最高达 50.3%，以北京故宫、八达岭长城、圆明园及颐和园等为代表；其次是北京的各类公园，包括综合性公园及动物园等，以青龙湖公园、北京动物园、香山公园及八大处公园等为代表；各类收费博物馆与美术馆等占比 12.7%，以北京汽车博物馆、中国古动物博物馆及北京古代建筑博物馆等为代表；城市观光类占比 6.9%，以鸟巢、水立方及中央电视塔等为代表；各类游乐场占比 2.8%，以北京欢乐谷等为代表；各类剧场及文艺演出占比 1.3%，以国家大剧院、朝阳剧场及德云社剧场等为代表（见图 2-10）。

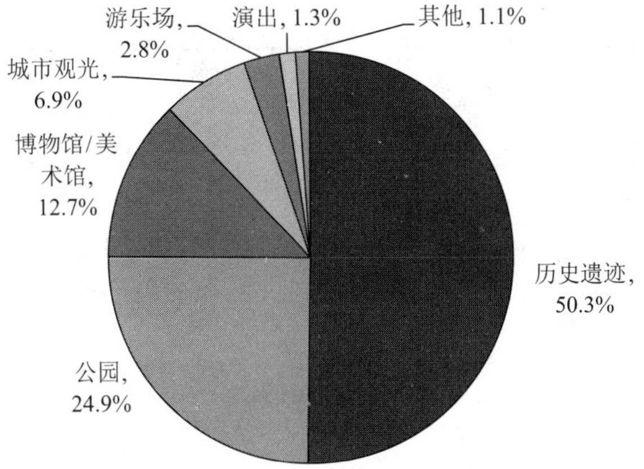

图 2-10　2018 年北京旅游产品消费结构

从文化传统方面，传统曲艺表演（相声与京剧表演等）占据绝对优势，占比 60.8%，其次是旅游演艺（打铁花等），占比 26.5%，艺术展（馆）类占比 7.6%，各类现代艺术园区等其他文旅产品占比 5.2%。

（三）游客评价与满意度分析

新时代旅游者的突出特点之一是信息分享行为。该行为不仅发生在旅游后，随着移动设备（如智能手机）和应用（如 App）越来越普及，尤其是在年青一代的带动下，旅游信息分享行为已经贯穿整个旅游有活动中。就分享的内容来说，主要包括评论、游记、攻略及锦囊等。其中，旅游企业尤其重视旅游消费者发布的关于旅游产品的评论信息。因为在这些旅游评论中，可能包含着旅游消费者对旅游产品的所思与所想，对旅游企业分析旅游者需求，改善旅游产品等具有重要意义。

游客评论从数据类型来讲包括文本、图片、音频及视频等。目前，在评论分析方面主要以文本类型的数据为主，围绕词频、主题、语义和情感等方面展开。其中，词频的统计可以提取代表旅游产品主要特征的特征词，且基于特征词可以进一步归纳文本所表达的主题，即特征项（见表 2-2）。

表 2-2　某民宿的特征词分析

特征项	特征词
交通	单车 1、汽车站 1、交通 10、不方便 23、高速 5、地理位置 4……（8）
周边环境	安静 22、荒凉 13、庄园 13、银杏 11、竹林 9、偏 8、环境优美 5、空气清新 3、玫瑰 4、景点 3、狗狗 2……（20）
餐饮	早餐 29、午餐 1、自助餐 1、晚饭 13、中餐 2、西餐 3、牛排 3、蔬菜 3、包子 1、咖啡 2、鸡汤 2、水果 2、鱼 1……（28）

续表

特征项	特征词
产品定价	实惠 1、便宜 8、优惠 1、略贵 6、性价比 31、价格 25、太贵 22、贵 6、价位 2、价钱 10……（18）
民宿设施	房间 98、游泳池 20、停车场 14、网络 6、沙发 5、信号差 4、阳台 4、榻榻米 4、电视 4、投影 3、烧烤 3、茶室 3、卫生间 3、音响 3、空调 3、帐篷 2、浴缸 2、地毯 2、淋浴 2、厕所 2、马桶 2、浴巾 1……（30）
主题风格	温馨 6、雅致 4、精致 4、简约 3、豪华 2、上档次 2、颜色 4、色调 1……（19）
生活用品	床品 14、沙发 5、毛巾 5、床垫 3、吹风机 2、枕头 1……（10）
环境卫生	环境 96、干净 41、舒适 19、整洁 19、卫生 16、脏 3、蚊子 1、有味 1、装修气味、宽敞明亮 3……（19）
安全保障	安全 3（1）
服务质量	老板 29、老板娘 12、预订 11、前台 10、打扫 3、接待 6、服务 68、用心 6、贴心 8、热情 20、服务态度 5、服务员 5、热情周到 3、热心 3……（34）

注：特征词后面的数字表示词频，括号中的数字表示特征词的数量。

通过对特征词和特征项的分析和归纳，旅游企业可以更清晰地了解旅游消费者对旅游产品的评价观点。例如，同程旅游对 2018 年北京主要旅游景区（点）在线点评文本的关键词进行分析显示，北京核心旅游区（点）的“好评点”主要有“购票入园方便”“交通方便”“环境好”等方面，“差评点”主要有“人多拥挤”“停车难 / 贵”“工作人员服务态度差”等方面（见图 2–11）。基于此，旅游企业便可以更有针对性地改善旅游产品和设施，从而更好地服务旅游者。

好评点	差评点
购票入园方便	人多拥挤
交通方便	停车难/贵
环境好	工作人员服务态度差
门票价格便宜	用餐不方便且贵
文化气息浓厚	排队时间长
导游服务好	

图 2–11　2018 年北京主要旅游景区（点）在线点评文本分析

旅游大数据还可以基于语义网络技术（Semantic Network）对文本进行更复杂的语

义分析。语义网络是一种用图来表示知识的结构化方式。在一个语义网络中，信息被表达为一组结点，结点通过一组带标记的有向直线彼此相连，用于表示结点间的关系。两个结点之间的距离越近，意味着这两个结点所代表的信息的共现关系越强烈，即相关性越大，关系越紧密。如图 2-12 所示的语义网络，某民宿消费者关注高频特征词以“房间”“早餐”“晚餐”“环境”“房间”“服务”“管家”为中心分布，“房间味道”与“周边环境”是消费者非常关注的问题。“装修风格”“贴心服务”“民宿体验设施”也是消费者所关注的，可见该民宿的消费者更偏好“家”的氛围以及注重民宿的体验感。然而，消费者对于民宿附近是否有景区，民宿中是否有泳池等娱乐设施的关注度相对来说较低。这也在一定程度上说明了现如今民宿消费者更加倾向于在民宿中的休闲放松体验，而并非纯粹的娱乐体验。通过语义网络对旅游评价文本进行语义分析，可以描述文本中词组在意义上的联系和内在相关性，挖掘其背后更加深层的逻辑联系，从而可以对旅游消费者的消费需求进行更细致的了解。

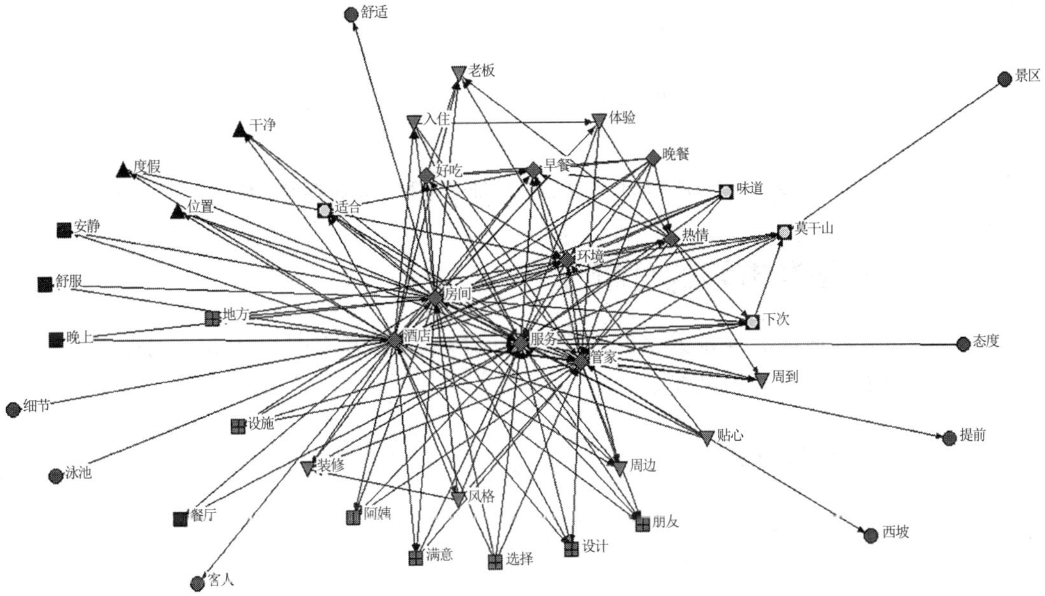

图 2-12　某民宿在线评论文本语义网络图

对旅游消费者的旅游评论进行情感分析是挖掘游客满意度的主要方式。它是旅游者对一个旅游产品可感知的效果（或结果）与期望值相比较后，形成的愉悦或失望的感觉状态。一般来讲，旅游者对某旅游产品的情感可以简单地分为积极情感、消极情感和中性情感等类型。利用一些能够进行情感分析的软件工具（如 NIVIO），通过将旅游评论文本中的情感词与情感词典或情感语料库中的内容进行比对，可以对评价文本进行更加复杂的情感分析。

对旅游消费者旅游评论进行的情感分析是构成游客满意度的重要组成部分。游客满意度是旅游消费者对旅游产品整体认知的体现，使旅游企业能够从更综合的角度对旅游资源的消费情况进行掌握。例如，据同程旅游在线点评数据的满意度分析显示，2018年度北京文旅产品（景区与线路等）的游客满意度为85.7%，细分主题方面，以历史遗迹类产品的满意度最高，为89.3%，其次是演出类，满意度为87.5%（见图2-13）。城市观光与游乐场的满意度低于整体满意度水平。这也与新时代的旅游者对文化体验，尤其是深度文化体验的需求趋势相符合。

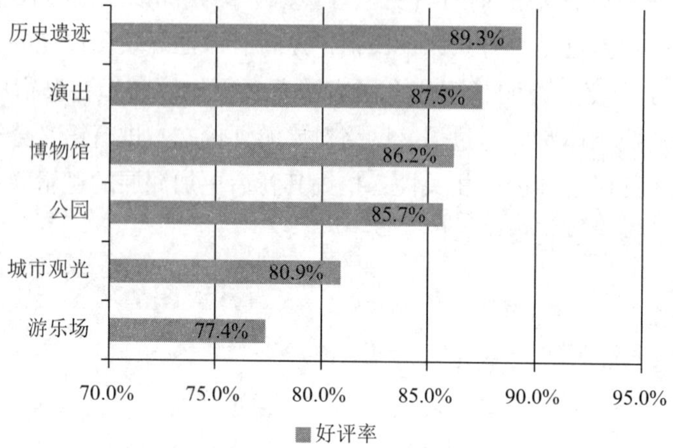

图2-13　2018年北京文旅热门细分主题游客好评度分析

三、基于旅游市场的分析

旅游消费者和旅游企业及其之间的交互共同形成了旅游市场。因此，对旅游市场的分析也是旅游消费行为分析的重要内容。

（一）发展趋势分析

通过对各旅游市场的发展趋势做出解读，可以进一步了解旅游者的需求状况，从而提出促进旅游市场发展的相关对策和建议。从一般意义上讲，我国的旅游市场整体可以划分为入境游市场、国内游市场和出境游市场。各旅游企业或组织定期会对各旅游市场进行相关的旅游大数据分析，涉及旅游分布、游客流量、旅游收入、客源结构、旅行主题及消费水平等内容，从而及时掌握旅游市场的发展趋势和旅游者的消费需求状态。

以入境游为例，中国旅游研究院发布的《中国入境旅游发展年度报告2018》指出，中国入境旅游市场特别是外国人入境旅游市场，进入到了恢复增长的新通道和总体回升的新阶段。据报告显示，2017年入境旅游人数为1.39亿人次，同比增长0.8%，其中外国人入境市场同比增长3.6%，“一带一路”沿线国家活跃度明显上升。2017年中国入境旅游外汇收入为1234.17亿美元，同比增长2.90%。其中，外国游客在华消费695.47亿美元，同比增长4.1%，保持平稳增长态势。从入境客源市场的结构特征来看，港澳台客源市场占总体市场份额 79.09%，主力地位依然稳固（见图 2-14）。此外，在外国人入境旅游市场中，排名前十的旅华客源国分别是：缅甸、越南、韩国、日本、俄罗斯、美国、蒙古国、马来西亚、菲律宾及新加坡（见图 2-15）。

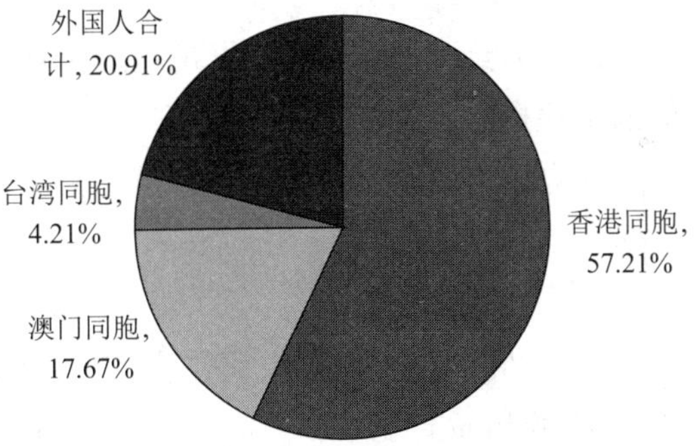

图 2-14　2017 年中国入境旅游主要客源市场结构状况

资料来源：中国旅游研究院

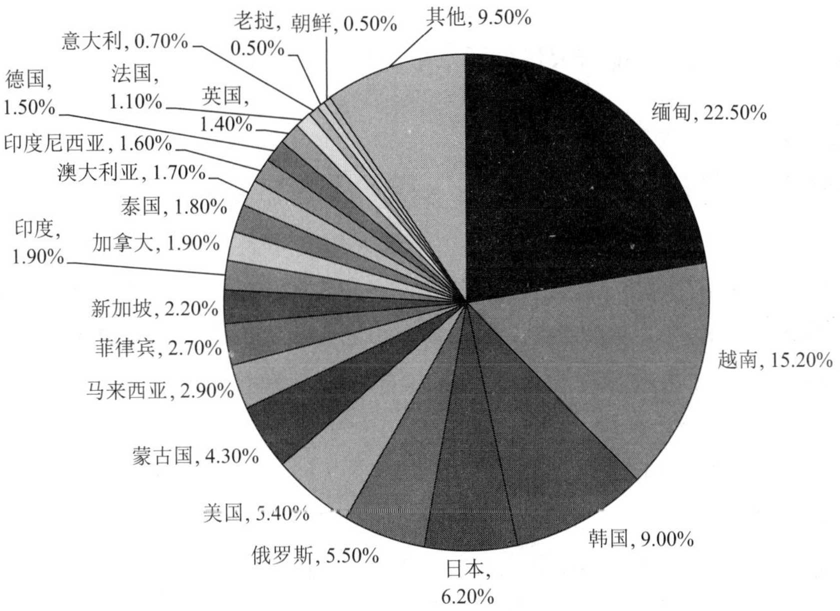

图 2-15　2017 年中国主要客源国的结构状况

资料来源：中国旅游研究院

（二）旅游需求开发

新时代的旅游者在旅游体验和出游方式等方面的需求都发生了巨大的变化。例如，周边游、碎片化旅游与当地玩乐等已经成为游客行为的重要特征之一。大数据技术在旅游中的主要应用场景之一就是通过海量的数据对新的旅游需求进行分析和挖掘。根据各大旅游企业和组织对近几年我国旅游消费市场的大数据分析指出，我国旅游消费者“新”的旅游需求主要体现出以下几点：

1. 深度化和个性化

对我国旅游消费者来讲，著名景点“到此一游”的走马观花式旅游已完全不能满足游客的需求。旅游者需要的是根据游客的需求，量身打造旅游产品，精致小团与高端旅游等旅游产品颇受追捧。此外自由行与定制游等个性化产品大幅增长。据统计显示，携程欧洲定制游业务增长迅猛。

2. 消费升级

我国旅游消费者的消费升级最主要体现在主题住宿和特色餐饮两方面。对住宿来讲，游客如今不仅对酒店产品的品质有要求，同时，也越来越关注更加多元的住宿体验。随着旅游内涵的延伸，酒店已经成为旅行中重要的休闲场所，除了提供夜晚住宿外，还承载着更多美食、艺术、社交、健康及娱乐等需求，这也使得主题民宿的崛起成为趋势。对餐饮来讲，美食已经成为游客选择旅游目的地的重要因素之一。随着餐饮消费场景的不断丰富，尤其是快餐与咖啡厅等轻餐饮行业的快速发展，游客在小额餐饮的消费增长迅猛。同时，随着人民生活水平的提高，游客对品质餐饮的需求也越来越旺盛。

3. 文化旅游

在众多新兴的旅游主题中，文化旅游是最受关注的主题之一，也是大数据技术应用的主要场景之一。在文旅融合的背景下，结合大数据与人工智能等技术，精准描绘游客的用户画像，全方位了解游客的真实需求，充分释放旅游大数据价值逐渐成为文化和旅游行业的共识。尤其对于北京来说，作为全国的文化中心和世界著名文化古城，北京市拥有极其丰富的文化旅游资源。据北京市统计局、文物局和文旅局官网信息，截至 2018 年 12 月底，北京市范围内共有博物馆 179 个（免费开放 82 个），群众文化馆与艺术馆 20 个，A 级以上景区 253 个，世界文化遗产 7 处，全国重点文保单位 128 个，市级文保单位 357 个。基于此，北京市文化产业的优势将得以充分释放。据北京市统计局发布的统计数据显示，2018 年度北京市文化产业的规模突破了 1 万亿元，达到了 10703 亿元人民币，其中与旅游产业密切相关的休闲娱乐产业的规模达到了 99.8 亿元人民币。在文旅融合的大趋势下，“文化 + 旅游”的产业规模将进一步扩大。

实训与思考

旅游消费行为分析实训

【实训目的】

进一步理解基于大数据的旅游消费行为分析。

【实训要求】

基于实际的大数据分析平台，调取相应的分析模型对数据进行分析。结合所学知识，对分析结果进行总结，并形成分析报告。

【方法与工具】

1. 方法

内容分析法。

2. 工具

海鳗云旅游大数据平台（见图 2-16）。

图 2-16　海鳗云旅游大数据平台首页

（图片来源：海鳗云旅游大数据平台）

【操作步骤】

1. 应用消费者画像平台（见图 2-17），对某一地区的旅游消费者进行“画像”；

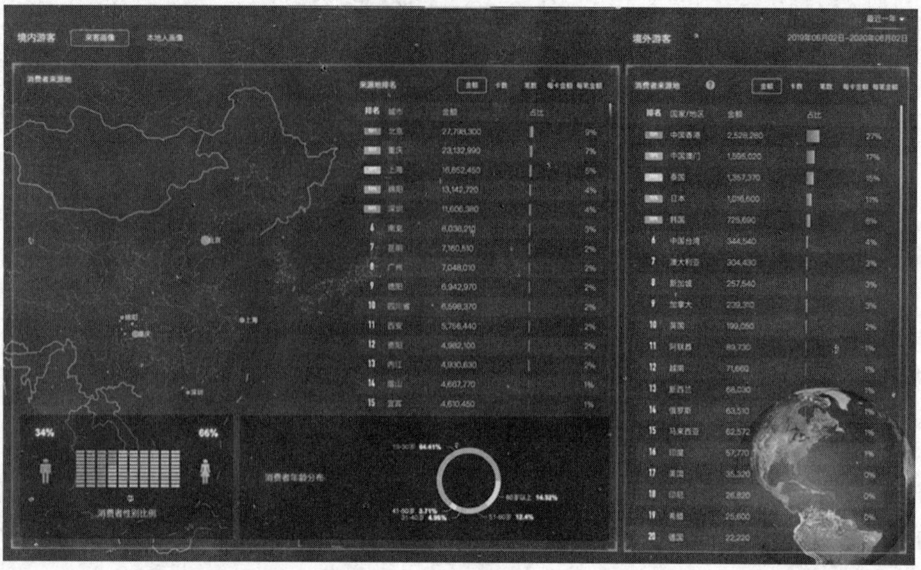

图 2-17　消费者画像

（图片来源：海鳗云旅游大数据平台）

2. 对该地区的旅游消费者的基本属性进行描述；

3. 对关键属性进行提取，并分析其背后的可能原因；

4. 结合涉旅消费分析平台（见图 2-18），进一步对该地区旅游消费者的消费行为进行分析；

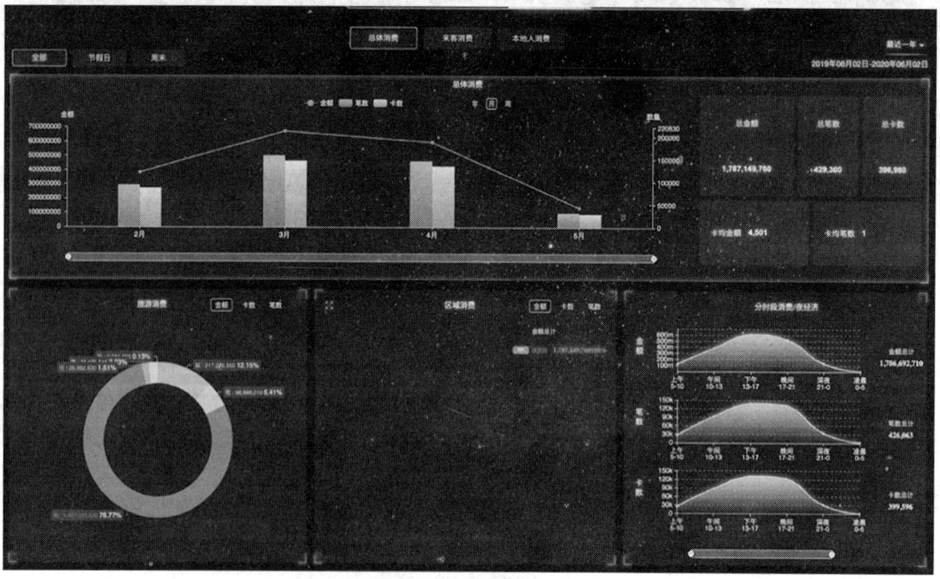

图 2-18　涉旅消费分析

（图片来源：海鳗云旅游大数据平台）

5. 对关键行为特征进行提取，并分析其背后的可能原因；

6. 撰写《旅游消费行为分析报告》。

【自我评价】

通过实训，进行自我评价，评价量表如表 2–3 所示。

表 2–3 评价量表

评价项目		评价标准
实训内容	是否能够基于大数据对旅游消费行为进行一定程度的分析	等级一：能够较好地利用大数据对旅游消费行为进行一定程度的分析。
		等级二：基本能够利用大数据对旅游消费行为进行一定程度的分析。
		等级三：无法利用大数据对旅游消费行为进行一定程度的分析，思路较为混乱。
通用能力	逻辑思维能力	等级一：能够较好地利用大数据对旅游消费行为进行一定程度的分析。
		等级二：基本能够利用大数据对旅游消费行为进行一定程度的分析。
		等级三：无法利用大数据对旅游消费行为进行一定程度的分析，思路较为混乱。

【拓展练习】

1. 进一步思考大数据技术的应用为旅游消费行为带来了哪些影响？

2. 在包括大数据技术在内的新一代信息技术的影响下，未来的旅游消费行为会发生哪些转变？

第三章

基于大数据的旅游品牌管理

【学习目标】

· 了解品牌的基本概念与评估方法
· 了解旅游品牌的基本概念与评估方法
· 了解并掌握旅游品牌评估指数的计算方法
· 了解并掌握旅游品牌的量化、应用与价值

第一节　认识旅游品牌

一、什么是品牌

（一）品牌的定义

美国市场营销协会对品牌定义如下："品牌是一种名称、术语、标记、符号或设计，或是它们的组合运用，其目的是借以辨认某个销售者或某群销售者的产品或服务，并使之同竞争对手的产品和服务区别开来。"奥美广告公司认为："品牌就是产品和消费者的关系。"《营销术语词典》（*Dictionary of Marketing Terms*）（1988）中的定义是："品牌是指用以识别一个（或一群）卖主的商品或劳务的名称、术语、记号、象征或设计，及其组合，并用以区分一个（或一群）卖主和竞争者。"

（二）品牌的历史

"品牌"（Brand）一词来源于古挪威文字"Brandr"，意思是"烙印"。早期的人们

利用这种方法来标记他们的家畜，后来也运用到手工业中。原始意义上的品牌起源于古代手工艺人，他们在制作的手工艺品上打上某种标记以利于顾客识别产品的来源，这种标记主要是一种抽象的符号，因此可以说，符号是品牌最原始的形式。之后，除了符号之外，还出现了以手工艺人的签字作为识别标志的情况，它就是最原始的商品命名（即品牌化）。即使到了今天，有的商品命名仍沿用这种原始的命名方式。到了中世纪，欧洲出现了很多的手工业协会，为了维持其声誉和产量，它们要求所属的工艺人在自己制作的器皿上打上一些标志，有时它们是用来吸引顾客，但多数情况是为了保护行会的垄断地位以及维护商品质量，找出生产低质量产品的商人。如英国 1266 年通过了一项法律，要求面包房在每个面包上打上它的标记，如果面包分量不足，就可以找到生产者并给予相应处罚。

随着资本主义的发展，商标在 18 世纪末在西方开始出现，由于产品增加、竞争加剧，商标的使用便逐渐推广开来，成为倾销商品和打击竞争对手的重要工具。这时，商标的性质和作用也随之发生了变化，原来作为区别商品的商标，逐渐与商品的使用价值脱节，成为竞争的重要工具。许多经营者开始宣传自己的商标，刺激消费者购买。西方各国的商标法也纷纷出台，使商标时期的品牌运作有了法律依据和保护，从而使品牌的发展变得日益规范有序。

19 世纪末 20 世纪初，资本主义进入垄断时期后，品牌作为竞争手段的作用被凸显出来。科技革命的兴起导致了生产技术和生产力的快速发展，市场向买方市场转变，商品竞争也日渐白热化。随着社会财富日益富足，消费能力也急剧增加，人们对产品质量的要求越来越高，也越来越全面，对品牌的选择成为一种精神与信心的需求。在这一时期，出现了一批名牌，如可口可乐、柯达等。

“二战”之后，市场竞争到了一个全新的阶段，大型企业集团走向成熟，人们的消费开始出现高档化、多样化的特点，商战进入白热化，品牌逐渐成为企业经营的重心。企业对品牌的理解已不再仅仅是“标记”，而是一个含义更广、更抽象的概念，它存在于消费者的心目中，成为企业最重要的无形资产，由此出现了具有现代意义的品牌（见图 3-1）。

图 3-1　Bass（贝思）的品牌标志是 1875 年颁布的英国商标注册法施行后第一个注册的商标，商标号是 1 号

（三）品牌的价值

品牌，即消费者对某种产品或服务产生的固有价值认知。这种价值包括产品价值、精神价值及文化价值等。当我们在眼花缭乱的同类商品间纠结选择时，品牌悄无声息地影响着我们的决定。品牌通过品牌识别系统与独特的消费体验让企业建立起无形的品牌资产，使品牌具备了强有力的形象。优秀品牌形象配合其传播策略可以让消费群体快速形成广泛的认知，并且可以通过建立品牌价值认同，形成对品牌其他产品爱屋及乌式的信任。对于企业来说，要创建一个强有力的核心资产，就必须在产品之上构架一个有说服力的故事，让目标消费群体相信其品牌的价值。越强大的品牌，越能让消费群体对其构建的品牌价值和故事深信不疑。现代商业社会发展的重要特点就是注重塑造具备差异化的品牌价值。

企业利用品牌形象和行销策略，建立与众不同的品牌联想，从而为产品赋予了一层品牌价值，品牌由此产生了溢价效应。品牌价值的共同想象，让消费者进行产品或服务体验的时候增加了一层精神层面的愉悦感，甚至是使用身份品位、审美认同及阶层的象征。在争夺产品与服务的市场占有率的竞争中，企业都在尝试建立与消费者之间的联系。一个强势的品牌形象可以发挥出强大的魔力，让该企业的产品在市场中脱颖而出，从而形成用户黏性。品牌是一个名称、符号、形象乃至一整套与消费者沟通的全方位的系统性传播架构，其根本目的是在目标消费群体的认知中构建品牌信念，从而建立品牌知名度与消费者的忠诚度。

随着互联网的发展，品牌的传播不再受时空、地域和文化限制，品牌与消费者的互动更加频繁与便捷，这让消费者可以实时产生口碑，这些口碑是塑造品牌的原动力。互联网时代，品牌塑造应着力于大数据价值挖掘、口碑营销与环境文化的塑造，应主动聆听“网络声音”，主动发现潜在消费者，主动满足他们的需求，持续优化消费者体验，形成一种可持续的影响力，积累品牌价值。

（四）品牌的特点

一个优秀的品牌必须具有差异性与符号性两个特点。

1. 差异性

品牌的本质在于利用其构建的品牌价值的差异化策略，通过传播将企业的产品或服务传达到消费群体。品牌是产品与消费者沟通的桥梁，是用以区别于竞争对手的产品或服务的识别符号，旨在打造能在消费者心目中留下深刻印象的超级印记。品牌必须在市场中找到自己与众不同的定位，这样才能摆脱平庸从而脱颖而出。差异性不是特立独行，而是在品牌策略层面贯彻一个明确且有别于同行其他品牌的个性定位，以让消费者能够直观地了解其价值所在。

2. 符号性

品牌定位策略要植入消费群体的心智，就必须将设计作为媒介去呈现，这个时候在视觉上必须创造一个与其个性定位相辅相成的品牌符号。人的记忆是由不同的信息节点构成的，你可以把它们想象成为一份份散乱的记忆文件。品牌通过传播和消费体验产生大量品牌记忆信息，如果没有一个强有力的品牌符号让所有品牌认知归结到这个符号上，品牌传播将变得“无家可归”；而拥有一个强有力的品牌符号，就好比在消费者的心目中建立起一个可以快速查找到的专属档案夹，这个档案夹鲜明而又显著。当你再次在现实中看到这个符号时，品牌记忆就会被瞬间唤醒，它已然占据了你对其行业消费认知的心智份额。想想麦当劳的“M”符号，你所有的麦当劳消费体验和认知都归结在这个品牌符号上。

（五）品牌的要素

全球负有盛名的朗涛设计顾问公司（Landor Associates）的创始人沃尔特•朗涛（Walter Landor）说过:“产品制造于工厂，品牌创造于心智。”产品是指能够供给市场，被人们使用和消费，并能满足人们某种需求的东西，包括有形的物品、无形的服务。品牌设计的基本目的是围绕产品展开的对其价值的传播。因此，做品牌首先要充分了解品牌产品的核心价值（产品属性与品牌要素），这是建设品牌与创造品牌形象的基础。

如今，随着互联网产业链及生态的成型，产品与服务已经不再拘泥于实体。互联网平台的虚拟产品（互联网产品）应运而生，并成为销量日益增长的热门消费级产品。现今人们不仅在消费实体产品，同时也享受着互联网产品带来的便利，如手机打车、共享单车、网上订餐、资讯媒体及社交软件等产品。这些产品影响到我们的食、住、行乃至生活的方方面面。同时，互联网也改变了产品销售的传统渠道，实体产品销售现如今也大多采用线上平台、线下实体终端双管并重的销售模式。销售渠道决定了消费者与产品沟通的环境，因此充分了解产品渠道属性是制定品牌策略不容忽视的考量点。

产品属性决定了品牌在传播中对于功能性和情感性两者利益主张的权重。品牌通过与消费者接触的各个点去建立品牌认知、忠诚度。产品属性是产品性质的集合，也是产品差异性的体现，它决定了品牌策略、品牌形象的出发点。

1. 产品六大属性

（1）需求因素。不同产品与服务满足不同需求层次的消费群体。

（2）用户特性。用户人群、年龄、地域、文化及阶层导致消费心理与消费行为的差异。

（3）行业状况。行业现状、产业结构及竞争激烈程度决定了差异化的品牌策略。

（4）价格档次。价格区间与产品定位针对的消费群体不同。

（5）渠道特性。不同渠道内销售的产品，销售模式、定价策略及推广策略都有所不同。

（6）功能利益。功能性利益价值，产品总体的功用或用途。

产品属性中包含了满足消费者对产品功能性的基本需求。在产品被认同的基础上，品牌构建者不断地探索与构架品牌形象，将品牌作为与消费者沟通的桥梁去满足消费者的情感性价值认同。

2. 品牌的五大要素

（1）品牌属性。消费者感知到与品牌功能性相关联的特征。

（2）品牌价值。品牌区别于竞争对手最核心的部分，能够让消费者明确识别并认知的品牌个性与利益点，驱动消费者认同该品牌的主要因素。

（3）品牌利益。品牌不能仅局限于产品属性，消费者购买产品是因为产品符合其需求与利益，因此产品属性需要通过品牌传递功能性和情感性的价值主张。

（4）品牌个性。品牌个性通过品牌形象触动消费者，并吸引目标消费群体。

（5）品牌文化。品牌来源的地域、文化及风俗等特征，以及通过品牌形象的塑造使消费者形成对品牌的忠诚度与价值认知。

在品牌的塑造过程中，产品是基石，品牌是产品延续的保障。品牌与产品相辅相成，互相区别又互相统一。品牌作为与消费者建立沟通与传达情感性价值的桥梁是不可或缺的。

二、什么是旅游品牌

近年来，随着旅游企业之间的竞争日益激烈，品牌发展战略逐渐成为旅游企业赢得市场优势的必然之路。

（一）广义的旅游品牌

广义的旅游品牌具有结构性，包含某一单项产品的品牌、旅游企业品牌、旅游集团品牌或连锁品牌、公共性产品品牌及旅游目的地品牌等。旅游品牌是旅游消费者识别旅游产品和服务的差异化标志，也是吸引游客进行购买的一个主要因素。对于旅游企业来说，旅游品牌的知名度和美誉度一旦形成，将会在激烈的旅游市场中占据非常有利的地位。

（二）狭义的旅游品牌

狭义的旅游品牌是建立在旅游资源或旅游地域的独特性上，综合了旅游目的地的自然人文资源、政治因素、经济因素、社会环境、基础设施及当地氛围等因素，从旅游者的角度对目的地印象、期望值及情感交互等作用的综合评价，也可以理解为旅游目的地形象。

1. 旅游目的地的概念

1988 年，美国学者冈恩（Gunn）提出目的地地带（Destination Zone）的概念，它是由吸引物组团、服务社区、中转通道及区内通道等几部分构成的。也有学者认为，“旅游目的地是旅游活动的中心”。他们认为，旅游目的地把旅游的所有要素，包括需求、交通、供给及市场营销都集中于一个有效的框架内，可以被看作满足旅游者需求的服务和设施中心。

2. 旅游目的地感知形象

感知形象（Perceived Image）是旅游者对旅游目的地的印象，在形成过程中会受到多种因素影响。认知形象、情感形象及整体形象共同构成了旅游者感知形象的三个维度。旅游感知形象可以被看成是在旅游者体验和与旅游目的地社会活动互动共同作用下形成的，是对旅游目的地的总体印象和评价的结果，旅游者的感知形象最终评价会影响到旅游者的体验感受、认知程度、重游意愿及推荐意愿等。

3. 旅游目的地投射形象

旅游目的地形象是旅游目的地各类资源等通过各种传播形式应用于游客，并在旅游者感受中形成总体印象。我们可以从两个主体去分析旅游目的地形象：

（1）从旅游目的地主体来说，是旅游目的地对本身存在的要素资源进行整合包装，有选择性的对外宣传的旅游目的地形象。

（2）从旅游者的角度来看，是旅游者到达旅游目的地所获得的主观感受，并对旅游目的地形成了主观印象。从旅游目的地主体的角度来看，就是旅游目的地的旅游投射形象。

三、旅游品牌的特点

（一）整体性与统一性

旅游品牌是旅游目的地环境、经济、风土民情及文化底蕴等的综合体现，整体统一的旅游目的地形象能够使旅游者对旅游目的地产生清晰与明确的印象和美好的联想。

（二）有形性与无形性

旅游目的地由有形的环境、资源及设施等物质实体和无形的城市文化、精神及价值观等组成，有形与无形要素的结合构成了旅游品牌的价值，同时也就形成了其有形性与无形性相统一的特点。旅游环境、资源、景观及设施是旅游品牌的物质依托，是目的地极具活力的视觉要素，也是旅游者感受目的地文化最敏感与最直接的部分。

（三）独特性与文化性

文化是旅游目的地品牌的灵魂，旅游目的地独特的历史文化积淀和人文底蕴赋予其独特的精神面貌，独特的品牌文化是激发目标受众对旅游目的地产生向往的核心竞争力。

（四）实用性与延展性

旅游品牌的延展就是借助品牌的知名度和影响力，将旅游目的地原有的地域空间范围扩大。目的地品牌影响力可以带动周边地区发展，可以扩大旅游目的地所在城市的外界影响，为城市建设和发展拓展更大的空间。

实训与思考

理解旅游目的地品牌

【实训目的】

通过对旅游目的地品牌网络资料的阅读分析，实现对旅游目的地品牌的认知与理解。

【实训要求】

查阅指定旅游目的地品牌资料，能够对旅游目的地品牌形成自己的理解。

【方法与工具】

1. 方法

利用新闻资讯与 OTA 网站等网络工具搜索以下列举的旅游目的地品牌中的一个，提取旅游目的地品牌关键词并填入表格。

5A 级景区：成都青城山

5A 级景区：大同龙门石窟

2. 工具

搜索工具：www.baidu.com/www.so.com

【操作步骤】

利用搜索引擎进行查询，并将结果填入给出的表格中（见表 3–1）。

表 3–1　旅游目的地品牌分析

目的地名称	目的地品牌关键词举例

【自我评价】

通过实训，进行自我评价，评价量表如表 3-2 所示。

表 3-2 评价量表

评价项目		评价标准
实训内容	对旅游目的地品牌的认识	等级一：能够正确理解旅游目的地品牌，高质、高效完成表 3-1 旅游目的地品牌分析，并能提出或全面或新颖的想法。
		等级二：能够正确理解旅游目的地品牌，高质、高效完成表 3-1 旅游目的地品牌分析。
		等级三：能够正确理解旅游目的地品牌，基本完成表 3-1 旅游目的地品牌分析，但需要进一步指导。

【拓展练习】

选择自己喜欢的旅游目的地，基于对本节知识的学习，列举与旅游目的地相关的品牌关键词。

第二节 旅游品牌评估

一、传统品牌评估方法概述

品牌无处不在，每天从你眼中掠过成千上万个品牌，只要你换一个角度去审视这个世界，就会发现你生活中所接触的一切产品与服务，其背后都是由多样的“品牌”构成的。品牌的价值是无形的，市场竞争日趋激烈，媒体信息纷乱复杂，品牌定位与评估缺乏大规模数据源与有效的验证。以下列举实用性较强的两种传统品牌评估方法。

（一）扬罗必凯品牌资产评估模型

长期以来，在衡量跨产品领域品牌资产方面成果最为卓著的要数扬罗必凯公司的品牌资产评估模型。该公司是一家大型的跨国广告代理机构，曾在 24 个国家为 450 个国际品牌和 8000 多个本土品牌做过品牌资产的衡量。每一品牌的衡量都使用一套包含 32 个项目的问卷，该问卷除了有一套品牌个性测量指标之外，还包括 4 个衡量维度（见表 3-3）。

（1）差异性。主要衡量品牌在市场上的独特性。

（2）相关性。主要衡量一个品牌是否与被访问者个人有关。对于他来说，该品牌是否有意义？该品牌对个人而言是否合适？

（3）尊重。衡量一个品牌是否被高度认可，以及是否被认为是该产品大类中最好的。这一点与品牌的感知质量密切相关，与品牌的受欢迎程度密切相关。

（4）认知。衡量人们对品牌代表内涵的理解。

表 3–3　扬罗必凯品牌资产评估模型每个维度前 10 名的美国品牌

差异性	相关性	品牌强度	尊重	认知	品牌地位
迪士尼	AT&T	A–1	邦迪	金宝汤	金宝汤
乐倍	邦迪	CNN	金宝汤	可口可乐	可口可乐
法拉利	金宝汤	迪士尼	贺曼	亨氏	佳洁士
贵婆婆	贺曼	乐倍	亨氏	好时	贺曼
美洲豹	亨氏	贵婆婆	好时	吉露	亨氏
保时捷	柯达	哈根达斯	柯达	家乐氏	好时
劳斯莱斯	卡夫	贺曼	Phil. Cream	柯达	吉露
Sharper Image	Reyonld's Wrap	PBS	Reyonld's Wrap	麦当劳	家乐氏
斯纳普	美国邮政	60Minutes	乐柏美	百事可乐	柯达
维多利亚的秘密	美国	美国	美国	美国邮政	卡夫

注：品牌以字母表顺序排列。

扬罗必凯公司还提出了一种假说，即品牌的创建是按照这 4 个维度依次进行的（见图 3–2）。

图 3–2　扬罗必凯品牌动力模型

· 差异性 × 相关性 = 品牌强度

差异性是扬罗必凯模型中的第一个维度。SnApple、乐倍、Grey Poupon 及法拉利等都与其竞争对手保持着距离，这为增强它们的品牌实力奠定了基础。如果没有差异性，品牌价值就非常低。扬罗必凯模型假定一个新品牌如果有志于成为强势品牌，必须从一开始就建立真正的差异点。相反，失去差异性是一个强势品牌开始衰退的信号。差异性主导一切。

为了证明其差异性重要作用的假说成立，扬罗必凯公司研究了两类品牌的不同差异化。“处于上升势头的品牌”，即那些在销售和流行程度方面都蒸蒸日上的品牌，一般来讲差异化程度都较高（在所有品牌中排在前 1/3），而在其他 3 个维度中排名较靠后（一般位于后面 40%）；对于颓势品牌，结果正好相反。这两个结果表明，差异性是关键动力的真正驱动因素。当然，要进行明确的判断还需要进行长期的数据测量，这样才能观察到差异性变化的影响。

接下来是相关性。除非一个品牌与一个重要的细分市场建立关联，否则很难拥有大批基础顾客群。法拉利与捷豹差异化的程度非常高，但相关程度却很低，因此很少有人会认真考虑购买一辆，这些汽车对日常生活来讲要么就是很不实用，要么就是实在太贵了。相关性与家庭渗透率（购买该品牌的家庭所占的百分数）有很强的联系。例如，柯达有很高的相关性和家庭渗透率，而它的竞争对手爱克发和富士在相关性与渗透率方面明显较低。一般来说，小品牌的相关性和市场渗透率都很低。AT&T、邦迪、金宝汤这三个在相关性维度上得分最高的美国品牌，都有较高的渗透率。

品牌强度是差异性与相关性的乘积。其中的逻辑是，品牌必须同时具有两方面的特征才能成为强势品牌。然而，兼具这两方面的特征并不是一件容易的事，很少有其中一个维度得分很高的品牌在另一个维度上同时达到很高的水平。在差异性和相关性上分别居于前 10 位的品牌中，很少能在品牌实力方面也排到前 10 位，这一点值得注意。在品牌实力中排名靠前的是那些正在成长中的品牌，以及贺曼和迪士尼之类已经确立市场地位多年的强势品牌。

· 尊重 × 认知 = 品牌地位

尊重和认知处于品牌层次的后面，并共同构成了品牌地位这一维度。尊重由感知质量和对品牌流行程度增加或降低的感知共同构成。一般而言，尊重取决于感知质量，但也存在一些品牌，其流行程度的增加或降低会影响品牌尊重。此外在有些国家（如日本），对流行程度的感知比感知质量更能够影响品牌尊重这个维度。

认知表明顾客不仅知晓品牌，还理解品牌的内涵。扬罗必凯认为认知（指对品牌的真正理解）是打造品牌所有努力的最高层次。认知的形成不能仅仅依靠频繁曝光，这一点与品牌知名度不同，而是产生于顾客对品牌的由衷亲密感。

对尊重与认知的比较。比较品牌的尊重与认知可以得出一些重要的信息。例如，有些品牌在尊重维度的排名高于在认知上的排名，这意味着，尽管有些人尊重该品牌，但很少有人真正理解它的内涵。处于这种情形的品牌如果能找到办法增加认知，可能会具有一些没有实现的潜力（这些优势公司也许会、也许不会打算利用它们）。尊重高于认知的品牌有费雪（Fisher-Price）、绘儿乐、《国家地理》、WD-40 及 3M。

相反，一个品牌或许会有较高的认知但是尊重度较低。这就意味着很多人知道该品牌的内涵，但对它评价很高的人却不多。埃克森、全美步枪协会、MTV 等品牌的认知都高于尊重，还有大多数烟草和酒饮料品牌也是如此。处于这种情形的品牌通常正在丧失渗透力，或者是它们的市场对该品牌存有偏见。

具有较高品牌地位的品牌特征。扬罗必凯品牌评估模型吸取了其姊妹公司朗涛策略设计顾问（Landor Associates）公司品牌评估的成果。朗涛策略设计顾问公司曾经在不同的国家做过品牌资产的评估。尽管它的评估只涉及品牌地位（认知与尊重），但其研究结论还是很有指导意义的。其中的一条结论指出，乐倍、可口可乐、贺曼及柯达等市场地位高的品牌都有相当长的寿命，品牌传统和品牌识别都非常丰富。然而，扬罗必凯公司的研究表明，多力多滋（Doritos，始于 1966 年）、芝麻街（Sesame street，始于 1969 年）等年轻品牌也能获得较高的市场地位和品牌强度，正如通过品牌延伸而重获生机的奥鲜倍一样。

朗涛策略设计顾问公司的研究还表明，品牌地位随着国家和细分市场的不同而呈现出较大差异。在美国，具有较高地位的是那些消费品行业品牌，而在日本和欧洲，汽车品牌则具有较高的地位；在日本，零售品牌的地位也较高。从细分市场的角度看，18~29 岁的顾客群对麦当劳的打分要明显高于其他群体。像欧莱雅、新自由主义、Sure & Natural 等品牌在女性群体中评价较高，而花花公子、Motorcraft、路易斯维尔等品牌在男士中有较高的评价，丰田在进口车买主那里具有很高的评价。

· 力量矩阵

我们可以通过力量矩阵的地位—强度框架获得更为深入的诊断信息（见图 3-3）。两个维度得分都高的品牌（位于右上象限）拥有最大的品牌资产可供保护和开发。位于左下象限的通常是刚起步的品牌。从长期来看，如果一个品牌长期处于这个象限，则意味着该品牌不太可能取得成功。

品牌地位（尊重与认知）

品牌强度（差异性与相关性）	低	高
高	德芙巧克力 纳贝斯克小熊饼 斯纳普 斯沃琪 莫尔森	迪士尼 芝麻街 多力多滋 奥鲜倍
低	QVC 康雅 星巴克 天伯伦	奥兹莫比尔 拜耳 又森 华美达

图 3-3　扬罗必凯力量矩阵：地位与强度

根据扬罗必凯的假设，位于左上象限的品牌要么是强势的利基市场品牌，要么是通过提升自身的地位（尤其是认知）可以获得重大机遇的品牌。位于右下象限的品牌虽然已经显出颓势，但是仍然具有一定的尊重和认知。这些品牌中有 2/3 在尊重维度上低于认知维度，90% 的品牌相关性高于差异性。因为它们已经失去了品牌强度，所以已经开始走下坡路了。

（二）卡普费雷品牌识别棱镜

卡普费雷的品牌识别棱镜被广泛运用于品牌形象设计的前期分析中，也被很多企业作为品牌策略的研究模型之一。品牌识别棱镜是具有操作性的品牌研究工具，它容易理解，能直观地表达出全面立体的品牌个性，并且可以通过这个模型结合市场分析制定出品牌的差异化定位策略，最终将这些定位策略导入品牌视觉形象中加以呈现（见图3-4）。

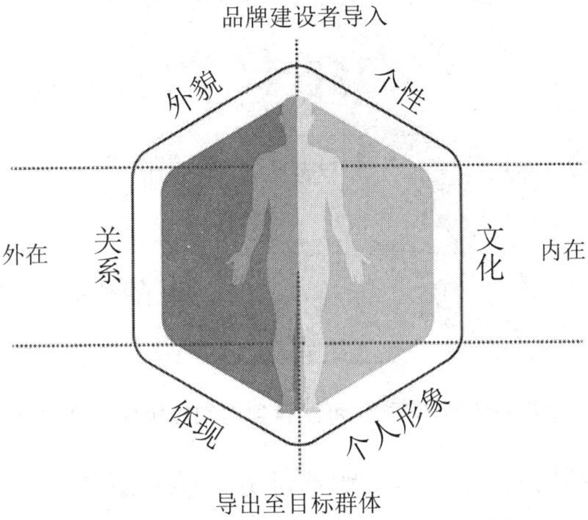

图 3-4　卡普费雷的品牌识别棱镜示意图

从图 3-4 中我们可以看到，品牌建设者从棱镜顶端将品牌识别导入品牌传播的各个环节，从而导出到目标人群中，形成品牌个性认知。任何品牌要取得成功，都必须做到建立差异化的个性并在消费者认知中产生一致的品牌形象。品牌棱镜模型中的内外六个方面都需要以表达高度统一的品牌识别形象为核心目的。

1. 内在（品牌风格 / 定位）

（1）个性。品牌人格化所带来的价值就是在通过各种媒介与消费者建立沟通的时候，确立其沟通风格与基调。

（2）文化。品牌文化通过品牌价值塑造，让消费者对品牌产生精神上的高度认同，从而最终形成品牌忠诚度。品牌文化来源于地域文化、品牌气质及修养等。例如，ZARA 在品牌棱镜的文化层面就有源自欧洲（西班牙）、国际化、与客户互相信赖的关系，李维斯（Levi's）则是美国个人主义生活态度的体现。

（3）个人形象。品牌的理想型用户形象，即目标消费群体。形成品牌形象的所有方面都应该符合目标消费群体的期许，从而引发他们的兴趣。

2. 外在（品牌主旨 / 执行）

（1）外貌。包含了消费者对品牌直接认知的方方面面。通常包括品牌符号、品牌识别系统、包装、广告、实体店及服务等，以及产品层面的独特优势，如产品属性、品类、构成及外观等。你会发现成功的品牌在这部分的塑造是高度统一且有效传播的。

（2）关系。品牌与消费者之间建立的黏性关系。

（3）体现。品牌实际的消费群体形象。注意，目标消费群体是实际消费人群的一部分，如红牛作为功能性饮料，其目标人群是年轻人，但实际使用人群包括了更广泛的年龄人群。通过目标定位的消费群体更好地体现了品牌个性，从而延伸吸引到其他用户群体（见图 3–5）。

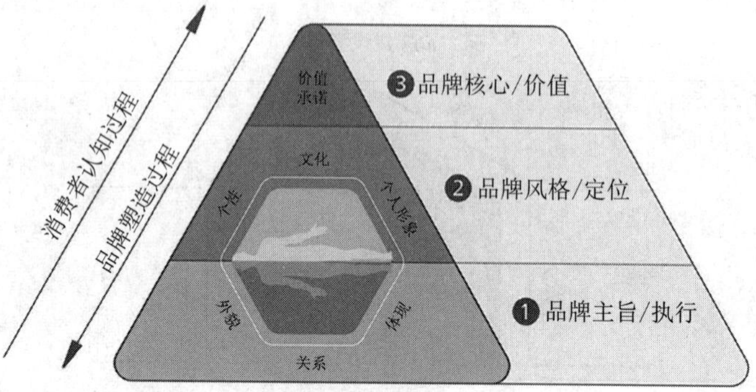

图 3–5　品牌识别棱镜置入品牌识别金字塔中，可以看到识别棱镜中的六个方面在品牌阶段中所处的位置

品牌识别棱镜是品牌识别金字塔的组成部分，品牌识别棱镜倒置到品牌金字塔中可以很直观地看到棱镜的各个部分在金字塔中所处的位置。

第①层的品牌主旨 / 执行是品牌的外在部分，由人格化的比喻外貌、关系及体现三个方面构成，包含了品牌的视觉设计（品牌符号、品牌识别系统、包装及广告等）及传播方式。

第②层，品牌风格 / 定位是品牌的内在部分，是一个品牌与其他品牌的差异，并将自身以何种价值认同根植于消费者心智中的品牌认知。可以看到品牌由个性、文化及个人形象三个方面构成。

第③层，金字塔顶端的品牌内核，是品牌的核心资产与价值承诺，它随着品牌传播通过第①层、第②层的内容积累并最终形成。对于品牌设计师来说，需要通过棱镜模型中的第②层——内在部分的调研去明确品牌定位，并将其导入视觉识别中加以统一呈现，在其中充分贯彻品牌的核心价值主旨。从品牌识别棱镜金字塔中看到品牌作为“人”的个性、文化及个人形象都是品牌的内在的部分，是属于品牌的风格和定位的。内在特质要使消费者形成认知，就必须通过外在的行为表达出来，这个行为就是品牌传播。

如图 3–6 所示，红牛的品牌人格识别棱镜模型的各个方面是高度统一的品牌形象，在消费者的认知中，其品牌个性属追求激情并富有挑战精神。红牛品牌人格通过不同的品牌应用触点一以贯之地传达给目标群体，巩固了红牛在功能饮料行业中的霸主地位。这已然形成了其强有力的品牌文化。

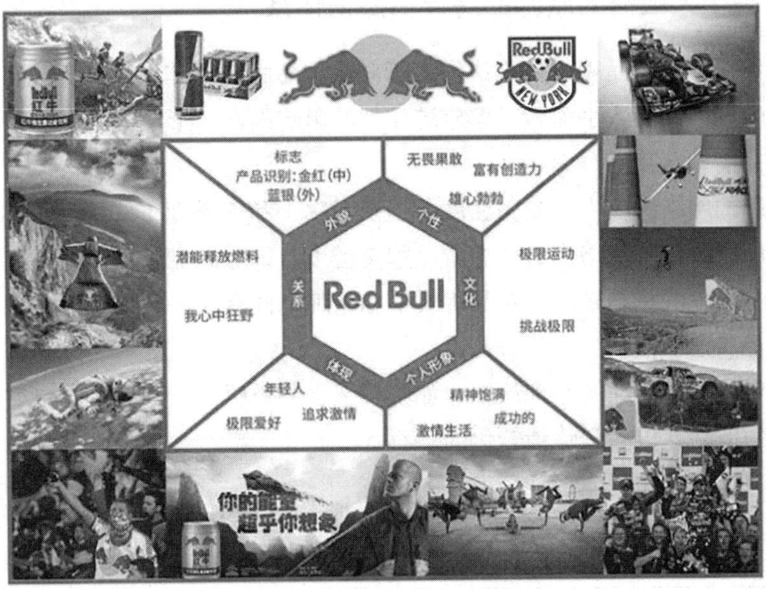

图 3-6　红牛品牌识别棱镜模型

二、基于大数据的旅游品牌评估方法

（一）传统旅游品牌评估方法的复杂性

旅游品牌评估具有复杂性，与一般产品和服务相比，旅游目的地包含的维度要多得多，旅游目的地提供给旅游者一系列的产品和服务，如自然资源、人造景观、文化、活动、设施及住宿等，很难量化。

旅游品牌价值评估的复杂性表现在以下方面：

（1）人们由于认识水平和审美观的不同，可以从不同的角度来评估旅游目的地品牌；

（2）对于同一旅游目的地品牌，在不同的时间其价值变化可以很大；

（3）对于旅游目的地的吸引力大小及其所表现出来的价值量，难以用数字来定量和计算，并且不满足简单可加性；

（4）旅游目的地品牌价值与特定时间段的主体预期有关。

目前，国内外旅游目的地品牌评估都处于起步阶段，研究成果较少、研究内容范围较小，主要是对旅游目的地品牌概念、内涵、维度及测量指标体系的探讨。随着大数据时代的到来，传统的旅游品牌评估方法已不再适用。因此，旅游品牌建设要在基于传统品牌评估理论、借鉴国外旅游目的地品牌研究成果的同时，结合国内旅游发展特点、中国文化背景下旅游者的感知和行为特征、结合旅游大数据分析，构建适合中国旅游和文化情境的基于大数据的旅游品牌评估模型和理论。

（二）基于大数据的旅游品牌评估知识体系

基于大数据的旅游品牌评估方法依赖于对旅游品牌知识体系的充分理解，需要从影响旅游品牌的五大维度入手深入了解旅游品牌的影响因素，形成完整的知识体系。

1. 旅游品牌知名度

旅游品牌的网络影响力，受关注度（提及频次）和美誉度（好评度）影响。旅游品牌关注度，即旅游品牌网络声量。旅游品牌美誉度，即旅游品牌网络好评率。旅游品牌知名度是旅游品牌的基本来源，对品牌质量和品牌个性有显著直接的影响。

2. 旅游品牌忠诚度

旅游者对旅游目的地的心理认知，如归属感、荣誉感、认同感等，良好的品牌忠诚度是旅游目的地品牌传播和营销转化的基石。

旅游品牌忠诚度知识体系（见表 3–4）：

表 3–4　旅游品牌忠诚度知识体系

一级指标举例	二级指标举例
认同感	复购、推荐、还会来、吸引人
归属感	亲切、自豪、欣赏
……	……

旅游品牌忠诚度是旅游品牌价值的核心，在旅游品牌价值金字塔中居于顶端，反映消费者是否与品牌产生了共鸣。品牌忠诚主要测量游客对目的地的偏好度和推荐意向，具体表现为复购与重游等认同感的行为，重游意向与归属感也是衡量品牌忠诚度的重要指标。

3. 旅游品牌获得感

旅游者对旅游目的地的心理感受，如满足感、尊重感及价值感等。

旅游品牌获得感知识体系（见表 3–5）：

表 3–5　旅游品牌获得感知识体系

一级指标举例	二级指标举例
性价比	性价比高、不虚此行
满足感	满足、开心、快乐、好玩、喜欢、满意、舒服、安逸、感动
尊重感	感到尊重、受到尊重
价值感	有收获、有很大收获、不虚此行、升华、陶冶情操、修身养性、修养身心、静心、静下来、放松
……	……

旅游品牌获得感是以品牌质量为保障的，具体表现为满足感、尊重感、价值感等体现目的地服务质量的指标。

4. 旅游品牌质量

旅游目的地提供的产品和服务质量，从交通、配套、卫生、景观及服务五大维度综合评价。

旅游品牌质量知识体系（见表 3-6）：

表 3-6　旅游品牌质量知识体系

一级指标举例	二级指标举例
交通	道路、停车场、交通服务、交通安全、交通消费、道路体验、道路卫生、旅游车辆、内部车船、停车场体验、停车场卫生、交通可达性、交通管理规范、旅游交通秩序、旅游车辆体验、旅游车辆卫生、内部车船体验、内部车船卫生
配套	垃圾桶、厕所设施、景区配套、环保设施、游乐设施、医疗设施、休憩设施、园林设施、标示设施、通信设施、消防设施、游客服务中心、景区工作人员、旅游购物、娱乐设施
卫生	餐饮卫生、厕所卫生、医疗卫生、景区卫生、文物卫生、游客卫生、游乐卫生、垃圾桶卫生、休憩设施卫生、消防设施卫生、游客服务中心卫生、旅游购物场所卫生、娱乐场所卫生
景观	景区原真性、景区协调性、景区奇特度、景区美观度、景区历史文化
服务	餐厅服务、住宿服务、景区服务、厕所服务、订取购票服务、工作人员服务、景区管理规范、旅游相关人员服务、游客服务中心服务
……	……

旅游品牌质量直接影响品牌忠诚度与获得感，品牌忠诚度是旅游品牌的核心，是旅游品牌建设的重要目标。

5. 旅游品牌个性

旅游目的地向外展示出的品质或魅力，是“互联网 +”新旅游生态下年轻人的个性和需求，如感官吸引力、文化魅力及生活方式等。

旅游品牌个性知识体系（见表 3-7）：

表 3-7　旅游品牌个性知识体系

一级指标举例	二级指标举例
感官吸引	感憾、刺激、恐怖、惊险、放松、壮观、兴奋、梦幻、幽静、惊艳
文化魅力	小众、私密、秘境、世外桃源、博大精深、独领风骚、独树一帜、源远流长、古老、灿烂文化、古色古香、人杰地灵、钟灵毓秀、文化底蕴、深厚文化、悠久、传承、多元、传统、生命力、民族、神秘、历史、文物、璀璨、荟萃、古朴、典雅、原始、独特、道教名山、佛教名山、清真寺、野生、胜地、圣地、古代、近代、近现代、古老、知识、名山、宏伟、清幽
精神利益	情怀、怀旧、经典、人文、安全、世界观、人生观、价值观、利益、发展、自尊、成就、归属、伟大
生活方式	国际化、小资、佛教、道教、伊斯兰教、基督教、天主教、印度教、穷游、度假、观光、互动、放松、暑假、寒假
现代气息	摩登、现代化、二次元、智能、数字化、高大上、朋克、蒸汽波、网红、打卡、微信、支付宝

续表

一级指标举例	二级指标举例
用户群体	家庭游、自由行、个人游、老年人、青年人、亲子游、小朋友、自驾游、跟团游、团队游、团建
景区类型	游乐园、主题公园、动物园、植物园、温泉、古镇、博物馆、海底世界、动物世界、滑雪、遗址、遗迹、赏花、湿地公园、国家级风景名胜区、省级风景名胜区、国家级自然保护区、自然保护区、5A 级景区、4A 级景区、3A 级景区、A 级景区、国家公园、国家森林公园、水利风景区、园林、实景演出、湖泊、山岳、森林、海滨、山水、疗养、避暑、革命纪念、寺庙、度假区、生态旅游、房车营地、康养、美食、非遗、非物质文化遗产、文化遗产、世界遗产、自然遗产、文化与自然双重遗产、农家乐、游艇、山景、山峰、爬山、音乐节、美术馆、艺术馆、夜景、春游、冬景、极地、餐饮、剧场、徒步、老牌景区、老牌景点、表演、演出、水利工程、云海、登山、露营、步行、表演场、海岛、大自然、城市、有山有水、氧吧
……	……

旅游品牌个性促使旅游者对目的地形成独特的品牌偏好，使目的地在市场竞争中脱颖而出。

（三）基于大数据的旅游品牌数据采集方法

1. 数据采集思路

确定研究内容，对研究内容所需的数据进行采集，数据采集思路（见图 3-7）：

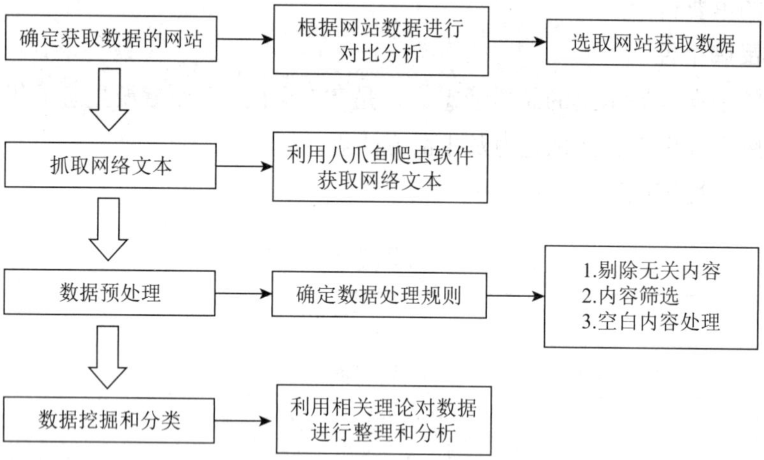

图 3-7　数据采集流程

2. 确定样本来源

互联网内容数据源可分为新闻资讯、微信、OTA、视频、微博、贴吧、博客、论坛及问答，可以根据需求选取所需的数据样本。

3. 样本数据采集

确定样本数据来源后，到对应网站搜索“旅游品牌”相关关键词，利用爬虫软件，通过有效的方法，对所需要抓取的文本数据进行抓取。

4. 样本内容预处理

由于是运用采集软件进行大数据采集，无法对每一篇文章进行分辨甄别，导致所得到数据具有重复、偏离主题等缺陷，为了保证数据的有效性和代表性，研究结果的严谨性和科学性，需要对这些数据进行清洗和筛选，规则如下：

（1）剔除与主题无关或是相关性低的内容。由于网络文本纷繁复杂，所以采集到的内容中包括很多与研究主题不相关的内容，需要进行内容筛选及处理。

（2）空白内容及内容格式的处理。利用爬虫软件获取的文本中，由于当中涉及图片及多样的内容，在数据采集的过程中会出现乱码或是空白内容的情况，针对此类情况，要将无关字符及空白处进行处理，防止对后期内容处理产生不可预知的影响。

5. 文本内容分类

根据内容分析法建立一个分析类目。一个有效清晰明确的分析类目是文本内容词频分析的有力支撑，更加有利于研究者优化得出的分析结果，挖掘出有效信息和核心内容。分析类目在建立的过程中要遵循的原则：

（1）所有的分析类目之间的关系必须互斥，并且要具有科学性和全面性，有较强的可信度；

（2）分析类目的层次必须清晰，逐级展开，不能出现层次混淆和越级的现象。

三、基于大数据的旅游品牌量化方法

旅游品牌评估指数，是海鳗云旅游大数据平台通过对旅游大数据的定量分析总结出的一套客观的旅游品牌量化评估方法。旅游品牌评估指数能够客观地反映旅游品牌价值，旅游品牌价值即游客所能感受到的利益与其在旅行体验时所付出的成本进行权衡后对旅游目的地产品质量或服务的总体评价。通过海鳗云旅游大数据平台——品牌评估对旅游品牌的五大维度进行量化分析，是旅游品牌定位与营销转化的前提。

（一）旅游品牌维度指数

旅游品牌维度指数是以该旅游品牌同类型景区 / 目的地品牌五大维度指数均值作为基值，采用 3 期平滑的方式计算得出的数值，对于对比同类型景区 / 旅游目的地不同维度对于品牌的影响具有重要的参考价值。

1. 旅游品牌知名度指数计算方法

旅游品牌关注度和美誉度共同构成了旅游品牌知名度维度。旅游品牌关注度，即旅游品牌在一段时间内的网络声量。旅游品牌美誉度，即旅游品牌在一段时间内的网络好评率。

日网络声量 = 日标签总量

日旅游品牌关注度 = 前三十日网络声量日均值

$$日旅游品牌美誉度=\frac{（日正面标签量+日中性标签量\times 加权值）}{日标签总量}$$

$$日旅游品牌知名度=日旅游品牌关注度\times 日旅游品牌美誉度$$

$$周旅游品牌知名度=七日旅游品牌知名度之和$$

加权值，即通过定量分析与科学的算法总结出的，每项指标在指数计算中的相对重要程度。

指数基值，即所有指数的基准值，以同类型旅游品牌五大维度或综合指数均值对比计算后得出。例如，日旅游品牌知名度指数基值为同类型旅游品牌指数日均值。

$$周旅游品牌知名度指数=\frac{三周旅游品牌知名度指数之和}{（3\times 同类型旅游品牌知名度周指数基值）}$$

$$月旅游品牌知名度指数=\frac{三月旅游品牌知名度指数之和}{（3\times 同类型旅游品牌知名度月指数基值）}$$

旅游品牌知名度与旅游品牌价值正向相关。

2. 旅游品牌忠诚度指数计算方法

$$日旅游品牌忠诚度=\frac{日旅游品牌忠诚度标签量}{日旅游品牌标签总量}$$

$$周旅游品牌忠诚度指数=\frac{三周品牌忠诚度指数之和}{（3\times 同类型旅游品牌忠诚度周指数基值）}$$

$$月旅游品牌忠诚度指数=\frac{三月品牌知名度指数之和}{（3\times 同类型旅游品牌忠诚度月指数基值）}$$

旅游品牌忠诚度与旅游品牌价值正向相关。

3. 旅游品牌获得感指数计算方法

$$日旅游品牌获得感=\frac{日旅游品牌获得感标签量}{日旅游品牌标签总量}$$

$$周旅游品牌获得感指数=\frac{三周品牌获得感指数之和}{（3\times 同类型旅游品牌获得感周指数基值）}$$

$$月旅游品牌获得感指数=\frac{三月品牌获得感指数之和}{（3\times 同类型旅游品牌获得感月指数基值）}$$

旅游品牌获得感与旅游品牌价值正向相关。

4. 旅游品牌质量指数计算方法

$$日旅游品牌质量=\frac{日旅游品牌质量标签量}{日旅游品牌标签总量}$$

$$周旅游品牌质量指数=\frac{三周品牌质量指数之和}{（3\times 同类型旅游品牌质量周指数基值）}$$

$$月旅游品牌质量指数=\frac{三月品牌质量指数之和}{（3\times 同类型旅游品牌质量月指数基值）}$$

旅游品牌质量与旅游品牌价值正向相关。

5. 旅游品牌个性指数计算方法

$$日旅游品牌个性=\frac{日旅游品牌个性标签量}{日旅游品牌标签总量}$$

$$周旅游品牌个性指数=\frac{三周品牌个性指数之和}{(3\times 同类型旅游品牌个性周指数基值)}$$

$$月旅游品牌个性指数=\frac{三月品牌个性指数之和}{(3\times 同类型旅游品牌个性月指数基值)}$$

旅游品牌个性与旅游品牌价值正向相关。

（二）旅游品牌综合指数

旅游品牌综合指数又称为品牌值，通过旅游品牌五大维度指数分别加权后计算得出，是旅游品牌价值的综合体现。

旅游品牌综合指数计算方法：

周旅游品牌综合指数

$$=周品牌知名度指数\times 加权值+周品牌忠诚度指数\times 加权值+周品牌获得感指数\times 加权值+周品牌质量指数\times 加权值+周品牌个性指数\times 加权值$$

月旅游品牌综合指数

$$=月品牌知名度指数\times 加权值+月品牌忠诚度指数\times 加权值+月品牌获得感指数\times 加权值+月品牌质量指数\times 加权值+月品牌个性指数\times 加权值$$

旅游品牌综合指数与旅游品牌价值正向相关。

（三）旅游品牌量化案例

下面以四川成都的青城山—都江堰景区管委会作为案例地，结合海鳗云旅游大数据平台——品牌评估学习旅游目的地品牌量化方法。

1. 对比旅游品牌综合指数

旅游品牌的形成需要一个长期的过程，旅游品牌一旦构建成功并得到广泛传播和良好的经营维护，便会产生良好的品牌效应，为旅游目的地带来巨大的经济和社会效益。旅游品牌综合指数是旅游目的地品牌价值的最直观体现，通过与同类型景区旅游品牌综合指数均值对比，可以客观反映旅游目的地品牌当前的健康状况；通过与相邻景区间的旅游品牌综合指数对比，可以通过景区间的延展性互相带动（见图 3-8）。

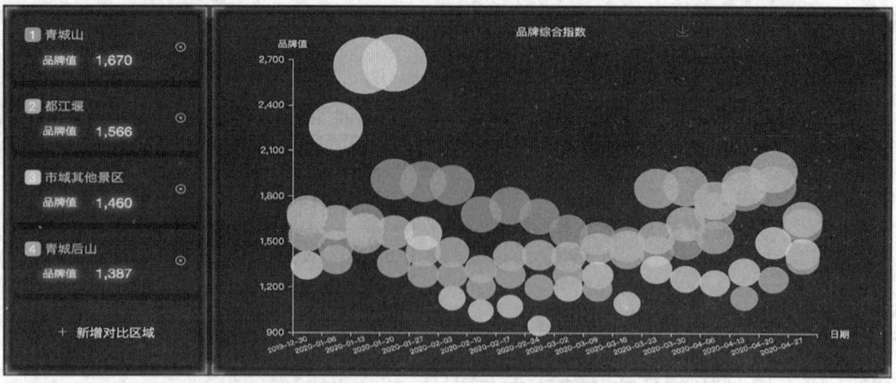

图 3–8　青城山—都江堰及市域其他景区品牌综合指数

（图片来源：海鳗云旅游大数据平台）

从图 3–8 中可以看出，青城山景区的品牌值整体略高于都江堰与市域其他景区，表明青城山在游客中的品牌形象略优于其他景区，这得益于“青城天下幽”自然生态环境和中国道教名山厚重的文化底蕴。作为“道教文化观光旅游”主线的青城山，在旅游品牌建设上应居于核心地位。都江堰景区在景点的开发建设上已达到较高水平，但对水文化与道教文化等主题旅游产品的挖掘和包装还不够，各景区间的联动还未形成，在旅游产品打造上应全面整合景区品牌要素，深度利用世界遗产品牌，突出名山、名水与名城优势，整合区域内水文化、秦文化、道教文化、民俗文化及生态旅游资源，开发以都江堰品牌为核心的文化旅游项目。

2. 对比旅游品牌维度指数

旅游品牌维度指数能够从影响旅游目的地品牌的细节处评估旅游品牌的价值，通过细化旅游品牌价值点可以更有针对性地指导旅游品牌建设与营销决策。

（1）对比旅游品牌知名度指数。

旅游品牌知名度指数能够直观地反映旅游品牌的网络影响力（见图 3–9）。

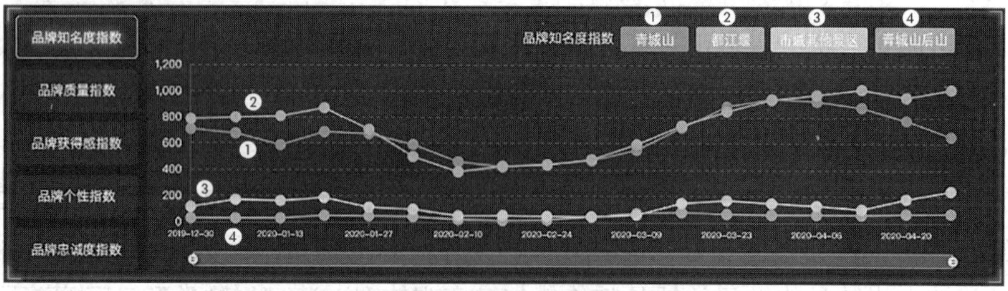

图 3–9　青城山—都江堰及市域其他景区品牌知名度指数

（图片来源：海鳗云旅游大数据平台）

从图 3–9 中可以看出，青城山—都江堰景区的品牌知名度远高于青城山后山与市域其他景区，说明青城山后山与市域其他景区的品牌形象不鲜明，应加强品牌宣传力度。

（2）对比旅游品牌忠诚度指数。

旅游品牌忠诚度指数决定了游客是否愿意推荐旅游目的地，对于品牌营销的二次转化具有决定性作用（见图 3-10）。

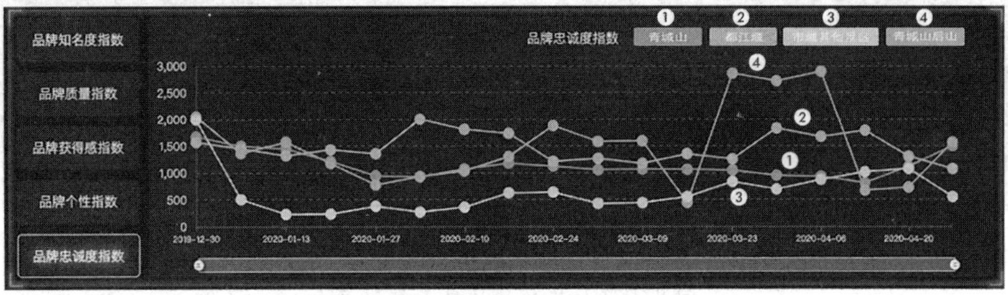

图 3-10 青城山都江堰及市域其他景区品牌忠诚度指数

（图片来源：海鳗云旅游大数据平台）

从图 3-10 中可以看出，青城山后山的品牌忠诚度指数在 3 月中旬后急速上涨，后又恢复到 3 月前的均值水平，“推荐”“亲切”等二级指标起伏明显，青城山—都江堰及市域其他景区的品牌忠诚度也有缓慢上升趋势。结合网络舆情发现青城山—都江堰及后山景区在 3 月份陆续开放，随着春天的到来及疫情防控转入常态化，景区重新开放后激发了游客的游玩热情，同时提升了景区的品牌忠诚度，由此说明重大事件或事件后的合理处置有利于旅游目的地提升品牌忠诚度。

（3）对比旅游品牌获得感指数。

旅游品牌获得感指数量化了旅游者对旅游目的地的心理感受（见图 3-11）。

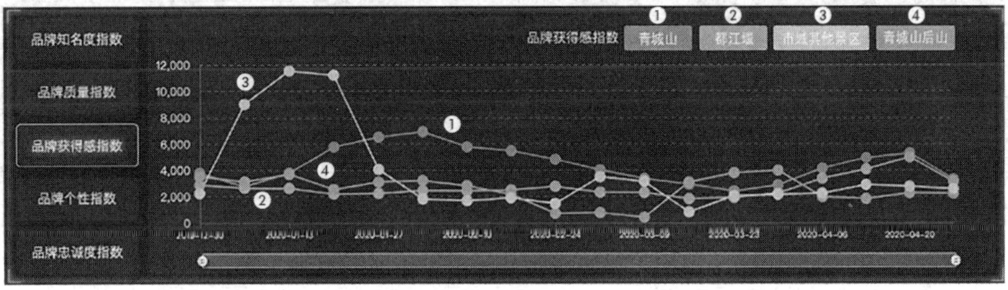

图 3-11 青城山—都江堰及市域其他景区品牌获得感指数

（图片来源：海鳗云旅游大数据平台）

从图 3-11 中可以看出，元旦与春节期间，市域其他景区的品牌获得感有明显提升，其中“好玩”“放松”“快乐”等正向指标提升明显，说明节假日本地活动对城市景区的品牌获得感有正向的促进作用，旅游目的地应多组织具有当地文化特色的活动以提升品牌获得感。此外，也有游客反映在旅游旺季或是节假日高峰期房价偏高，性价比不高等问题。

（4）对比旅游品牌质量指数。

旅游品牌质量指数能够直观地反映出旅游目的地在交通、配套、卫生、景观及服务上的优势与不足，并指导旅游目的地建设与品牌营销（见图 3-12）。

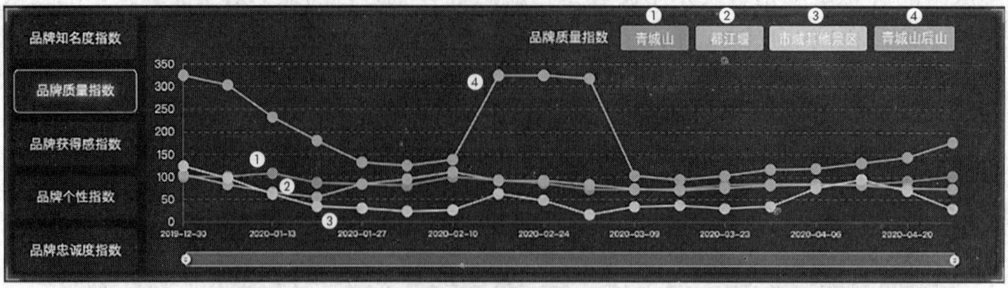

图 3-12 青城山—都江堰及市域其他景区品牌质量指数

（图片来源：海鳗云旅游大数据平台）

从图 3-12 中可以看出，青城山后山的“品牌质量”指数明显高于其他景区，其中“景观”一级指标的指数相对较高，通过对二级指标的分析，可以看出游客对于青城山后山的“原真性”评价较高，可见青城山后山还未因过度开发而影响游客体验，景区应尽力保证景区的“原真性”，避免过度开发导致品牌值降低。“交通”“配套”方面的正向指标较多，如“卫生环境设施都还不错”“位置很好”“交通便利”等。

（5）对比旅游品牌个性指数。

旅游品牌个性指数客观地反映了游客与旅游目的地之间的关系，量化了游客实际的感觉和想法，能够有效指导旅游目的地创造更多的情感价值（见图 3-13）。

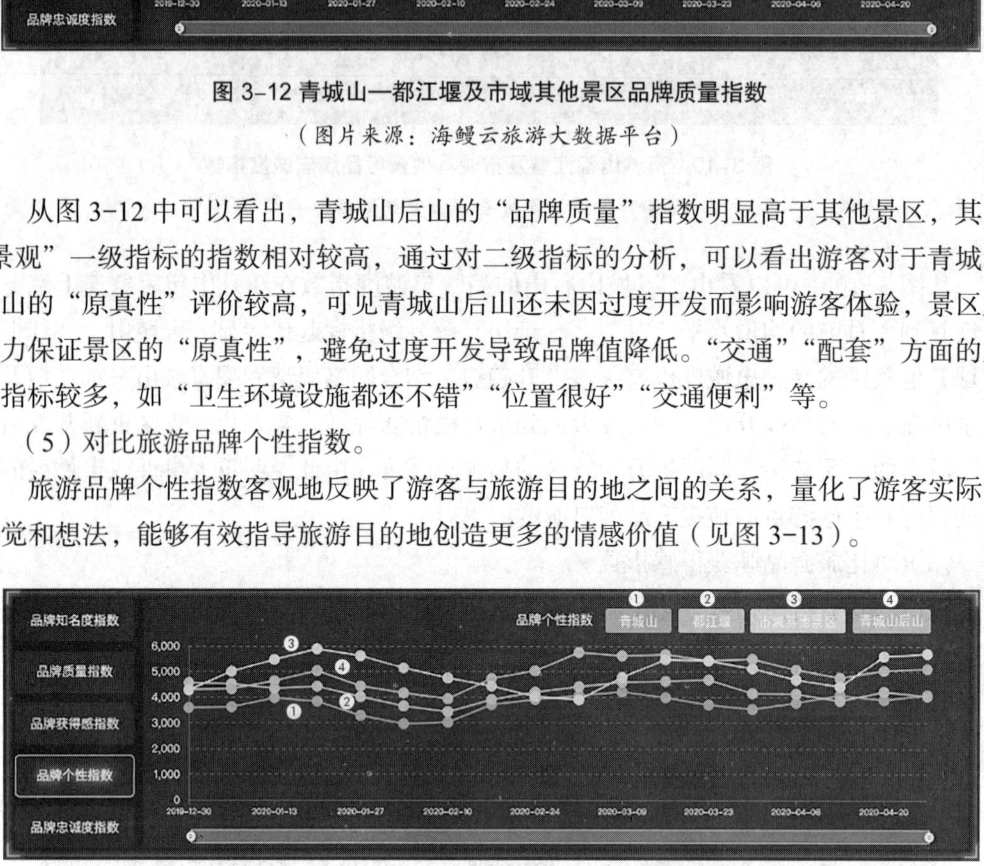

图 3-13 青城山—都江堰及市域其他景区品牌个性指数

（图片来源：海鳗云旅游大数据平台）

从图 3-13 中可以看出，市域其他景区的品牌个性均值较高，二级指标中的“文化魅力”“生活方式”指数均高于其他景区，成都市域内的“成都大熊猫繁育研究基地”“锦里”“宽窄巷子”都是吸引游客的价值点，在品牌个性维度上市域其他景区的价值高于青城山、都江堰及青城山后山景区，可以深挖成都市域内景区的品牌个性价值，形成自身独特的品牌偏好，有针对性地指导品牌建设与营销推广，从而在市场竞争中脱颖而出。

3. 对比旅游品牌热议话题

旅游品牌热议话题是旅游目的地品牌网络口碑的最直观体现，对比相邻市域范围内的景区热议话题，并结合品牌维度二级指标进行量化分析，对于旅游目的地品牌的延展作用巨大（见图 3-14）。

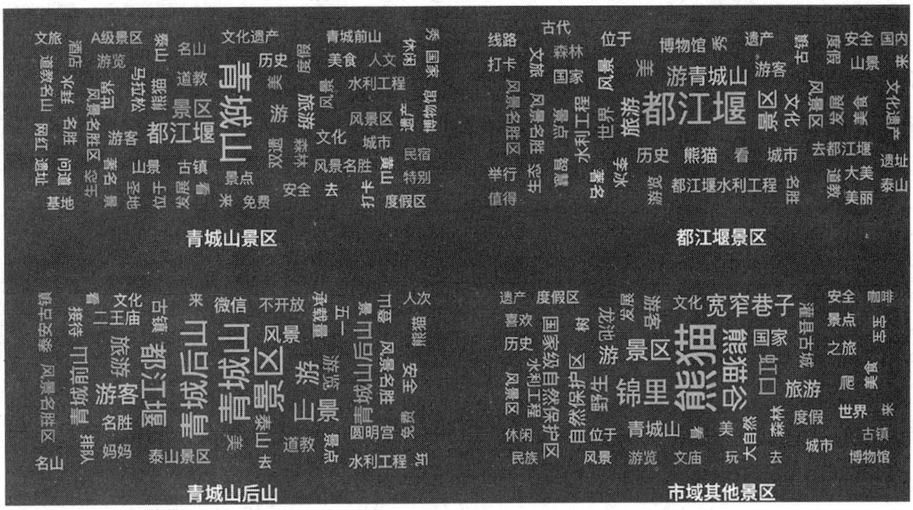

图 3-14　青城山—都江堰及市域其他景区品牌热议话题

（图片来源：海鳗云旅游大数据平台）

从图 3-14 中可以看出，相邻景区间的品牌热议话题重复度较高，说明景区间的联动性较强，景区与景区间应加强品牌联动，共同促进品牌建设与发展。

实训与思考

实训 1　旅游品牌知识体系

【实训目的】

通过整理归纳旅游品牌相关知识，充分理解旅游品牌评估五大维度的知识体系。

【实训要求】

参照本节旅游品牌知识样例，在每个评估维度下补充 1 个一级指标，不能与举例重复，同时在每个二级指标下填入 5 个二级指标。

【方法与工具】

1. 方法

使用互联网搜索相关工具，通过对场景和语义的理解，建立自己的知识体系。

2. 工具

搜索工具：www.baidu.com/www.so.com

【操作步骤】

利用搜索引擎查询相关指标，将相应内容填入表格中（见表 3-8）。

表 3-8　旅游目的地品牌评价指标

评估维度	一级指标	二级指标
品牌知名度		
品牌忠诚度		
品牌获得感		
品牌质量		
品牌个性		

【自我评价】

通过实训，进行自我评价，评价量表如表 3-9 所示。

表 3-9　评价量表

评价项目		评价标准
实训内容	能否整理出合理的一级 / 二级指标	等级一：能准确理解旅游目的地品牌评估的五大维度，高质与高效完成表 3-8 旅游目的地品牌评价指标，并能提出或全面或新颖的想法。
		等级二：能准确理解旅游目的地品牌评估的五大维度，高质与高效完成表 3-8 旅游目的地品牌评价指标。
		等级三：能准确理解旅游目的地品牌评估的五大维度，基本完成表 3-8 旅游目的地品牌评价指标，但需要进一步指导。

【拓展练习】

列举传统品牌评估方法与基于大数据的品牌评估方法的优缺点。

实训 2　旅游品牌评估量化

【实训目的】

通过学习掌握旅游品牌评估相关知识，充分理解旅游目的地品牌量化方法。

【实训要求】

参照本节旅游品牌评估方法，在每个评估维度下填写旅游目的地一段时间内的变化情况。

【方法与工具】

1. 方法

使用海鳗云旅游大数据平台——品牌评估，选取以下列举的旅游目的地中的一个，分别对旅游目的地五大维度的变化进行分析。

5A 级景区：成都青城山

5A 级景区：大同龙门石窟

2. 工具

分析工具：海鳗云旅游大数据平台——品牌评估

【操作步骤】

利用海鳗云旅游大数据平台——品牌评估进行分析，将分析结果填入表格中（见表 3–10）。

表 3–10 旅游目的地品牌量化分析表

分析时段：

评估维度	分析结果
品牌知名度	
品牌忠诚度	
品牌获得感	
品牌质量	
品牌个性	

【自我评价】

通过实训，进行自我评价，评价量表如表 3–11 所示。

表 3–11 评价量表

评价项目		评价标准
实训内容	能否分析出旅游目的地品牌的五大维度随时间变化趋势	等级一：能够熟练使用海鳗云旅游大数据平台——品牌评估，高质与高效完成旅游目的地品牌量化分析，整个过程思路清晰。
		等级二：能够熟练使用海鳗云旅游大数据平台——品牌评估，基本完成旅游目的地品牌量化分析。
		等级三：能够熟练使用旅游大数据平台——品牌评估，基本完成旅游目的地品牌量化分析，整个过程需要指导完成。

【拓展练习】

在进行此案例分析的过程中，列举出三个遇到的难点，并根据难点的特点及自己的能力做出深度的剖析，形成不低于500字的短文。

第三节　旅游品牌的应用

一、旅游规划

（一）旅游规划现状

旅游规划是在旅游目的地资源调查、市场调查和社会经济与文化发展环境调查评价的基础上，体现和顾及相关利益主体的需求，确定旅游目的地开发目标，并制定优化总体布局、完善功能结构及促进旅游系统综合效益为目的的战略，以及战略实施的动态过程。旅游规划具有长远性、全局性、战略性、方向性、概括性及鼓动性，既包括战略层面的谋划和方案制定，也包括战术层面的具体执行。

旅游规划一般可分为区域旅游发展战略规划、旅游区总体规划和旅游项目详细规划三个层次。

（1）区域旅游发展战略规划。主要解决区域内旅游发展的战略思路，编制旅游发展时序与确定区域旅游发展战略目标。

（2）旅游区总体规划。主要解决旅游区的发展定位及其发展方向。

（3）旅游项目详细规划。突出旅游景区规划项目建设蓝图，为建设施工设计打下基础。

三个层面的旅游规划从宏观到微观逐渐明晰旅游区域的发展与建设轮廓。上述各个层次的旅游规划，从宏观到微观，层次渐进，但指导决策的始终是着重“品牌建设”的核心思想，无论是宏观层面的战略规划还是微观层面的产品设计，都应基于一套客观的品牌量化评估模型，通过对旅游区品牌价值的正确定位指导旅游规划决策。

（二）旅游规划存在的问题

（1）旅游规划概念空泛，可实施性不高，缺少合理的量化标准；

（2）旅游学科本身的不成熟和不完善限制了旅游规划理论体系的建设；

（3）旅游规划实施时间长、范围广，缺少可量化的指标衡量规划结果；

（4）旅游规划系统结构复杂，系统中各要素间影响难以协调；

（5）旅游区之间品牌关联度不强，独立发展，发展不平衡。

（三）品牌量化助力旅游规划

1. 旅游资源评估

旅游资源评价是旅游规划的基础和前提，旅游规划的策略要建立在旅游资源客观、准确及合理评价的前提下。旅游资源是多种多样的，它的价值和功能也是多层次、多形式及多方面的。基于评估模型和数据采集的复杂度及品牌建设的终极目标，品牌量化可以作为旅游资源评价的主要方法之一。

（1）分析品牌知名度。量化旅游资源的网络影响力，分析旅游资源对旅游区发展产生的积极和消极指标。

（2）分析品牌忠诚度。了解当地居民对旅游的态度的开发条件，作为外部条件纳入评价体系。

（3）分析品牌获得感。性价比、价值感等二级指标可以量化旅游资源吸引力大小。

（4）分析品牌质量。通过分析交通、配套、卫生、景观及服务等二级指标，找出基础设施的优势与不足，放大优势，弥补不足。

（5）分析品牌个性。充分挖掘个性指数较高的旅游资源，并围绕个性突出的旅游资源打造创新型旅游产品。

（6）分析品牌热议话题。找出邻近景区出现频率高且关联度高的关键词，以此为依据分析邻近资源及区域内资源的相互关系，包括自然和人文旅游资源的结合与互补情况、各要素的组合及协调性及景观的聚集程度等。

品牌量化评估方法基于旅游大数据对旅游资源在消费者心目中的品牌感知做出了客观与准确的评价，且能有效指导规划决策。

2. 区位因素分析

旅游区位是指规划区在区域旅游发展中所处的地位以及与周边区域旅游发展中的相互关系。区域分析的核心是寻找品牌价值洼地，定位规划区核心竞争力、发展潜力与周边区域的关系以及优劣势对比。

（1）对比品牌价值。通过量化规划区域间的品牌价值，寻求区位优势，充分发挥品牌价值高区域对周边区域的辐射、带动作用，提高区域旅游的可达性，实现区域旅游的最佳发展。

（2）对比品牌知名度。知名度高的区域可以带动周边区域发展，同时要重点关注美誉度的变化情况，以应对舆情危机影响旅游区品牌价值。

（3）对比品牌忠诚度。品牌忠诚度是游客偏好度的直接体现，可以深挖忠诚度较高的区域，带动相邻区域发展。

（4）对比品牌获得感。品牌获得感二级指标量化了旅游者对旅游目的地的心理感受，不同区域的活动可以提升品牌获得感并促进区域间的联动。

（5）对比品牌质量。通过对比交通、配套、卫生、景观及服务等二级指标，找出基础设施建设差的区域，从细节指标处逐步完善，解决区域间发展不平衡的问题。

（6）对比品牌个性。从细节指标处分析区域个性指标，有助于旅游资源匮乏或无突出优势的区域寻找价值洼地，以实现弯道超车。

（7）对比品牌热议话题。通过对品牌热议话题的提取分析，找出景区间的关联关系，有助于旅游区进行旅游线路设计等。

3. 旅游产品开发

旅游产品开发的最终极目标就是品牌建设，旅游产品开发是在复杂多变的社会环境中进行的，社会环境不断变化，既给旅游地带来市场机会，又会产生威胁，在产品开发过程中时刻要将提升旅游区整体品牌价值作为产品设计的指导原则，并在产品开发过程中量化分析每一个细节指标的变化情况，寻找突破口指导产品设计。

二、旅游营销

（一）旅游营销现状

旅游营销就是制定旅游品牌市场经营和销售活动的目标、方针及策略等一系列重大问题的过程。营销决策是营销投放的核心问题，营销方案是营销决策的载体，营销决策必须建立在充分的市场调查和市场预测基础之上。市场营销分为品牌营销和转化营销（也称实战营销）。品牌营销以获取潜在游客心智，提升品牌影响力为目标；转化营销以各种营销动作，促进营收提升为目标。两种异曲同工，但是方式方法也有很大的不同。无论是营销策划、营销投放还是效果评估，首先应精确了解营销对象的具体情况，定位优劣势，找准突破口，抑或是弥补或消除用户心智上对营销对象的某一方面的缺陷认知，从而提升营销对象的整体品牌影响力。

（二）旅游营销存在的问题

（1）目标客群精准定位和精准投放难度大。

（2）市场竞争激烈，缺乏大规模有效数据以及科学的方法量化营销结果。

（3）营销方案定位和创意不足，难以达到较好的营销效果。

（三）品牌量化助力旅游营销

旅游大数据的发展使得旅游品牌营销变得更加智能与高效，通过品牌评估工具对旅游品牌进行多维量化，通过分析结果指导营销方案的制定，科学地进行营销投放，对投放结果精准评估，再通过营销效果量化指导下一次营销决策，从而形成一个精准高效的旅游智能营销服务闭环（见图 3-15）。

1. 品牌量化

在提出营销策略前，应对旅游目的地实际情况及现状有充分的了解和认识，通过品牌量化多方位深入了解目的地实际情况，因地制宜，实践与理论相结合。

2. 营销策划

随着旅游业的蓬勃发展，很多旅游目的地凭借自身独特的地理环境和人文环境吸引着旅游者，除了旅游目的地本身的自然景观与文化积淀，树立自己独特的旅游品牌形象成为旅游目的地的痛点。旅游目的地是否能够通过量化品牌价值，着眼于细节指标对旅游品牌的影响，是旅游目的地品牌营销决策的重要前提。

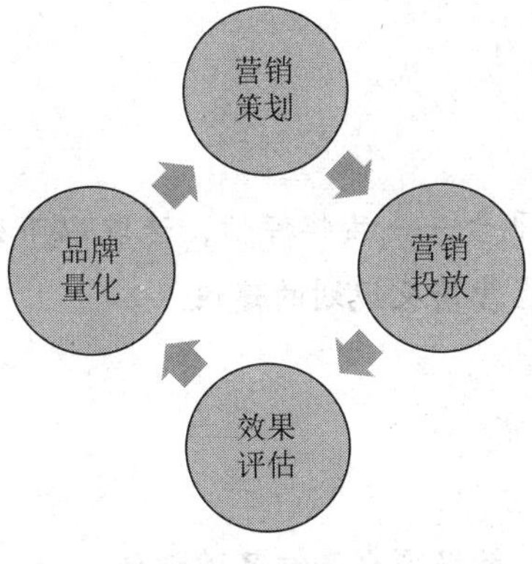

图 3-15　旅游品牌营销闭环

3. 营销投放

旅游目的地营销方案精准投放，即旅游目的地充分利用大数据量化分析结果，精准地找到意向目标群体进行营销投放。旅游目的地营销投放分为异地获客营销和本地转化营销。

（1）异地获客营销，通过向居住地在异地的准游客投放广告。

（2）本地转化营销，一是向本地居民提供优惠营销信息以获得较好的入园频次，二是向已经在本地的异地游客推荐本地旅游目的地。

以上两种精准投放方式都建立在对投放区域品牌的精确评估基础之上。

4. 效果评估

营销效果评估是旅游品牌营销闭环的最后一环，也是下一轮营销方案策划的前提，营销效果评估的核心是对比营销投放重要时间节点前后的品牌指数变化，量化分析营销投放的结果。

（1）对比品牌综合指数变化。

（2）对比品牌维度指数变化。

（3）对比品牌热议话题变化。

实训与思考

旅游品牌的应用

【实训目的】

通过熟练使用海鳗云旅游大数据平台——品牌评估，理解旅游品牌的应用场景。

【实训要求】

参照本节旅游品牌规划和营销要点，提出对青城山—都江堰及市域其他景区的营销及规划建议。

【方法与工具】

1. 方法

使用海鳗云旅游大数据平台——品牌评估，选取以下列举的旅游目的地中的一个，提出1到2点对于旅游目的地营销及规划的建议。

5A级景区：成都青城山

5A级景区：大同龙门石窟

2. 工具

分析工具：海鳗云旅游大数据平台——品牌评估。

【操作步骤】

利用海鳗云旅游大数据平台——品牌评估进行分析，将分析结果填入表格中（见表3–12）。

表3–12　旅游品牌的应用

目的地名称	营销建议	规划建议

【自我评价】

通过实训，进行自我评价，评价量表如表3–13所示。

表3–13　评价量表

评价项目		评价标准
实训内容	能否提出合理的旅游目的地品牌营销规划建议	等级一：能够熟练使用海鳗云旅游大数据平台——品牌评估，高质、高效完成旅游目的地品牌量化分析，提出合理的营销及规划建议，整个过程思路清晰，交付完整。
		等级二：能够熟练使用海鳗云旅游大数据平台——品牌评估，基本完成旅游目的地品牌量化分析，提出合理的营销及规划建议。
		等级三：能够熟练使用海鳗云旅游大数据平台——品牌评估，基本完成旅游目的地品牌量化分析，提出合理的营销规划建议，整个过程需要指导完成。

【拓展练习】

在进行旅游目的地品牌量化分析及应用的过程中，列举出三个遇到的难点，并根据难点的特点及自己的能力做出深度的剖析，形成不少于500字的短文。

第四章

基于大数据的旅游营销推广与效果评估

【学习目标】

- 了解基于大数据的旅游市场细分方法
- 熟悉旅游产品生命周期的基本概念与分类
- 了解旅游产品生命周期的常用判断方法
- 了解网络广告的类型与计费方式
- 了解网络推广的评价方式
- 掌握旅游营销效果评估的流程

第一节　旅游目标市场分析

一、旅游市场细分概念

市场细分（Segmentation），通常又被称为市场划分或者市场分割，是指营销者根据不同消费者的人员特征、需求及利益追求等方面的差异，将整体消费者市场划分为若干不同消费群体的工作过程。所划分出来的每一个消费者人群就是一个市场部分，称为细分市场（Segment）。

因此，就旅游市场营销而言，旅游市场细分就是旅游营销者根据不同旅游消费者在人员特征、需求、利益追求及购买习惯等方面的差异，将整体旅游市场分解为若干细分市场的过程。旅游市场细分工作是一个以市场数据为基础的分析和判断过程，是旅游营销者深入分析不同消费人群特点，以判定并满足其追求或需求的战略营销工作。

二、旅游市场细分的依据

旅游营销者在开展市场细分工作时，要对很多变量——特别是可用以评估有关人群消费水平的变量进行分析。为了尽可能准确界定细分市场的人员特征，旅游营销者越来越多地采用比较复杂的多变量细分法对旅游市场进行细分。

（一）旅游市场细分的常用依据

旅游市场细分一般会依据地理因素、人口统计因素、购买行为、特定的利益追求、心理类型或人格特点进行，旅游市场细分所需的数据多来源于市场调研。

（二）旅游市场研究线下数据的主要来源

旅游市场研究线下数据主要来源于行业数据、市场调查数据以及企业内部数据等。其中，企业内部数据包含以下内容。

（1）交易数据。

企业产品在线上和线下销售过程产生的与交易相关的数据，主要包括旅游产品的产品销售数据、产品销售渠道数据、与交易相关的财务数据等。

（2）客史资料。

企业在市场推广和销售过程中产生的与客户有关系的数据，主要包括客户个人信息、客户间关联信息及客户群体数据等。

（3）营销数据。

企业在营销推广过程中产生的数据，主要包括企业营销历史数据、企业营销效果分析及营销活动投产等数据。

（三）旅游市场细分的方法

1. 单项变量细分法

单项变量细分法就是根据影响消费者需求的某一个重要因素进行市场细分。这种方法的适用条件：

（1）市场竞争不激烈，市场细分程度不高，用单一变量就能细分出有效市场。

（2）影响消费者购买的各个因素中有一项主导因素，其影响最为强烈。

2. 综合变量细分法

此方法又称多变量法，它以两种或两种以上影响需求较大的因素为细分变量，以达到更为准确地细分市场的目的。

（1）最常用的方法包括：

①两维变量细分法，主要以消费者习惯和购买者类型两个因素为细分变量；

②三维变量细分法，适合于消费者需求差别较为复杂，需要从多方面去分析与认识的场合。

（2）细分变量选择个数的影响因素。

3. 系列变量细分法

从客观上讲，为了更准确地细分某个整体市场，应考虑多选几个细分变量，将每个变量的不同特征都尽量考虑周全，但过多的子市场也造成了企业确定目标市场的极大困难，为此设计了此方法。

系列变量细分法又称多层次变量法，基本思路是由粗到细将整个市场分为几个层次，逐层细分，并确定该层次的样本市场，最终层次的样本市场就是企业将全力投入的目标市场。

4. 多变量组合细分法

前面几种细分方法的适用情况是几个细分变量之间线性无关或相关度较低。但通常的情况是，多个变量共同对消费者行为产生很大的影响，且呈线性相关或相关度较高。因此，我们需要使用多变量组合细分法。

多变量组合细分法是指分析一组线性相关或相关程度较高的变量，通过分组技术，将各个变量中相关性较高的具体项目组合在一起形成几个行为趋近的群体。

三、大数据在市场细分中的应用

（一）常用的市场细分大数据

1. 网络信息内容

网络信息内容主要分为 UGC、PCG 及 OGC 等，其阅读和传播数据反映了产品的热度传播路径及公众关注程度。如图 4-1 所示，UGC 数据主要包括图片数据和文本数据在海鳗云旅游大数据平台展示效果，统计了 PGC 信源趋势及各类信源占比，还通过 UGC 数据统计对用户情绪进行分析。

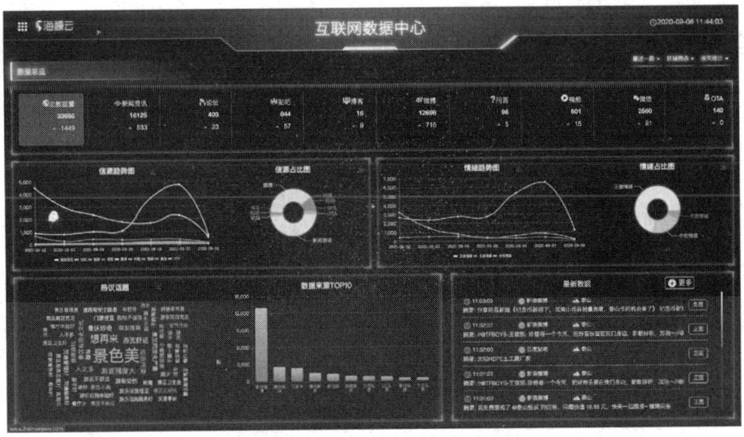

图 4-1　市场细分常用数据

（图片来源：海鳗云旅游大数据平台）

2. 基于设备产生的数据

包含 GPS 数据、基站数据以及 Wi-Fi 数据等。

3. 事务数据

包含搜索数据、订单数据以及浏览数据等。

4. 次级数据

次级数据不只是利用内部数据来调查行业或客户的数据。次级数据可以通过分析竞争对手网站上的价格或查看客户的 Instagram 账户来获得，以此来了解客户的人群画像和兴趣偏好。次级数据通常需要花费很长时间，有些公司甚至会花费数周时间进行次级数据收集来达成目的。然而，这是值得的，因为这类信息质量更佳，因此比调查或从第三方收集来的数据更有用。

（二）大数据市场细分的优势

区别于传统的市场细分，大数据应用于市场细分在以下方面起到更为重要的作用：

（1）数据采集的维度更为全面，数据采集的时效性更高，尤其是行为数据的采集更及时、细腻和全方位。

（2）用大数据算法进行细分模型建模，可以吸纳更多的细分维度，从而可以细分出更小且同质性更高的细分群体。

（3）数据更新更快、计算速度更快、市场细分模型更新速度更快，能更及时地反映用户需求的变化，从而做出更准确与及时的细分。

（4）市场细分可以与营销渠道与营销活动实时关联和调优，通过大数据算法判定的细分群体可以实时地进行最有效的营销活动推荐，并可用大数据计算最为有效的推广渠道以触达这些细分群体。

（三）大数据市场细分的常用步骤

1. 从业务需求出发，明确客户细分目的（见图 4-2）

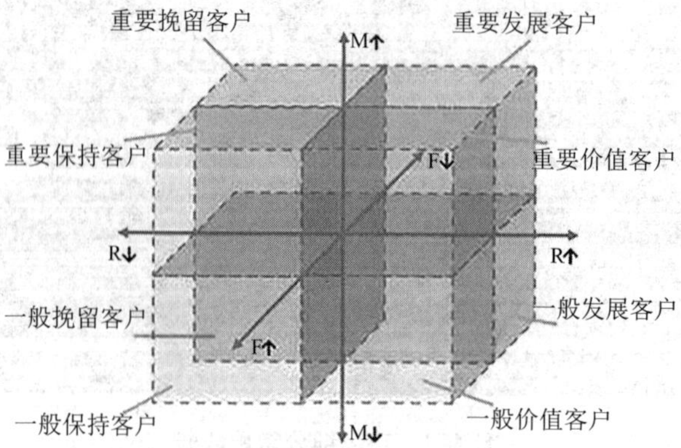

图 4-2　业务需求角度的客户细分

2. 数据收集分析

数据是市场细分的基础，通过对数据的分析，可以对海量用户有一个初步的了解，数据收集分析一般采用用户数据提取分析与问卷调研两种方式，根据产品目标确定统计分析的维度指标。

分析的维度按照内部属性、外部属性和活动行为进行综合分析。

（1）内部属性（准确稳定），指性别、年龄及学历等客户自身具备的属性，这类因素一般比较准确可靠且稳定，一般不会有太大变化；

（2）外部属性（简单直观），指客户级别、客户所属机构及客户持有产品等体现客户与企业之间关系的因素，这类因素对企业来说最简单直观，能够静态地体现客户当前的价值；

（3）活动行为（动态预测），指消费金额、消费频率、最近一次访问时间及访问时长等反映客户与企业之间活动的数据，这类数据是动态的，能够更实时地反映客户的行为偏好与价值变化，有利于进一步挖掘预测客户需求。

3. 构建数据模型

根据所收集的数据进行建模的思路主要有事前细分（有先验数据指导）和事后细分（无先验数据指导）两种。

（1）事前细分是指在细分研究前已选定了细分标准的细分方法，即在市场细分时，先选择细分的依据或标准，然后根据这些已确定的标准来对顾客进行分群。常用的细分标准有地理区域、人口统计特征及购买量等。

（2）事后细分是指以概率统计学为理论依据的市场细分方法，常根据消费者调研数据采用统计分析技术推导消费者分类特征并得出细分类群。以统计学为理论依据，就势必存在这样的理论假设，即对消费者在某一时空的统计结果可以反映他们的稳定心理和行为特征，从而可以用过去的消费统计结果来推测预计消费者未来的购买行为。从理论依据和假设方面来比较，事后细分方法较事前细分方法有一定的进步（见图 4-3）。

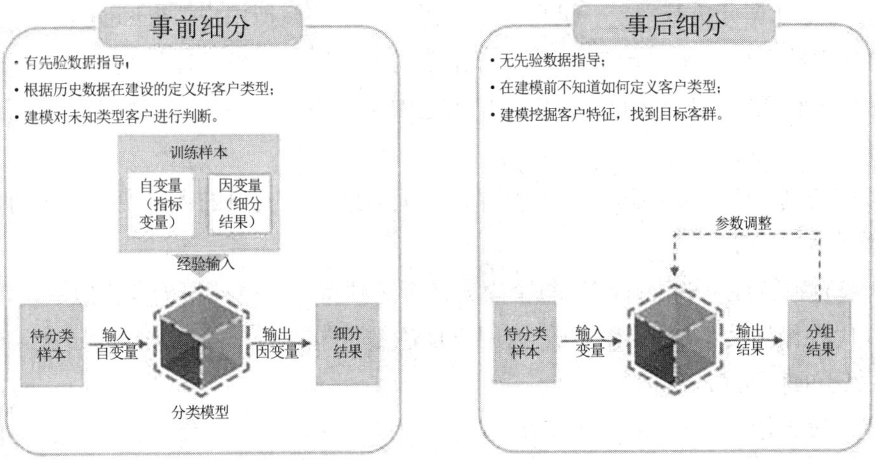

图 4-3 数据建模方法

数据建模的方法很多，如神经网络、遗传算法、蒙特卡罗算法、聚类分析及关联算法等。目前，在实际应用中最常见的是用户分类、推荐算法及防流失模型等。

4. 绘制用户画像

用户画像（User Profile）的概念最早由交互设计之父 Alan Cooper 提出，是建立在一系列属性数据之上的目标用户模型。一般是产品设计与运营人员从用户群体中抽象出来的典型用户，本质是一个用以描述用户需求的工具（见图 4-4）。

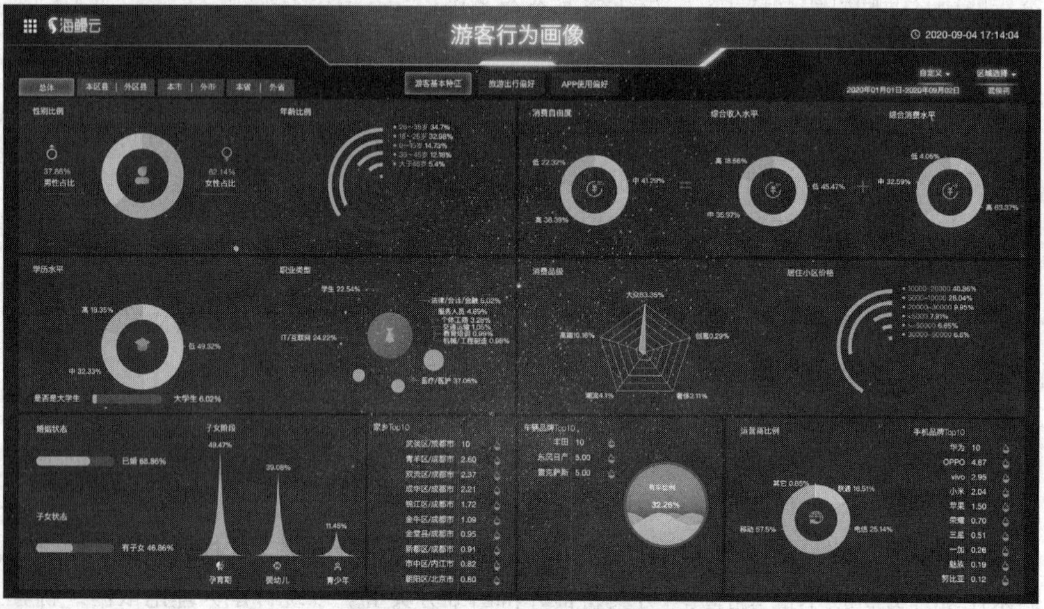

图 4-4　游客行为画像

（图片来源：海鳗云旅游大数据平台）

确定具象的定性个体描述也就是创造人物角色。Alan Cooper 提出了 Persona 这一概念，是在海量数据分析基础上，进行具象化得到一个的虚拟用户。Persona 的含义如下：

· P 代表基本性（Primary Research），指该用户角色是否基于对真实用户的情景访谈；

· E 代表移情性（Empathy），指用户角色中包含姓名、照片和产品相关的描述，该用户角色是否引起同理心；

· R 代表真实性（Realistic），指对那些每天与顾客打交道的人来说，用户角色是否看起来像真实人物；

· S 代表独特性（Singular），每个用户是否是独特的，彼此很少有相似性；

· O 代表目标性（Objectives），该用户角色是否包含与产品相关的高层次目标，是否包含关键词来阐述该目标；

· N 代表数量（Number），用户角色的数量是否足够少，以便设计团队能记住每个用户角色的姓名，及其中的一个主要用户角色。一个产品一般最多满足 3 个角色需求；

· A 代表应用性（Applicable），设计团队是否能使用用户角色作为一种实用工具进行设计决策。

通过数据分析去了解用户，根据他们的目标、行为和观点的差异，将他们区分为不同的类型，然后每种类型中抽取出典型特征。例如，个人基本信息，家庭、工作及生活环境描述，用一个名字、一张照片及一个场景等描述，就形成了一个具象的典型用户画像。人物角色一般会包含与产品使用相关的具体情境，用户目标或产品使用行为描述等。为了让用户画像容易记忆，可以用具体的名字、标志性语言或几条简单的关键特征进行描述。针对每一个类别的用户，可虚拟出一个人物角色，一般 3~7 个画像即可（见图 4–5）。

图 4–5 用户画像（User Profile）景点用户构建

随着互联网的发展，用户画像（User Profile）又包含了新的含义。根据用户人口学特征、网络浏览内容、网络社交活动及消费行为等信息抽象出的一个标签化的用户模型，就是用户画像（User Profile）（见图 4–6）。它的核心工作主要是利用存储在服务器上的海量日志和数据库里的大量数据进行分析和挖掘，给用户贴“标签”，而“标签”是能表示用户某一维度特征的标识，主要用于业务的运营和数据分析（见图 4–7）。

简言之，用户画像是产品设计人员在产品规划阶段，基于对用户的真实需求虚拟出的典型人物角色。用户画像是基于大量用户数据，结合相应的需求和场景沉淀出的一系列标签，这些标签共同为提供更好的产品迭代提供数据支持。绘制典型用户的作用主要包括：

（1）理解用户。人物角色是海量用户“打包”后的研究结果，是用户研究结果的生动呈现方式，是用户心理模型好的载体，可以让产品经理与设计师方便的换位思考。

（2）提高沟通效率。人物角色是用户研究结果的具象化，不但生动，而且代表着用户真实的目标和动机等信息，基于统一用户认知基础的沟通，可以大大提高团队的沟通效率。

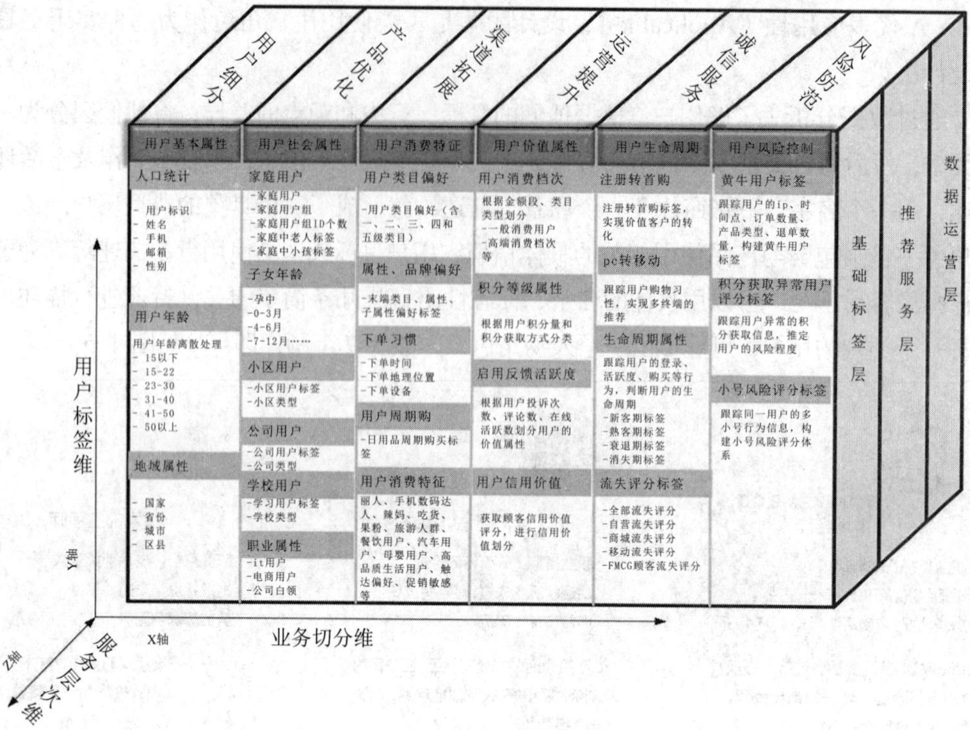

图 4-6　用户画像（User Profile）标签维度

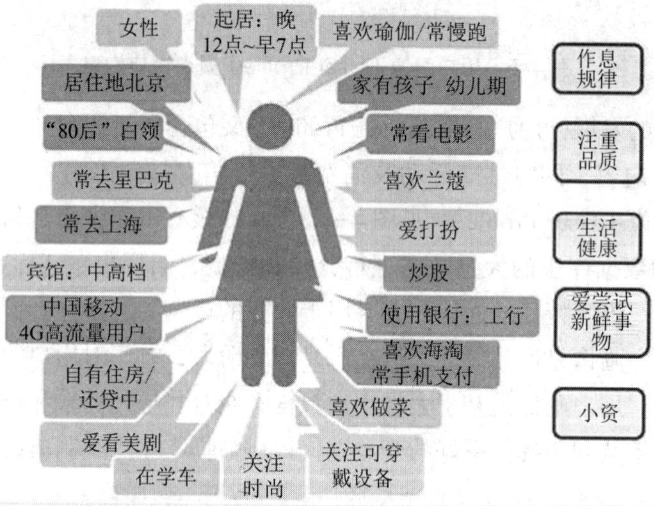

图 4-7　用户画像用户标签

（3）设计依据。人物角色让设计师找到了“以用户为中心的设计”的着力点——“用户”，设计师可以根据“人物角色”选择最佳的设计方案。

5. 检验细分结果的准确性，形成差异化营销方案

市场细分完成后，主要从以下三个方面对多细分结果进行检验：

（1）细分市场规模的合理性。细分市场间的规模差异越大，细分结果的有效性越差，因为规模极小的细分市场，难以保证有相当的市场容量使企业获得足够的经济效益。事前细分由于事先确定细分标准，得出固定细分市场数目进而易引起各细分市场大小失衡。相比之下，事后细分易克服这样的缺点，因为事后细分方法根据调研样本的实际状况来确定细分市场数目及相应规模。事后细分可以根据数据分析结果，较灵活地进行细分市场数目和规模的确定。

（2）细分市场信息了解程度。事前细分方法由于规定细分依据，先对细分结果有一定的预期，在很大程度上加入了细分研究者的主观估计与理解。而事后细分方法完全按照调研结果来确定细分市场的具体状况，能客观地反映细分市场的真实信息，受人为主观因素影响少。所以，从对细分市场的客观信息了解角度来讲，事后细分要优于事前细分。

（3）实际购买匹配度。通过对调查对象的追踪，获取实际购买情况数据，以此为据来分析两种方法的细分效果。购买匹配度用来分析各细分市场中有多少样本最终真正购买此细分市场的对应产品。

实训与思考

根据用户画像绘制虚拟典型用户

【实训目的】

完成市场细分后，了解用户需求是十分重要的。清晰地了解用户需求，并能根据用户需求设计旅游产品，能更精准地满足目标市场的需求，提升旅游企业的竞争力。根据用户画像数据，绘制虚拟典型用户，能更直观地呈现目标群体特征，为产品设计打下良好的基础。

【实训要求】

登录海鳗云旅游大数据平台，查看给出景区的游客行为画像数据，根据用户画像概念绘制虚拟典型用户。

【方法与工具】

1. 方法

案例分析法。

2. 工具

海鳗云旅游大数据平台——游客行为画像。

【操作步骤】

请根据以下流程图完成练习（见图 4–8）。

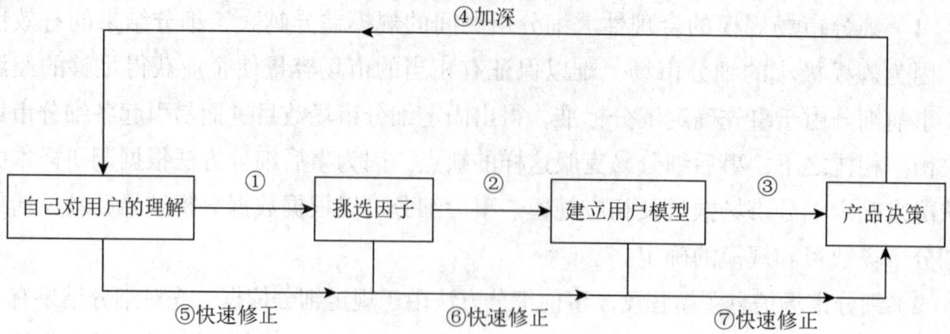

图 4-8 操作步骤流程图

【自我评价】

通过实训，进行自我评价，评价量表如表 4-1 所示。

表 4-1 评价量表

评价项目		评价标准
实训内容	根据用户画像绘制虚拟典型用户	等级一：理解用户画像概念，能熟练使用旅游大数据平台快速找到所需数据，通过数据分析快速准确绘制虚拟典型用户。
		等级二：理解用户画像概念，能使用旅游大数据平台找到所需数据，通过数据分析绘制虚拟典型用户。
		等级三：理解用户画像概念，能在指导下使用旅游大数据平台找到所需数据，通过数据分析绘制虚拟典型用户。
通用能力	逻辑分析能力	等级一：熟悉各类数据的来源、特点及差异，能快速判断数据的应用范围，并在数据分析时准确应用。
		等级二：熟悉各类数据的来源、特点及差异，能分析数据应用范围。
		等级三：基本了解数据类型、特点及差异。

【拓展练习】

事前细分与事后细分的差异及优缺点。

第二节 目标市场生命周期判断

用大数据方法，判断目标市场所处生命周期阶段，并根据目标市场所处生命周期阶段的不同针对性制定营销策略。

一、产品生命周期理论

产品生命周期理论是美国哈佛大学教授雷蒙德·弗农（Raymond Vernon）1966 年在其《产品周期中的国际投资与国际贸易》一文中首次提出的。

产品生命周期（Product Life Cycle，PLC），是产品的市场寿命，即一种新产品从开始进入市场到被市场淘汰的整个过程（见图 4-9）。弗农认为："产品生命是指市场上的营销生命，产品和人的生命一样，要经历形成、成长、成熟及衰退这样的周期。"就产品而言，也就是要经历一个开发、引进、成长、成熟及衰退的阶段。而这个周期在不同的技术水平的国家里，发生的时间和过程是不一样的，其间存在一个较大的差距和时差，正是这一时差，表现为不同国家在技术上的差距，它反映了同一产品在不同国家市场上竞争地位的差异，从而决定了国际贸易和国际投资的变化。

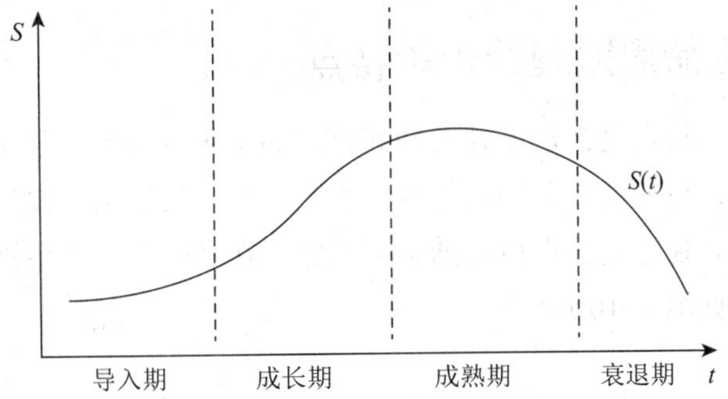

图 4-9　用户画像用户标签

二、产品生命周期理论阶段

典型的产品生命周期一般可以分为四个阶段，即导入期（或介绍期）、成长期、成熟期和衰退期。

1. 导入期

导入期指产品从设计投产到投入市场进入测试阶段。新产品投入市场便进入了导入期。此时产品品种少，顾客对产品还不了解，除少数追求新奇的顾客外，几乎无人实际购买该产品。生产者为了扩大销路，不得不投入大量的促销费用，对产品进行宣传推广。该阶段由于生产技术方面的限制，产品生产批量小，制造成本高，广告费用大，产品销售价格偏高，销售量极为有限，企业通常不能获利，反而可能亏损。

2. 成长期

当产品进入导入期，销售取得成功之后，便进入了成长期。成长期是指产品通过试销，效果良好，购买者逐渐接受该产品，产品在市场上站住脚并打开了销路。这是需求增长阶段，需求量和销售额迅速上升。生产成本大幅下降，利润迅速增长。与此同时，竞争者看到有利可图，将纷纷进入市场参与竞争，使同类产品供给量增加，价格随之下降，企业利润增长速度逐步减慢，最后达到生命周期利润的最高点。

3. 成熟期

成熟期指产品走入大批量生产并稳定地进入市场销售，经过成长期之后，随着购买产品的人数增多，市场需求趋于饱和。此时，产品普及并日趋标准化，成本低而产量大。销售增长速度缓慢直至转而下降，由于竞争的加剧，导致同类产品生产企业之间不得不加大在产品质量、花色、规格及包装、服务等方面的投入，在一定程度上增加了成本。

4. 衰退期

衰退期指产品进入了淘汰阶段。随着科技的发展及消费习惯的改变等原因，产品的销售量和利润持续下降，产品在市场上已经老化，不能适应市场需求，市场上已经有其他性能更好且价格更低的新产品，足以满足消费者的需求。此时成本较高的企业就会由于无利可图而陆续停止生产，该类产品的生命周期也就陆续结束，以至最后完全撤出市场。

三、产品生命周期理论阶段特点

生命周期曲线的特点是在产品开发期间该产品销售额为零，公司投资不断增加；在导入期，销售缓慢，初期通常利润偏低或为负数；在成长期销售快速增长，利润也显著增加；在成熟期利润在达到顶点后逐渐走下坡路；在衰退期间产品销售量显著衰退，利润也大幅度滑落（见图 4-10）。

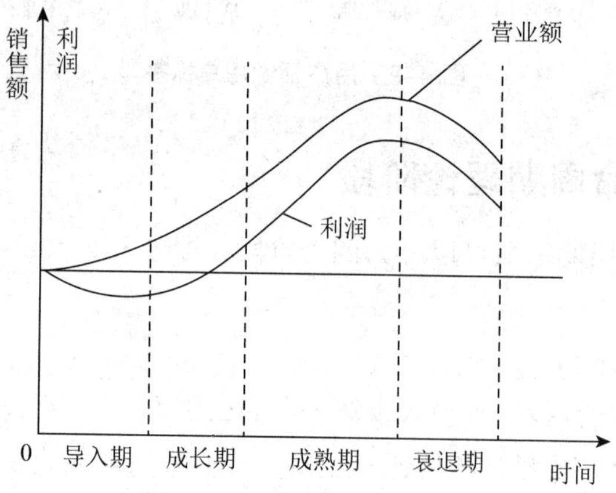

图 4-10　生命周期曲线

四、市场生命周期判断的理论意义

（1）产品生命周期理论揭示了任何产品都和生物有机体一样，有一个从诞生、成长、成熟到衰亡的过程，不断创新，开发新产品。

（2）借助产品生命周期理论，可以分析判断产品处于生命周期的哪一阶段，推测产品今后发展的趋势，正确把握产品的市场寿命，并根据不同阶段的特点，采取相应的市场营销组合策略，增强企业竞争力，提高企业的经济效益。

（3）产品生命周期是可以延长的。

（4）产品生命周期用以解释工业制成品的动态变化具有一定现实意义，对解释国际贸易有重要参考作用。它引导人们通过产品的生命周期，了解和掌握出口的动态变化，为正确制定对外贸易的产品战略，市场战略提供了理论依据。

（5）产品生命周期理论揭示出比较优势是不断在转移的，每一国在进行产品创新、模仿引进及扩大生产都要把握时机。而进行跨国经营，就可以利用不同阶段的有利条件，长久保持比较优势。

（6）产品生命周期理论还反映出当代国际竞争的特点，即创新能力与模仿能力是获得企业生存能力和优越地位的重要因素。

五、产品生命周期优缺点

产品生命周期理论的优点是产品生命周期（PLC）提供了一套适用的营销规划观点。它将产品分成不同的策略时期，营销人员可针对各个阶段不同的特点而采取不同的营销组合策略。此外，产品生命周期只考虑销售和时间两个变数，简单易懂。产品生命周期理论也存在一定的缺点。

（1）产品生命周期各阶段的起止点划分标准不易确认。

（2）并非所有的产品生命周期曲线都是标准的S形，还有很多特殊的产品生命周期曲线。

（3）无法确定产品生命周期曲线到底适合单一产品项目层次还是一个产品集合层次。

（4）该曲线只考虑销售和时间的关系，未涉及成本及价格等其他影响销售的变数。

（5）易造成“营销近视症”，认为产品已到衰退期而过早将仍有市场价值的好产品剔除出了产品线。

（6）产品衰退并不表示无法再生。如通过合适的改进策略，公司可能再创产品新的生命周期。

六、产品生命周期各阶段特征与策略

1. 导入期的营销战略

商品的导入期一般指新产品试制成功到进入市场试销的阶段。在商品导入期，由于消费者对商品十分陌生，企业必须通过各种促销手段把商品引入市场，力争提高商品的市场知名度；另外，导入期的生产成本和销售成本相对较高，企业在给新产品定价时不得不考虑这个因素。所以，在导入期，企业营销的重点主要集中在促销和价格方面。一般有四种可供选择的市场战略：

（1）高价快速策略。

这种策略的形式是，采取高价格的同时，配合大量的宣传推销活动，把新产品推入市场。其目的在于先声夺人，抢先占领市场，并希望在竞争还没有大量出现之前就能收回成本，获得利润。适合采用这种策略的市场环境为：

①必须有很大的潜在市场需求量；

②这种商品的品质特别高，功效又比较特殊，很少有其他商品可以替代。消费者一旦了解这种商品，常常愿意出高价购买；

③企业面临潜在的竞争对手，想快速地建立良好的品牌形象。

（2）选择渗透战略。

这种战略的特点是在采用高价格的同时，只做很少的促销努力。高价格的目的在于能够及时收回投资，获取利润；低促销的方法可以减少销售成本。这种策略主要适用于以下情况：

①商品的市场比较固定与明确；

②大部分潜在的消费者已经熟悉该产品，他们愿意出高价购买；

③商品的生产和经营必须有相当的难度和要求，普通企业无法参加竞争，或优于其他原因使潜在的竞争不迫切。

（3）低价快速策略。

这种策略的方法是在采用低价格的同时做出巨大的促销努力。其特点是可以使商品迅速进入市场，有效地限制竞争对手的出现，为企业带来巨大的市场占有率。该策略的适应性很广泛。适合该策略的市场环境是：

①商品有很大的市场容量，企业有望在大量销售的同时逐步降低成本；

②消费者对这种产品不太了解，对价格又十分敏感；

③潜在的竞争比较激烈。

（4）缓慢渗透策略。

这种策略的方法是在新产品进入市场时采取低价格，同时不做大的促销努力。低价格有助于市场快速地接受商品；低促销又能使企业减少费用开支、降低成本，以弥补低价造成的低利润或亏损。适合这种策略的市场环境是：

①商品的市场容量大；

②消费者对商品有所了解，同时对价格又十分敏感；

③该产品的价格需求弹性较大，高价格容易引起销售量急剧减少。

2. 成长期的营销策略

商品的成长期指新产品试销取得成功以后，转入成批生产和扩大市场销售额的阶段。在商品进入成长期后，会有越来越多的消费者开始接受并使用，企业的销售额直线上升、利润增加。在此情况下，竞争对手也会纷至沓来，威胁企业的市场地位。因此，在成长期，企业的营销重点应放在保持并扩大自己的市场份额与加速销售额的上升方面。另外，企业还必须注意成长速度的变化，一旦发现成长的速度由递增变为递减时，必须适时调整策略。这一阶段可以适用的具体策略有以下几种：

（1）积极筹措和集中必要的人力、物力和财力，进行基本建设或技术改造，以利于迅速增加或者扩大生产批量。

（2）改进商品的质量，增加商品的新特色，在商标、包装、款式、规格及定价方面做出改进。

（3）进一步开展市场细分，积极开拓新的市场，创造新的用户，以利于扩大销售。

（4）努力疏通并增加新的流通渠道，扩大产品的销售面。

（5）改变企业的促销重点。例如，在广告宣传上，从介绍产品转为树立形象，以利于进一步提高企业产品在社会上的声誉。

（6）充分利用价格手段。在成长期，虽然市场需求量较大，但在适当时企业可以降低价格，以增加竞争力。当然，降价可能暂时减少企业的利润，但是随着市场份额的扩大，长期利润有望增加。

3. 成熟期的营销策略

商品的成熟期指商品进入大批量生产，而在市场上处于竞争最激烈的阶段。通常这一阶段比前两个阶段持续的时间更长，大多数商品均处在该阶段，因此管理层也大多数是在处理成熟产品的问题。

在成熟期中，有的弱势产品应该放弃，以节省费用开发新产品；但同时也应注意原来的产品可能还有其发展潜力，有的产品就是由于开发了新用途或新功能而重新进入新的生命周期的。因此，企业不应该忽略或消极地防卫产品的衰退。有效的攻击是最佳的防卫，企业应系统性地考虑市场、产品及营销组合的修正策略。

（1）市场修正策略。

市场修正策略，即通过努力开发新的市场来保持和扩大自己的商品市场份额。

①通过努力寻找市场中未被开发的部分。如使非使用者转变为使用者。

②通过宣传推广，促使顾客更频繁或更多地使用，以增加现有顾客的购买量。

③通过市场细分，努力打入新的市场区划，如地理、人口及用途的细分。

④赢得竞争者的顾客。

（2）产品改良策略。

企业可以通过产品特征的改良来提高销售量。例如：

①品质改良。增加产品的功能性效果，如耐用性、可靠性、速度及口味等。

②特性改良。增加产品的新的特性，如规格大小、重量、材料质量、添加物以及附属品等。

③式样改良。增加产品美感上的需求。

（3）营销组合调整策略。

企业通过调整营销组合中的某一因素或多个因素，以刺激销售。例如：

①通过降低售价来加强竞争力；

②改变广告方式以引起消费者的兴趣；

③采用多种促销方式如大型展销与附赠礼品等；

④扩展销售渠道，改进服务方式或货款结算方式等。

4. 衰退期的营销战略

衰退期指商品逐渐老化，转入商品更新换代的时期。当商品进入衰退期，企业不能简单地一弃了之，也不应恋恋不舍，一味维持原有的生产和销售规模。企业必须研究商品在市场的真实地位，然后决定是继续经营下去，还是放弃经营。

（1）维持策略。

维持策略，即企业在目标市场、价格、销售渠道及促销等方面维持现状。由于这一阶段很多企业会现行退出市场，因此，对一些有条件的企业来说，并不一定会减少销售量和利润。使用这一策略的企业可配以商品延长寿命的策略，企业延长产品寿命周期的途径是多方面的，最主要的有以下几种：

①通过价值分析，降低产品成本，以利于进一步降低产品价格；

②通过科学研究，增加产品功能，开辟新的用途；

③加强市场调查研究，开拓新的市场，创造新的内容；

④改进产品设计，以提高产品性能、质量、包装及外观等，从而使产品寿命周期不断实现再循环。

（2）缩减策略。

缩减策略，即企业仍留在原来的目标上继续经营，但根据市场变动的情况和行业退出障碍水平在规模上做出适当的收缩。如果把所有的营销力量集中到一个或少数几个细分市场上，以加强这几个细分市场的营销力量，也可以大幅度地降低市场营销的费用，以增加当前的利润。

（3）撤退利润。

撤退利润，即企业决定放弃经营某种商品以撤出该目标市场。在撤出目标市场时，企业应主动考虑以下几个问题：

①将进入哪一个新区划，经营哪一种新产品，可以利用以前的哪些资源；

②品牌及生产设备等残余资源如何转让或者出卖；

③保留多少零件存货和服务以便在今后为过去的顾客服务。

七、市场生命周期判断的理论方法

1. 曲线判断法

曲线判断法是指做出产品销售量和利润随时间变化的曲线，然后将该曲线与典型产品市场生命曲线相比较，可以判断这种产品处于市场生命周期的哪一阶段。

2. 类比判断法

该方法是根据以往市场类似产品生命周期变化的资料来判断企业产品所处的市场生命周期阶段。如要对彩电市场进行判断，可以借助类似产品如黑白电视机的资料为依据做对比分析。因大部分旅游产品淡旺季明显，因此多采用类比法进行快速判断。

在使用大数据进行判断时，对旅游产品主关键词的热度进行分析，根据一个循环搜索引擎提供的关键词搜索热度，绘制上一循环中产品生命周期曲线图，并判断生命周期的各个阶段。将当前产品销售曲线与上一阶段的产品生命周期进行比较，目前所处生命周期的阶段（见图 4-11）。

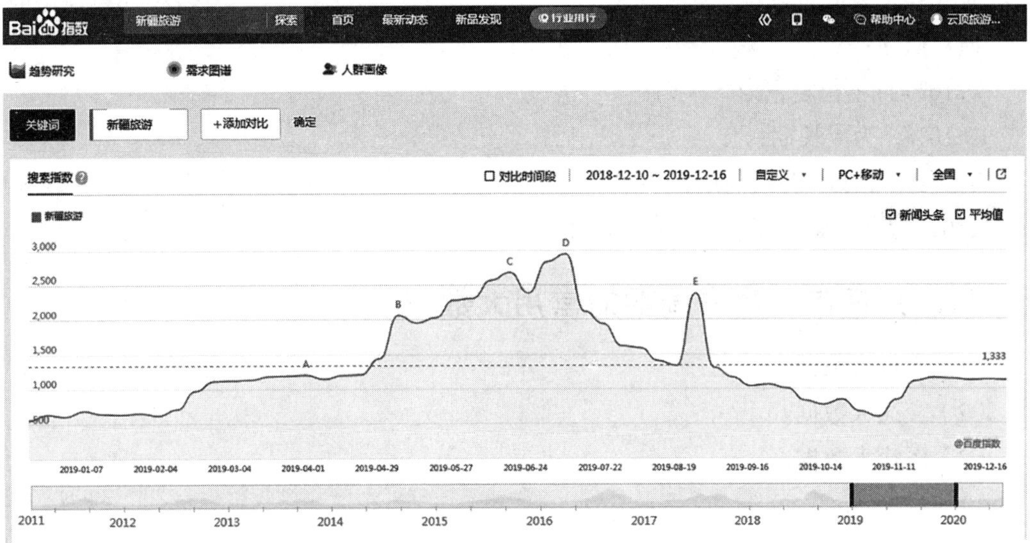

图 4-11 新疆旅游百度搜索指数

3. 经验判断法（家庭普及率推断法）

经验判断法，即根据产品在某一地区人口或家庭的平均普及率来判断该产品处于生命周期的哪个阶段。普及率越高，产品的市场潜力越小，产品的市场容量越趋于饱和。

产品普及率的计算方法主要有两种，一是用历年的销售量来计算；二是根据经验数据，产品普及率小于 5% 时为导入期；普及率在 5%~50% 时为成长期；普及率在 50%~90% 时为成熟期；普及率在 90% 以上时为衰退期。根据历年的生产量或销售量的资料来计算社会平均持有量，就可以求得普及率，计算公式如下：

$$\text{社会持有量} - \text{历年生产累计量} + \text{历年进口累计量} - \text{历年出口累计量} - \text{历年集团购买累计量}$$

$$\text{按人口平均普及率} = \frac{\text{社会持有量}}{\text{人口总数}} \times 100\%$$

$$\text{按家庭平均消费率} = \frac{\text{社会持有量}}{\text{家庭户数}} \times 100\%$$

根据经验数据，产品普及率小于 5% 时为投入期；普及率在 5%~50% 时为成长期；普及率在 50%~90% 时为成熟期；普及率在 90% 以上时为衰退期。采用此方法，需要掌握大量的统计资料，且要注意排除各种假象。

4. 销售量增长率法

销售增长率分析法是以商品的销售量增减快慢的速度，来判定与预测该商品处于生命周期哪个阶段的方法。一般而言，从相对长期趋势来观察，产品市场销售额呈直线上升时，属于成长阶段；销售额稳定且增长幅度趋于疲软时，属于成熟阶段；销售额连续下降时，属于衰退阶段。

通常认为：

$\lambda<10\%$ 且不稳定，为导入期；

$\lambda>10\%$，为成长期；

λ 在 1%~10%，为成熟期；

$\lambda<0$，为衰退期。

八、判断市场生命周期的常用大数据

（1）零售大数据。

（2）交通大数据。

（3）医疗大数据。

实训与思考

分析产品当前所处的生命周期阶段

【实训目的】

借助产品生命周期理论，可以分析判断产品处于生命周期的哪一阶段，推测产品今后发展的趋势，正确把握产品的市场寿命，采取相应的市场营销组合策略，可以增强企业竞争力，提高企业的经济效益。掌握通过大数据对产品进行分析的方法和工具是本次实训的主要目标。

【实训要求】

分别登录百度指数、360 指数和搜狗指数，判断新疆旅游目前所处产品的生命周期阶段，并根据所处阶段制定营销推广策略。

【方法与工具】

1. 方法

类比判断法

2. 工具

百度指数、360 指数和搜狗指数

【操作步骤】

1. 登录百度指数，搜索关键词“新疆旅游”；
2. 调整时间范围为一年；
3. 调整时间范围的起止点，使得生命周期曲线完整；
4. 确定上一循环生命周期各阶段的分割点；
5. 参考上一循环生命周期曲线，确定目前所处生命周期阶段。

【自我评价】

通过实训，进行自我评价，评价量表如表 4–2 所示。

表 4–2 评价量表

评价项目		评价标准
实训内容	分析产品当前所处的生命周期阶段	等级一：熟悉产品生命周期理论，能快速收集所需数据，采用多种方法相互印证，准确判断当前产品所处生命周期阶段。
		等级二：理解产品生命周期理论，能收集到判断所需数据，判断出产品所处生命周期阶段。
		等级三：能基本理解产品所处生命周期，能在指导下判断出产品所处生命周期阶段。
通用能力	逻辑分析能力	等级一：熟悉各种产品生命周期判断方法，掌握各种判断方法的差异和适用范围。
		等级二：理解各种产品生命周期判断方法，了解各种判断方法的差异和适用范围。
		等级三：了解部分产品生命周期判断方法及其差异。

【拓展练习】

根据海鳗云旅游大数据平台给出的客流数据，采用曲线判断法判断景区生命周期阶段。

第三节 营销推广及广告投放

用大数据方法，确定广告投放渠道和方案。

一、营销推广的定义

网络营销推广是以当今互联网为媒介的一种推广方式，是在网上把自己的产品或服务利用网络手段与媒介推广出去。网络营销推广使自己的企业能获得更高的利益。

二、营销推广的分类

1. 按商业活动的运作方式分类

（1）完全网络营销。完全通过网络营销方式实现和完成完整交易的行为和过程。

（2）非完全网络营销。指不能完全依靠网络营销方式实现和完成完整交易的交易行为和过程。非完全网络营销要依靠一些外部因素，如运输系统的效率等。

2. 按开展网络交易的范围分类

（1）本地网络营销。指利用本城市或本地区的信息网络实现的网络营销活动，网络交易的范围较小。本地网络营销系统是开展国内和全球网络营销的基础。

（2）远程国内网络营销。指在本国范围内进行的网络交易活动，其交易的地域范围较大。

（3）全球网络营销。指在全世界范围内进行的网络交易活动，参加网络营销的交易各方通过网络进行贸易活动。

3. 按照商务活动的内容分类

（1）间接网络营销。指有形货物的电子订货与付款等活动，它依然需要利用传统渠道（如邮政服务和商业快递车送货等）送货。

（2）直接网络营销。是指无形货物或服务的订货或付款等活动，如某些计算机软件与娱乐内容的联机订购、付款和交付，或是全球规模的信息服务。

4. 按照使用网络的类型分类

（1）基于 EDI 网络的网络营销。利用 EDI 网络进行网络交易，即按照商定的协议，将商业文件标准化和格式化，并通过计算机网络，在贸易伙伴的计算机网络系统之间进行数据交换和自动处理。

（2）基于 Internet 网络的网络营销。利用 Internet 网络进行网络交易。

（3）基于 Intranet 网络的网络营销。利用企业内部网络进行网络交易。

三、大数据带给营销推广的价值

1. 精准营销信息推送支撑

长期以来，精准营销总在被许多公司提及，但真正做到的很少。究其原因，主要是名义上的精准营销实际并不精准，因为其缺少用户特征数据支撑及详细准确的分析。相对而言，现在的 RTB 广告等应用则向我们展示了比以前更好的精准性，而其背后靠的即是大数据支撑。

2. 引导产品及营销活动投用户所好

在产品生产之前了解潜在用户的主要特征及他们对产品的期待，产品生产即可投其所好。例如，Netflix 在投拍《纸牌屋》之前通过大数据分析了解了潜在观众最喜欢的导演与演员，果然捕获了观众的心。《小时代》在预告片投放后，从微博上通过大数据分析得知其电影的主要观众群为“90后”女性。因此，后续的营销活动则主要针对这些人群展开。

3. 竞争对手监测与品牌传播

竞争对手在干什么是许多企业想了解的，可以通过大数据监测分析得知。品牌传播的有效性亦可通过大数据分析找准方向。例如，可以进行传播趋势分析、内容特征分析、互动用户分析、正负情绪分类、口碑品类分析及产品属性分布等，可以通过监测掌握竞争对手传播态势，并可参考行业标杆用户策划，根据用户声音策划内容，甚至可以评估微博矩阵运营效果。

4. 品牌危机监测及管理支持

新媒体时代，品牌危机使许多企业谈虎色变，然而大数据可以让企业提前有所洞悉。在危机爆发过程中，最需要的是跟踪危机传播趋势，识别重要参与人员，方便快速应对。大数据可以采集负面内容，及时启动危机跟踪和报警，按照人群社会属性分析，聚类事件过程中的观点，识别关键人物及传播路径，进而可以保护企业与产品的声誉，抓住源头和关键节点，快速有效地处理危机。

5.SCRM 中的客户分级管理支持

面对日新月异的新媒体，许多企业想通过对粉丝的公开内容和互动记录分析，将粉丝转化为潜在用户，激活社会化资产价值，并对潜在用户进行多维度画像分析。大数据可以分析活跃粉丝的互动内容，设定消费者画像规则，关联潜在用户与会员数据，关联潜在用户与客服数据，筛选目标群体做精准营销，进而可以使传统客户关系管理结合社会化数据，丰富用户不同维度的标签，并可动态更新消费者生命周期数据，保持信息新鲜有效。

6. 发现新市场与新趋势

基于大数据的分析与预测，对于企业家提供洞察新市场与把握经济走向都是极大的支持。例如，阿里巴巴从大量交易数据中更早地发现了国际金融危机的到来。又如，在2012年美国总统选举中，微软研究院的 David Rothschild 就曾使用大数据模型，准确预测了美国50个州和哥伦比亚特区共计51个选区中50个地区的选举结果，准确性高于98%。之后，他又通过大数据分析，对第85届奥斯卡奖项的归属进行了预测，除最佳导演外，其他各奖项全部准确预测。

四、网络营销投放渠道

1. 网络营销软件

（1）单一网络营销软件，即常说的第三代资源类营销软件，这类软件通过只针对特定的平台而具备特定的功能，像常见的论坛营销软件、博客营销软件、邮件营销软件等，这类营销软件效果有一点，但是由于功能单一，信息覆盖面不广，往往效果并不明显。

（2）多方位网络营销软件，即我们常说的第四代营销软件。将多种有效营销方式组合到一套软件中，优势结合，只需简单操作就能实现多方位的网络营销效果。这类软件信息覆盖面广，操作简单管理方便而且效果特别显著。

2. 网站广告

在网站上做 Banner 或 Flash 广告推广，是一种传统的网络推广方式。此类广告，宣传目标人群面比较广，不像搜索竞价那样能锁定潜在目标客户群。网站广告是国内众多门户网站主要赢利的网络营销方式之一。

3. 搜索竞价

搜索竞价是广泛使用的推广方式，备受中小企业青睐。通过把词义与目标客户群的距离拉得更近，搜索引擎服务商常爱向广告主吹嘘，他们是做精准营销的，但到底精确与否，最后还得靠自己去判断。搜索竞价的网络营销方法，初期的推广费用不是很高，大多企业都能买得起账，且具有一定的精准程度。这也是 Google 与百度等搜索引擎服务商赚到大把钞票的原因。

4. 电子邮件营销

电子邮件营销 EDM（Email Direct Marketing），指在用户事先许可的前提下，通过电子邮件的方式向目标用户传递价值信息的一种网络营销手段。E-mail 营销有三个基本因素，用户许可、电子邮件传递信息及信息对用户有价值。三个因素缺少一个，都不能称为有效的 E-mail 营销。电子邮件营销是利用电子邮件与受众客户进行商业交流的一种直销方式。

5. 社群营销

社群营销指在互联网数字化社群的社会环境下，充分运用互联网工具，利用群体失智与情绪化的特点，激发社群蕴藏的巨大能量，达到营销的目的。社群营销的核心是“人”，辅助因素是产品与服务。目的在于通过赋予品牌人格化的特征，努力在品牌和消费者之间形成情感连接，让消费者保持对品牌的热情，以达到传播与二次销售的目的。

6. 自媒体营销

网络营销中的自媒体主要是指具有网络性质的综合站点，其主要特点是网站内容大多由用户自愿提供（UGC），而用户与站点不存在直接的雇佣关系。

自媒体营销就是利用社会化网络、在线社区、博客、百科、短视频、微博、微信、今日头条、百度、搜狐、凤凰、UC 等平台或者其他互联网协作平台和媒体来传播和发布资讯，从而形成的营销、销售、公共关系处理和客户关系服务维护及开拓的一种方式。一般自媒体营销工具包括论坛、短视频、微博、微信、今日头条、百度、搜狐、凤凰、UC、博客、SNS 社区，内容、图片和视频通过自媒体平台或者组织媒体平台进行发布和传播。

五、网络广告的计费方式

1. CPC（Cost Per Click）按点击付费

每点击成本，以每点击一次计费。这样的方法加上点击率限制可以加强作弊的难度，网络用户的每一次点击都会为广告主带来真实的流量或是潜在的消费者。

2.CPM（Cost Per Thousand Impressions）每千次印象（展示）成本

CPM（千人成本）指的是广告投放过程中，听到或看到某广告的每一人平均分到多少广告成本。传统媒介多采用这种计价方式。在网上广告，CPM 取决于“印象”尺度，通常理解为一个人的眼睛在一段固定的时间内注视一个广告的次数。至于每 CPM 的收费究竟是多少，要根据主页的热门程度（即浏览人数）划分价格等级，采取固定费率。

3.CPA（Cost Per Action）每次行动成本

根据每个访问者对网络广告所采取的行动收费的定价模式。对于用户行动有特别的定义，包括形成一次交易、获得一个注册用户或对网络广告的一次点击等。CPA 往往被用于具有明确营销目标的定向推广（这种模式曾经很流行，现在渐渐少了，因为存在作弊行为）。CPA 计价方式指按广告投放实际效果，即按回应的有效问卷或订单计费，且不限广告投放量。CPA 计价方式对网站而言有一定的风险，但若广告投放成功，收益比 CPM 的计价方式大得多。广告主为规避广告费用风险，只有当网络用户点击旗帜广告或链接广告主网页后，才按点击次数付给广告站点费用。

4.CPR（Cost Per Response）每次回应成本

以浏览者的每一个回应计费。这种广告计费充分体现了网络广告“及时反应、直接互动与准确记录”的特点。但是，这个显然是属于辅助销售的广告模式，对于那些实际只要亮出名字就已经有一半满足的品牌广告要求，大概所有的网站都会给予拒绝，因为得到广告费的机会比 CPC 还要渺茫。

5.CPS（Commodity Promotion Solution）商品推广解决方案

基于门户级网络媒体，通过全站充分与连续的展示某商品，促使用户认知、喜好并购买的一种创新推广方式。CPS 适用于在互联网中拥有可查看及支付功能网页的商品。如 C2C 网站（淘宝、易趣、有啊及拍拍等）及 B2C 网站中的商品。

六、网络广告的投放流程

（一）网络广告投放前的准备工作

1. 明确广告投放的目的与评估方式

网络广告的互动性、创意表现力、受众定向性、反馈及时及可评估性，决定了网络媒体推广策略的灵活度，因此明确广告投放的目的，对于制定正确的推广策略显得尤其重要。制定明确的评估方式不仅可以确保投放目标的量化达成，同时可以整合资源达到资源不变前提下的效果最大化。

2. 选择合适的网络媒体

在媒体的选择上，网络不同于传统媒体，网络不仅具有媒体特性同时具有渠道、客户关系及服务等不同特性，不能单纯通过受众到达率选择，各网站所具有的技术力量、内容配合、创意表现及营销策划服务直接决定了其在整合营销中可发挥的空间（见图4-12）。

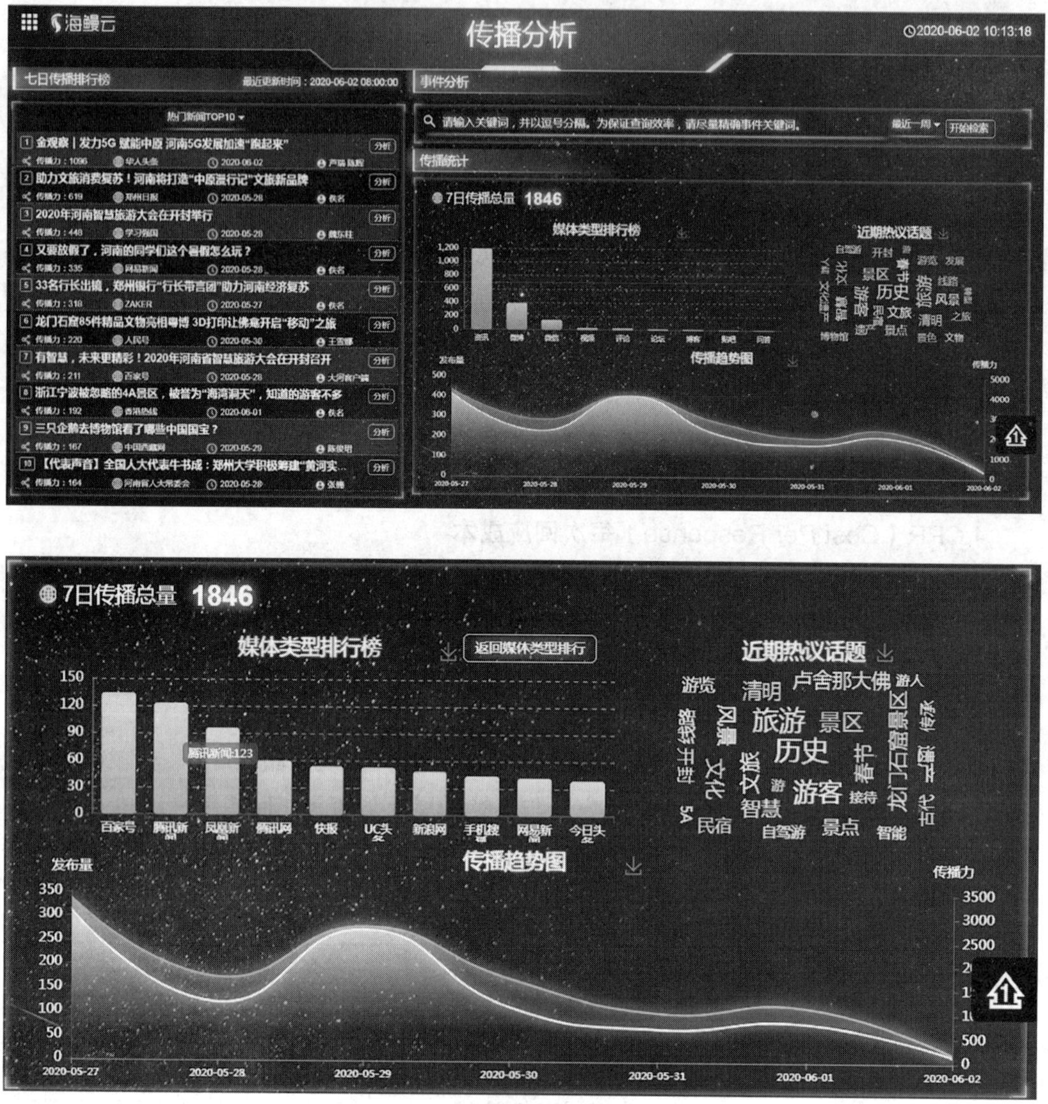

图 4-12　龙门石窟景区传播渠道分析

（图片来源：海鳗云旅游大数据平台）

3. 建立内容

网络广告能传达大容量的广告信息，实际上是指通过网络广告点击到内容 / 活动网站的容量大，所有企业新闻、品牌背景、产品介绍、促销活动及消费行为调查全部都可以在此呈现，因此在广告投放之前，必须先建立一个企业网站、活动网站或内容网站，以便用户点击后浏览。另外，在广告创意与活动网站之间建立明确的传播目的分配，使页面广告创意诉求清晰的同时也确保整体信息叙述的清晰（见图 4-13）。

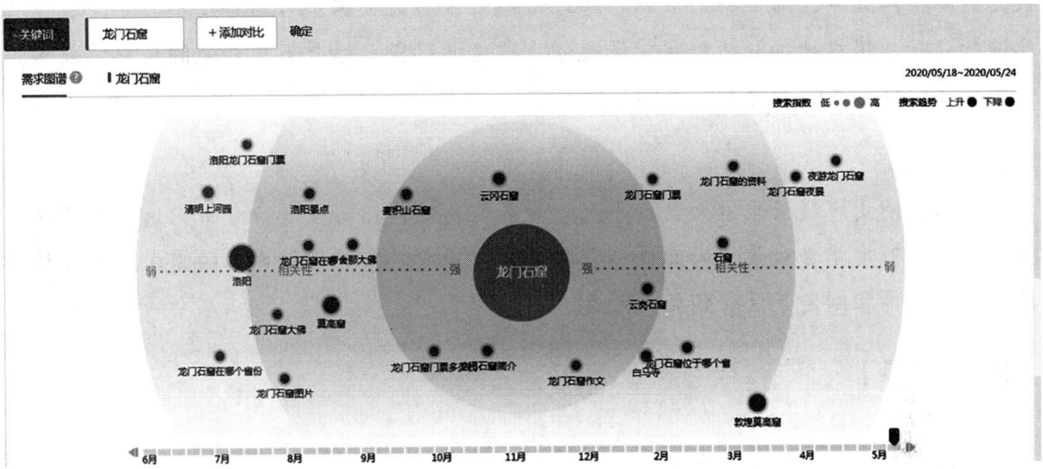

图 4-13　百度指数龙门石窟景区游客需求图谱

（二）网络广告投放过程中的注意事项

1. 预留一定的测试时间

由于网络广告技术含量高，相关环节较多，为避免广告投放中发生不应有的错误，应在广告投放前测试广告播放是否正常、广告链接是否正确、数据库是否正常运作及广告监测系统能否正常计数，保证正常投放。

2. 广告创意的更换

同一广告创意投放久了，会造成网民疲劳，点击率下降，建议两周更换一次创意。但如果是新品牌的推广，希望增强品牌记忆度，可采取同一创意、固定广告位及长期投放，培养用户的浏览习惯。

3. 必要的投放管理与优化

（1）投放前对创意进行测试，尤其是大型投放；

（2）在广告投放之初建立必要的备份方案，以保证在投放效果出现波动时进行替换与弥补；

（3）对活动网站进行详细的流量检测，客观评估不同媒介组合所贡献的曝光与受众行动的质量。

实训与思考

制定景区营销推广策略

【实训目的】

选择更有效的推广渠道、有针对性地制定推广策略及根据市场需求设计推广内容能极大提高推广效率，降低推广成本。通过海鳗云旅游大数据平台与百度指数等大数据工具进行分析，根据传播分析确定景区最佳信息传播路径，结合百度指数的用户需求构建传播内容，制定景区营销推广策略。

【实训要求】

能熟练使用海鳗云旅游大数据平台对景区信息的传播路径进行分析，选取最佳传播渠道；使用百度指数对景区游客进行需求分析，确定游客对传播内容的需求。结合传播渠道和传播内容制定景区营销推广策略。

【方法与工具】

1. 方法

传播路径分析、用户需求分析。

2. 工具

海鳗云旅游大数据平台、百度指数。

【操作步骤】

1. 登录百度指数，搜索关键词“龙门石窟”；
2. 进入需求图谱，分析用户最重要的需求和近期上升最快的需求；
3. 登录海鳗云旅游大数据平台；
4. 进入海鳗云旅游大数据平台——传播分析；
5. 分别查看新闻资讯、微博及微信等，查看主要传播路径；
6. 根据传播路径和内容需求，制定龙门石窟营销推广策略。

【自我评价】

通过实训，进行自我评价，评价量表如表 4–3 所示。

表 4-3 评价量表

评价项目		评价标准
实训内容	制订景区营销推广策略	等级一：能熟练地对景区用户的需求与景区网络信息传播路径进行分析，能选择主关键词并选择最有效的传播路径。
		等级二：掌握对景区用户的需求与景区网络信息传播路径进行分析的方法，能选择主关键词和有效传播路径。
		等级三：基本了解对景区用户的需求与景区网络信息传播路径进行分析的方法，能在指导下选择主关键词和有效传播路径。
通用能力	逻辑分析能力	等级一：熟悉景区用户信息需求与景区信息传播渠道匹配的关系，能合理设计营销方法和投放渠道。
		等级二：理解景区用户信息需求与景区信息传播渠道匹配的关系，具备设计营销方法和投放渠道选择的基本能力。
		等级三：了解景区用户信息需求与景区信息传播渠道匹配的关系，具备一定的设计营销方法和投放渠道选择的基本能力。

【拓展练习】

根据海鳗云旅游大数据平台给出的数据，分析不同传播渠道对景区营销推广的影响程度。

第四节 营销效果评估

用大数据方法评估营销推广效果，并制订调整方案。

一、营销效果评估

网络营销推广是随着网络经济的发展兴起的，网络经济则是在消费市场向买方市场转变的情况下，伴随着网络技术的发展而兴起并得到发展的。与传统营销有所不同，网络营销基于互联网环境，搜索并定位目标客户，客户是整个网络销售的核心。因此，如何尽可能地满足客户需求是网络营销成功与否的关键。因此，网络营销推广与传统营销的不同主要表现在两个方面：

（1）市场主体地位发生了变化，由传统的产品主导转变为网络客户主导，客户在网络营销中的地位和作用占据了主动。因此，需要积极地响应并及时地满足客户需求。

（2）网络营销的手段更为丰富，网络营销数据收集成本大大降低，营销效果评估更容易实现。

在营销活动结束后，广告主能通过第三方的广告监测系统，看到营销活动效果的相关数据，包括展现量（Impression）、点击量（Clicks）、点击率（Click Rate）等，如果有建数据库，还有收集到的详细的用户信息。通过这些数字，用营销活动费用，能精确计算出此次营销活动的 CPM、CPC 及 CPA。网络广告的可评估性通常指就是这些指标。

营销活动效果的评估对任何一种媒体而言，都是很复杂的问题，对营销活动效果评估，如果单纯地从现量、点击量及点击率这些指标来衡量，就显得有些片面了。用户的点击冲动与很多因素有关，创意表现的新颖、内容的煽动性、对产品的兴趣、活动的奖品及产品代言人等都影响着 Click 的数量。

随着网络广告新技术的开发，对品牌传播的可评估性已展开研究。利用 Cookie（对营销活动到达点进行记录）收集网友名单，在营销活动结束后，分实验组和对照组，对“看过”营销活动和“没看过”广告的人群分别展开问卷调查，可以发现广告对品牌的提升度。

二、网络推广效果指标体系

网络推广效果的评价最终需要相关的体系来完成，通常而言，这一体系包含三方面的具体内容：

1. 网络推广效果指标相关指标的确定

从目前的网络数据端口来看，网络推广效果的评估指标包括以下 5 个方面：

（1）推广的投入成本，包括人员、物料、服务器及平台服务费等各方面；

（2）客流量数据，即网络中客户访问公司产品的流量数据（见图 4–14）；

（3）交易达成次数，即客户与公司在网络平台完成交易的次数；

（4）客单价，即客户每一单消费的价格；

（5）交易额，即网络推广期间的交易总量。

当然，网络推广效果指标也可以引入定性指标，通过对定性指标进行等级区分，获得网络推广效果的其他方面反映，以获得更为全面的推广效果数据。

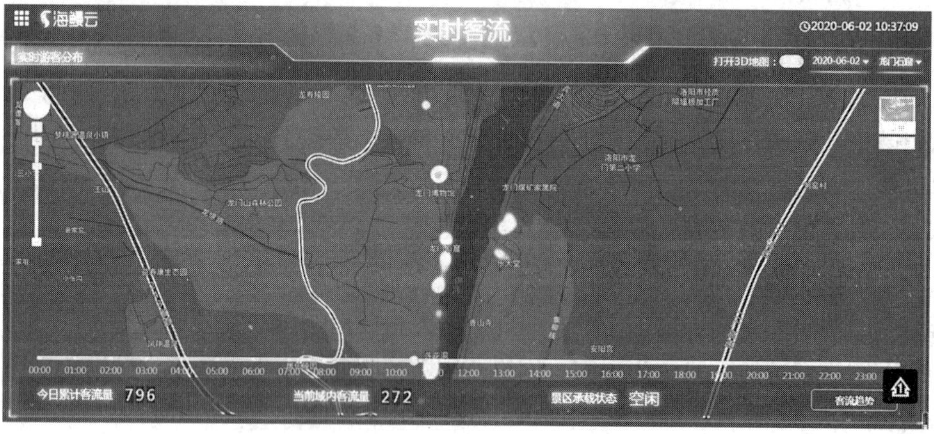

图 4–14　龙门石窟景区实时客流

（图片来源：海鳗云旅游大数据平台）

2. 网络推广指标数据收集与统计

在确定了相关的指标数据之后，需要对相关数据进行收集并加以统计，收集的方式与途径较为简单，大多数网络平台与系统软件都可以实现，但需要确保端口数据的准确性。在数据的收集中，除了端口要明确外，数据产生的时间节点和数据收集的统一性与一致性也要特别注意，避免数据失真；对于数据统计而言，网络数据的运算逻辑较为简单，通常进行简单的数学运算即可完成，对于相对复杂的客单价，也只需简单的运算。相对而言，因单位或端口不一致，数据转化是数据统计需要关注的重点。因此，在数据量较大的情况下，建议设置数据专员进行数据的收集与统计工作。

3. 网络推广数据分析

网络推广数据的分析主要采取两个方法：

（1）计算目标达成率和数据对比。目标达成率即将收集及统计的数据进行计数或求和，与设定的目标进行对比，看是否完成预期目标；对完成的指标进行分析并总结经验，在日后的推广中继续保持。而对于未完成的预期目标，分析相关的原因，逐步细化到各个数据点中，找到真实产生的原因。

（2）数据对比则比较简单，通过收集与统计到的数据，与同期、上期及未进行网络推广时的数据进行对比，找出差异点，并对差异原因进行分析，最终得到网络推广的效果评估结果。

三、营销效果评估的方法

1. 单一指标法

单一指标评估法，指当广告主明确广告的目标后，采取适当的单个指标来对网络广告效果进行评估的方法。当广告主所追求的广告目的是提升和强化品牌形象时，只需要选择那些与此相关的指标，如浏览量、访问量及停留时间等指标来衡量；当广告主所追求的广告目的是追求实际收入时，只需要选取转化次数与转化率、广告收入及广告支出（成本）等相关指标进行评估。

2. 综合指标法

综合指标评估法指在对广告效果进行评估时所使用的不是简单的某个指标，而是利用一定的方法，在考虑几个指标的基础上对网络广告效果进行综合衡量的方法。下面介绍两种综合指标评估方法，其评估结果从不同方面反映了网络广告的效果。

（1）传播效能评估法。传播效能指随着网络广告的刊登，其广告宣传对象的信息也在不断传播，从而产生了对品牌形象和产品销售潜力的影响，这种影响侧重于长期综合的效果。而传播效能评估法就是对网络广告刊登后的一段时间内，网络广告产生效果的不同层面赋予权重，以判断不同广告产生效果之间的差异。这种方法实际上是对不同广告形式、不同投放媒体或不同刊登周期等情况下的广告效果比较，而不仅仅反映某次广告刊登所产生的效果。

（2）耦合转化贡献率评估法。耦合转化贡献率法指广告主在以往网络广告的经验基础之上，会产生一个购买次数与点击次数之间的经验比例数值，根据这个比例即可估算广告在网站刊登时，一定的点击次数可产生的购买转化次数，而该网站上广告的最终转化次数可能与这个估计值并不完全吻合，由此产生了实际转化次数相对于预期转化次数的变化率，我们称之为该网络广告与该网站的耦合转化贡献率。

四、营销效果评估的意义

1. 完善广告计划

通过网络广告效果的评估，可以检验原来预定的广告目标是否正确、网络广告形式是否运用得当、广告发布时间和网站的选择是否合适及广告费用的投入是否经济合理等。从而可以提高制订网络广告活动计划的水平，争取更好的广告效益。

2. 提高广告水平

通过收集消费者对广告的接受程度，能够鉴定广告主题是否突出、广告诉求是否针对消费者的心理、广告创意是否吸引人或是否能起到良好的效果，从而可以改进广告设计，制作出更好的广告作品。

3. 促进广告业务

由于网络广告效果评估能客观地反映广告所取得的效益，可以增强广告主的信心，使广告企业更精心地安排广告预算，而广告公司也容易争取广告客户，从而促进广告业务的发展。

五、营销效果评估的常用指标

网络广告效果的评估指标有以下几种，广告主、网络广告代理商和服务商可结合自身广告效果评估的要求，运用这些指标进行效果综合评估。

1. 点击率

点击率指网上广告被点击的次数与被显示次数之比。它一直都是网络广告最直接与最有说服力的评估指标之一。点击行为表示那些准备购买产品的消费者对产品感兴趣的程度，因为点击广告者很可能是那些受广告影响而形成购买决策的客户，或是对广告中的产品或服务感兴趣的潜在客户，即高潜在价值的客户。如果准确识别出这些客户，并针对他们进行有效的定向广告和推广活动，可以对业务开展有很大的帮助。

2. 二跳率

二跳量与到达量的比值称为广告的二跳率，该值初步反映广告带来的流量是否有效，同时也能反映出广告页面的哪些内容是购买者所感兴趣的，进而根据购买者的访问路径优化广告页面，提高转化率和线上交易额，大大提升了网络广告投放的精准度，并为下一次的广告投放提供指导。

3. 业绩增长率

对一部分直销型电子商务网站，评估它们所发布的网络广告最直观的指标就是网上销售额的增长情况，因为网站服务器端的跟踪程序可以判断买主是从哪个网站链接而来、购买了什么产品及多少产品等情况，从而对广告的效果有了最直接的体会和评估。

4. 回复率

网络广告发布期间及之后一段时间内客户表单提交量，公司电子邮件数量的增长率，收到询问产品情况或索要资料的电话、信件及传真等的增长情况等。回复率可作为辅助性指标评估网络广告的效果，但需注意它应该是由于看到网络广告而产生的回复。

5. 转化率

“转化”被定义为受网络广告影响而形成的购买、注册或信息需求。有时，尽管顾客没有点击广告，但仍会受到网络广告的影响而在其后购买商品。

六、网络推广效果评估流程

第一步，确定商业目的。

请思考这个问题：“从流量获取、用户行为及预期产出的角度思考一下为什么会有这个网站或这次营销活动？”

这个问题不好回答，你可能得要思考好一阵子。思考结束后你可能会得到类似如图4-15所示的内容：

图 4-15　确定商业目的

确定商业目的需要多次讨论，并深入地沟通，以确定该网站或营销活动存在的原因。在我们的例子中，我们确定了三个目的，提升知名度、产生转换及加强事件参与。需要注意的是，Business Objective 需要符合 DUMB 原则，你设置的目的应该是：

（1）可行的（Doable）；

（2）易于理解的（Understandable）；

（3）可管理的（Manageable）；

（4）利益相关的（Beneficial）。

如果目的过于空泛，你将不清楚要做些什么。如果目的毫无说服力，则激发不了任何人。我们必须设置明确的、可执行的及能为公司创造价值的短期或长期目的或目标。

第二步，确定每个目的的目标。

在这一步中，我们将确定网站或营销活动的目标，在定目标时需要使用批判性思维，从管理、市场营销及分析师的角度进行考虑。与利益相关人员讨论了流量获取及用户行为的问题后，我们可以得到以下模型（见图 4-16）：

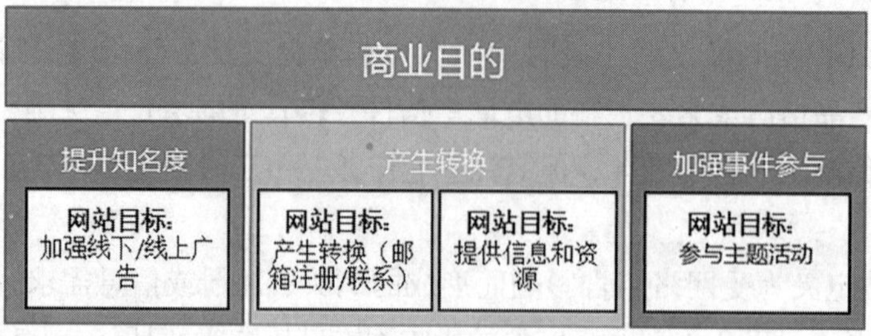

图 4-16　商业目的模型

要实现“增加知名度”，在这个案例中，该网站需要有相关的流量获取策略以支持所有线下的营销推广工作。

“产生转换”的目的下边包含了双重目标，一是提供各种信息帮助潜在的购房者做购买决定，二是收集用户的邮箱注册信息及用户实地了解参观样板房的申请。

最后，“加强事件参与度”是为有意置业（我们网站的访问者）的潜在购买者而设，可开展一些活动与用户产生互动，吸引他们回访网站，或通过他们提高房产的口碑从而影响其他用户的转化。

这些目标提供了清晰的信息，但它们也包含了大量的营销人员和分析师需要完成的具体工作项。

第三步，确定关键绩效指标（KPI）。

关键绩效指标（KPI，Key Performance Indicator）是通过对组织内部流程的输入端与输出端的关键参数进行设置、取样、计算及分析，衡量流程绩效的一种目标式量化管理指标，是把企业的战略目标分解为可操作的工作目标的工具，是企业绩效管理的基础。KPI 可以是部门主管明确部门的主要责任，并以此为基础，明确部门人员的业绩衡量指标。建立明确的切实可行的 KPI 体系，是做好绩效管理的关键。关键绩效指标是用于衡量工作人员工作绩效表现的量化指标，是绩效计划的重要组成部分。

KPI 本质上就是度量，计数度量和复合度量都可以，这些度量可以直接反映商业目标对应的 Goal 的实现情况。为每一个目标找到最相关的 KPI。模型看起来将如图 4-17 所示：

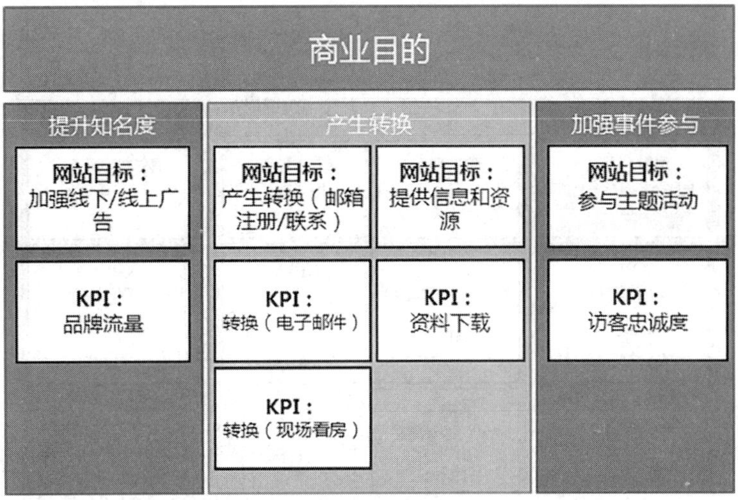

图 4-17　商业目的 KPI 模型

第四步，确定指标。

很多事件营销活动纯粹是为了做活动而做活动，一般提到的活动目标是带来流量或是提升销售，但要带来多少流量或要提升多少销售并没有说明，缺少了量化的指标。从许多方面来说，这一步绝对是至关重要的。指标 Target 是一个用于衡量预设的指标达成与否的具体数值。

为什么需要指标？抖音上有一个很棒的视频，观看次数达 120 万。这好还是不好？你如何确认它好还是不好？按一般情况来说，这是一个很大的成就，但如果这个视频的投入是好几十万元，你期望的播放量是一千万次以上，这个效果就得重新进行评估。这就是为什么你需要设置指标 Target 的原因。

如果活动预期一个月获得 500 万次访问与预期获得 50 万次访问，执行的活动方案是否会有什么不同？或者如果期望此次活动能带来 10 万元的销售，是否会考虑使用邮件营销（E-mail Direct Marketing）增加活动的订单转换率？这也是为什么需要指标标签的一个原因。

指标（Target）的制定可以参考历史业绩的数据，或由其他的相关数据推算而来。如一个小时之久的无聊视频一周可以得到 3 万次的观看次数，那在推广得力的情况下，一个两分钟的强力视频一周内是否会获得 120 万次观看？

与相关的负责人（如客户、管理及财务部门相关人员）沟通，确定每个 KPI 的指标（见图 4-18）。

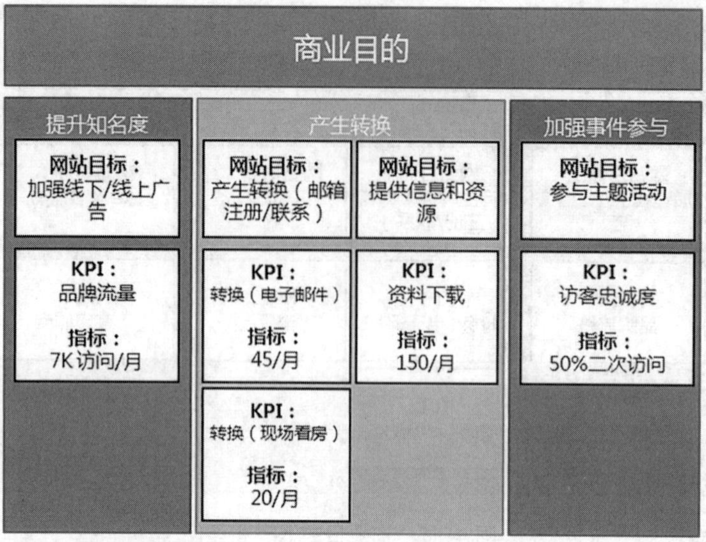

图 4-18　商业目的 KPI 指标模型

第五步，为分析确定有价值的细分群组。

细分是根据用户访问的来源、在线行为及产出的维度作的访问分类。或是说细分就是对某一个维度进行的进一步细分。

当你登录到 Google Analytics 或任何其他分析工具，确认每一个目标中应专注的最重要的细分群组，确认流量的来源、访客的类型、访客的属性及访客的行为、最受关注的业务成果及网站上哪种类型的客户可能会达成购买（见图 4-19）。

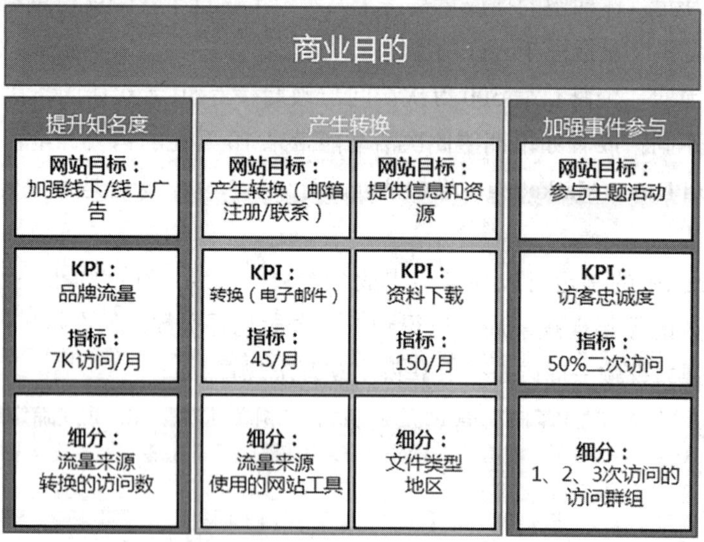

图 4-19　商业目的细分群组模型

什么样的访客群体对我们来说是很重要？我们期望的访问者行为有哪些？销售主要

集中于哪一个来源？我们是在试图吸引哪些访客？回答更多类似问题以更好地获得最佳的细分群组。

实训与思考

制订景区营销推广效果评估方案

【实训目的】

营销推广能快速提升景区品牌价值与提高景区客流量。实际工作中旅游企业营销推广费用巨大，但缺乏有效的效果评估机制。完善景区推广效果评估手段与构建营销推广效果评估体系能有效指导旅游企业更为高效地开展营销推广工作。

【实训要求】

根据实际情况确定营销目标、制定 KPI 体系及选择合适的考核指标，构建营销效果评估体系，并结合海鳗云旅游大数据平台、百度指数及推广平台后台数据进行效果评估。

【方法与工具】

1. 方法

综合指标法。

2. 工具

海鳗云旅游大数据平台、百度指数。

【操作步骤】

1. 确定“龙门石窟”目前所处的生命周期阶段；
2. 根据目前所处生命周期阶段确定营销推广策略；
3. 结合营销推广策略确定营销商业目标；
4. 对商业目标进行分解并制订 KPI 体系；
5. 根据 KPI 确定所需的评价指标；
6. 确定评价指标的数据来源；

【自我评价】

通过实训，进行自我评价，评价量表如表 4-4 所示。

表 4-4　评价量表

评价项目		评价标准
实训内容	制订景区营销推广策略	等级一：能独立完成旅游营销 KPI 体系的构建，并能深入理解各常用考核指标的含义和数据来源。
		等级二：能完成旅游营销 KPI 体系的构建，并能基本理解各常用考核指标的含义和数据来源。
		等级三：能在指导下基本完成旅游营销 KPI 体系的构建，并能了解各常用考核指标的含义和数据来源。
通用能力	逻辑分析能力	等级一：能根据旅游企业的情况判断获取的数据，并能根据收集到的数据构建考核体系。
		等级二：能基本了解旅游企业的数据来源和特点，并能根据收集到的数据构建考核体系框架。
		等级三：能基本了解旅游企业的数据来源和特点，并能根据收集到的数据构建考核思路。

【拓展练习】

耦合转化贡献率评估法的操作流程。

第五章

基于大数据的旅游行政监管

【学习目标】

- 了解旅游行政监管的基本概念与特点
- 了解旅游行政监管常用的大数据来源与使用方法
- 熟练使用行政监管涉及的大数据工具
- 了解旅游行政监管工作中大数据应用的主要场景

第一节　认识旅游行政监管

一、什么是行政监管

（一）行政监管的概念

行政监管是以保护公共利益或某群体的利益、维护公共事业秩序与稳定、矫正市场机制的不合理为目的，由法律法规授权的国家机关对公共事业和市场经济主体的活动进行干预的政府行为。行政监管是在公开、公平及公正原则下，通过督查、检查、抽查、巡查及审核审计等方法，从实体和程序两方面对进入行业的主体和事件进行监督管理，以保证区域或行业管理目标得以实现。

监管这个词的词源来自英语“Regulation”，翻译成汉语主要有“管制、规制、监管”三种，经济学家侧重于使用管制这个词，而各学界对翻译后的词语也有不同的理解。法学界对使用哪个词语仍有种种争议，根据现有文献资料的研究，认为现在学界更加倾向于使用“监管”这个词语，因为“管制”这个词过于生硬，这个词义中有限制与压制的含义，政府在干预市场的过程中需要与市场保持一定的距离，用“管制”的含义表现出政府作为“有形的手”伸得过长；“规制”这个词范围过于狭隘，词义表示用规范制度来管理，但是政府与市场之间并不是只有规范制度就足矣，还需要使用各种行政行为来进行管理；而“监管”既能体现出政府与市场的关系，同时也较为全面地表示出推动行业发展的基本立意。

实施行政监管的前提之一是市场失灵，这里的市场失灵是指只依靠市场的调节无法解决市场无序与混乱的问题或在一段时间内市场中出现持续有损公共利益或某一群体（如生产者、销售者及消费者）的利益并无减弱或消失迹象的情况。一般而言，市场失灵表现为过度竞争、自然垄断、外部不经济性及信息不对称等。另一个能够实施行政监管的前提是公共事业的秩序性和稳定性被破坏或公共利益被损害，如某些弱势群体的权利受到侵害、环境保护问题及公共安全等涉及公众权利和利益的问题。

（二）行政监管的范畴

1. 行政监管的基本范畴

行业监管作为行政机关所行使的一种公权力，是政府规范市场交易行为的重要途径，具体涵盖经济性监管和社会性监管两方面的内容。

（1）经济性监管采取颁发许可证或授予特许经营权等方式，侧重监管产品服务质量、数量、价格、市场准入及退出等行为，有效保障消费者公平使用产品和服务，提高资源配置效率。

（2）社会性监管通过制定相应标准，为衡量产品和服务质量好坏及系列关联活动提供规则，侧重对某些特定行为的限制和禁止，使劳动者及消费者的卫生、健康及安全等得到有效保障，避免灾害发生，科学保护环境。

2. 行政监管的手段范畴

行政监管的手段是行政机关为了达到监管的目的所采用的方法，与政府行政职能有着密切的关系，政府的行政职能决定了采用何种手段来监管市场。如我国在计划经济时代，对生产、资源管理及消费等各个环节都有严格的规划和监管，完全按照政府计划来管制市场。如今进入市场经济时代，政府的职能应当转变为服务型政府，这时采用的监管手段就要在一定的限制之内，同时由于采用的监管手段会对行政相对人的权利有所影响，就更加需要明确监管在什么范畴是合理的，既能保证监管目的的实现，也能保证行政相对人的利益。

施瓦茨将行政机关的监管权主要分为三类：“一是许可权，这是政府控制某些主体从事特定经济活动的门票；二是定价权，监管机关有权确定它管辖范畴内的公司所应收取的价格；三是对经济活动的管理权，监管机关有权批准和限制营业经济活动主体的经营方式。”

根据行政监管权的分类，我国传统监管手段包括行政立法、行政指导、行政决策、行政许可、行政处罚及行政裁决等。由于这些传统手段在实践中也产生了弊端，学界也提出行政监管创新型的监管手段，如特许投标、行政合同及信息披露等。

但是衡量这些监管手段是否是合适的，是否是超过限度的，必须要确定它在实行过程中是否符合比例原则，不是形式上的符合，而应当是实质上的符合。那么判断是否符合比例原则需要满足三个标准：

（1）适合性。采用行政监管的手段有助于目的达成，并且时间范畴都是最合适的。

（2）必要性。只有选择这个手段才能达成行政监管目的，并且对行政对象的影响最小。

（3）符合狭义比例原则。不但要适合和必要，行政监管手段的使用不能使得所保护的利益超过损失的利益。

3. 行政监管的限度范畴

虽然存在市场失灵的情况，但是行政监管也不是无限度地对市场干涉。适度的行政监管是非常重要的，如果监管不足，无法改善市场失灵的情况，可能使得违法行为更加猖獗，严重者会使市场崩溃；如果超过必要的限度，则使得监管成本过高，同时扼杀市场的活力，从而市场经济被束缚，失去监管的有效性。所以适当的监管限度实际上是根据经济的具体变化来分析的，监管的限度也应当随着市场的情况而改变。

那么要保证行政监管在适当的限度范畴内，要遵循两个基本标准：

（1）做到合法监管。当前政府不再是政府的政府，而应当是人民的政府，政府应当转变自身定位，以服务型政府认知来执行行政策略。在监管的过程中要始终以法律为准绳，不可滥用职权，超越权限获取利益。一定要将政府的权力关在法律的笼子里。所以在具体执行中，法律中应当给予行政监管具体的标准，如对于市场准入和退出的监管、垄断的监管及不正当竞争的监管等，都需要规定具体的执行程序和标准。

（2）做到合理监管。在监管的过程中，行政机关应当做到行政行为符合法律的目的，考虑相关因素，有合理的动机。在行政监管中应当有适当的行为，对于自由裁量权的使用不仅要合法，更应该合理。由于在政府对市场的监管中，法律并未规定应当以何种限度执行行政策略。如果政府行政监管超越权限，对于正常的市场竞争和价格波动政府也插手去管，就影响了市场的正常调节作用，反而会起到负面作用，所以遵循行政合理原则尤为重要，监管的行政行为内容要客观、适度及合乎理性。

4. 行政监管的时间范畴

从时间范畴来看，对于市场的行政监管分为事前的“预防性”监管和事后的“处置性”监管。

（1）事前监管，行政监管的第一道关口。其主要作用是从源头上防止市场的破坏，规范和引导市场秩序，保护公民权益。事前监管包括市场准入和退出制度、市场调控及制定市场主体的行业行为规范。事前监管具有三个特点：预防性、普遍性和成本低。

（2）事后监管，行政监管有效性的重要保障。具体方式是进行具体监督、违法行为查处和法律制裁、行为矫治和违法处罚及市场退出机制。事后监管的特点是针对性、惩罚性和威慑力。

（三）行政监管的体系

行政监管体系的基本框架大致包括四个子系统，即法律规范系统、执法监管系统、科技支撑系统及服务保障系统。

1. 法律规范子系统

法律规范系统是行业监管的前提和保障。行业监管应以法律法规、行业规章制度和相关技术标准为依托，监管机构也需要法律授权方可开展监管活动。没有完备的法律规范系统就不可能有完善的监管体系。行业监管的法律规范系统应与我国基本法（如行政许可法、环境保护法及固废防治法）及部门规章与标准规范（如生活垃圾管理办法与垃圾处理技术标准）相一致。

2. 执法监管子系统

执法监管系统是行业监管的核心。职责健全和专业设置得当的执法监管机构、高素质和专业化的执法监管队伍及完善和高效的执法监管机制是行业监管到位的基本保证。分工协同与专业监管是执法监管的核心。

3. 科技支撑子系统

科技支撑系统为行业监管提供政策和技术支撑，包括监管政策研究机构、监管设施研发机构、信息管理与信息公开机构、业务培训机构及其相关机制。

4. 服务保障子系统

服务保障系统为行政监管的其他系统提供制度支持和服务保障，并协调处置突发和应急事件。服务保障系统是基础的响应体系，是行政监管的基础支撑平台。

二、什么是旅游行政监管

（一）旅游行政监管概述

1. 旅游行政监管的内容

世界旅游组织推荐的旅游定义为，旅游是人们为了特定的目的而离开他们通常的环境，前往某些地方并作短暂停留（不超过一年）的活动，其主要目的不是从访问地获得任何经济收益。依据这样的旅游定义，其游客行为过程的承载非常广泛，所对应的行政监管也非常庞杂。

“旅游行政监管”的内涵可以概括为旅游、工商、公安、质监、交通、价格及卫生等多个政府职能部门在旅游经营者为旅游者提供旅游产品交易及服务过程中，对所发生的经济行为及经济关系进行的相关约束与限制等系列干预活动。具体包括以下几方面的内容：

（1）市场监管主体及其监管权限和责任明确，提供标准化与规范化的监管程序；

（2）监管行为所依据的法律法规明确具体，保障监管权在法律授权的范围内行使；

（3）监管目标明确，确保监管范围界限清晰，监管标准具体可行，监管程序规范合理；

（4）监管行为必须遵循公平、公正、公开及透明的原则；

（5）确立明确的监管反馈及责任追诉等相关监管机制。

政府对旅游市场若想实施行之有效的行政监管，归结起来可以采取两种途径：其一，从环境保护与合法权益维护等社会治理目标出发，进行社会性监管；其二，从竞争性行为、环境污染及市场准入退出壁垒等市场失灵的原因分析出发，进行经济性监管。

2. 旅游行政监管的特征

旅游行政监管因其监管对象的特殊性，所以有其典型的特征：

（1）旅游行政监管对象和监管主体具备广泛性特征。

旅游业是一个长链条多维度的综合服务体系，包含食、住、行、游、购、娱的方方面面。这样就构成了广泛的监管对象，餐厅、酒店民宿、公路、铁路、民航、景区、博物馆、商场商圈及娱乐场所等。相应地，旅游的监管主体同样广泛。2014 年 9 月 15 日国务院成立旅游工作部际联席会议，由旅游局、中央宣传部、外交部、发展改革委、教育部、公安部、财政部、国土资源部、环境保护部、住房城乡建设部、交通运输部、农业部、商务部、文化部、卫生计生委、工商总局、质检总局、新闻出版广电总局、安全监管总局、食品药品监管总局、统计局、林业局、气象局、铁路局、民航局、文物局、中医药局及扶贫办共 28 个部门组成，旅游局为牵头单位。

（2）旅游行政监管具备较强的公共事业属性。

旅游涉及面非常广泛，直接面向的是交通枢纽、道路/航线及公园等公共基础设施。间接面向的是商业业态运行所需的土地、水电、卫生及公共安全等间接公共基础设施。这些因素都会影响到旅游业的发展，是食、住、行、游、购、娱六大要素的基础支撑，每个方面都影响公民旅游权利的实现。尽管住宿、乘车及餐饮提供服务的主体都不是政府，但是，道路、公园和某些景区建设、机场及火车站等站点还有重点旅游景区的建设与公厕的建设，几乎都是由政府投资提供的。从旅游行业主管部门组织实现的角度，旅游公共服务分为三个层面：一是基础性旅游公共服务，可分为旅游公共信息平台的建设、基础性旅游交通设施的建设、旅游生态建设与保护；二是市场性旅游公共服务，包括旅游地区公共资源及服务设施的管理和开发、旅游交流及旅游业务的合作与宣传；三是管控性旅游公共服务，包括必要的市场准入制度及旅游行业资格证复核与年审等，旅游行政管理部门有权依据有关法规，对违反法律法规的经营行为进行行政处罚。

（3）旅游行政监管涉及自然和文化环境保护等公共利益。

旅游业以观光和体验为核心，离不开自然和文化环境。无论是人文景观还是自然景观，或是文化环境，要保证良好的旅游质量，必须保护旅游地环境，而环境的保护是市场竞争中常常被“刻意”忽略的问题，但是却没有哪个其他行业像旅游一样与环境有着如此生死与共的关系，所以旅游行政监管必须重视环境问题。各级旅游行政监管部门对于旅游不文明行为都采取零容忍的态度。

（二）旅游行政监管的必要性

1. 解决市场失灵问题

旅游业市场失灵现象的存在，需要政府介入。虽然我国旅游业近年来蓬勃发展，但是诸多问题也日益凸显。如旅游环境的恶化、旅行社强制购物、旅行社欺诈行为、旅游区价格过高、不合理低价游及旅游公共设施建设维护问题。这些都是旅游市场失灵的典型表现，旅游市场无法消解自身问题，需要政府进行干预，维持最佳的市场状态，保护公民的合法权利。

2. 推进市场发展

旅游业的长足发展，需要政府的监管。世界经济全球化发展，旅游业也早已突破行政与地理的界限，旅游商业组织积极在全球范围内开展旅游商业活动。对旅游目的地来讲，规模化的投资和落地，只靠个人或企业难以支撑如此大的局面，政府出台鼓励本国旅游业的政策和行政指导，协助投资企业厘清方向并攻克难关，同时注重对外营销宣传是政府的基本策略。

3. 维护公共利益

旅游业带有部分公共事业属性，关涉着公众的利益。旅游业牵涉范围的广泛，与公众的利益密不可分，不仅在于公众娱乐旅游权利的实现，同时还关系到公众对于公共产品的享用。公共产品是指产品或服务的部分或全部是以公共投资与提供方式产生的，主要是指出资方面，即由政府投资来生产公共产品。公共产品被分为两类，一类是纯公共产品，另一类是准公共产品。公共产品最大的特点为非竞争性和非排他性。旅游业中的交通，除私人投资部分是私人产品，政府投资建设的大众交通，是交通基础设施，这部分属于公共产品。景区景点一般分为三种类型：一是公共产品型，完全由政府拨款建设、管理和运营的国家博物馆等，属于纯公共产品；二是完全由社会或者个人资本投资建设与按市场经济方式经营的，如主题公园这样的休闲游乐场，属于纯私人产品；三是以由政府拨款建设与运行管理的国有景点，是以历史文化资源或当地自然风景为基础开发与经营的景点，由于多数景区改革开放后加入了各类社会资本，尽管它的资源属于公共性质，但其建设、经营和保护不可避免地受市场经济某些因素的制约，属于准公共产品。同时，对于这种性质景区，其门票价格应按法定程序制定与调整，调整的原则要坚持政府指导与监控，以社会总体经济水平为基础，同时考虑市场环境和社会可承受情况。另外，由政府来提供旅游信息的网站，具有绝对的非排他性与非竞争性，属于纯公共产品。

这些关涉公众利益的公共产品，在市场失灵的情况下，会使公众利益受到损害，故政府行政监管是必要的。

4. 避免造成垄断

如果任由市场经济主导，而政府不加干涉，容易形成垄断。如果国家不参与旅游市场，那么国家旅游业的推广和促销会被一些私营部门所承揽，那么经济实力强，资本富足的企业就可以采取倾注资金与左右行业规范等方式来得到有利于自身发展的行业环境，这样就不可能实现同行业各企业利益均沾的目标，就会产生旅游行业巨头，产生某企业垄断旅游行业的情形。

（三）旅游行政监管模式

1. 政府监管模式

各级旅游主管部门和各级工商管理部门作为我国重要的政府职能部门，拥有重要的旅游市场行政监管权，其在旅游市场监管中主要负责旅游市场监督管理和旅游市场行政执法，依法监督管理我国境内从事旅游相关经营活动的单位与个人，对各类旅游市场主体的旅游经营活动和旅游产品价格等进行规范，依法严厉查处和打击无照经营、假冒伪劣、不正当竞争及欺诈等违反旅游市场管理秩序的违法行为，同时对旅游消费者维权、咨询、申诉、举报及受理等工作进行有序开展，以使旅游经营者与旅游消费者在旅游活动中合法权益得到应有的保护。在现实生活中，由于旅游市场面临的新情况新问题层出不穷，给各地的旅游行政主管部门的监管工作带来了严峻挑战，如何营造一个规范、有序及健康的旅游市场发展环境，对旅游市场中的违法违规行为进行彻底的遏制，把问题控制在源头上，使国内外旅游消费者的合法权益得到最大限度的保护，任务既繁重又艰巨。

2. 联合监管模式

联合监管模式指相关政府部门对旅游市场进行联合监管，改变以往由单一的旅游市场管理部门进行监管的旅游管理体制。由于旅游业具有带动性、关联性、依托性及辐射性等独特的行业特点，是一项综合性产业，旅游服务内容广泛，因此在对旅游市场进行监管时，也会涉及多个政府行政管理部门，需要旅游、工商、质监、交通、卫生、公安及物价等多个政府部门进行沟通协调，实施对旅游市场的联合监管，才能保证旅游服务质量。目前旅游业已经发展为我国战略性支柱产业，成为新的经济增长点，对经济社会各方面的发展具有巨大的辐射作用。因此，在我国旅游市场不断呈现繁荣景象的同时，我们必须慎重思考的问题便是如何运用好法律赋予的旅游市场行政监管权限，使旅游市场经营者和旅游消费者更加公平公正自由地在旅游市场环境中进行旅游交易，开展旅游活动。只有真正解决好这样的问题，涉及旅游市场行政监管的政府主管部门才能真正发挥好职能作用，积极努力地运用法律的武器去做好旅游市场监管工作，通过严厉查处违法旅游经营案件，加大违法违规经营案件的打击力度，在保护旅游消费者合法权益方面取得了显著成效，但在开展旅游市场行政监管工作的过程中，却常有违法违规现象屡禁不止的困惑，主要原因为随着旅游市场的快速发展，一些违法违规的旅游经营行为也表现出新特点，诸如集团性、隐蔽性和跨地区性都是市场经济背景下旅游市场监管的新阻力，考虑到人力与行政管辖区域等方面的问题，单一的旅游行政监管部门很难应对旅游违法行为所表现出的新特点，做出实质有效的监管应对措施。在此种背景下，旅游联合监管机制便是行之有效的应对策略之一，可以有效保护旅游消费者的合法权益，联合监管意味着在旅游、工商、公安、质监、交通及物价等监管部门的密切联系和通力合作下，各类新型违法违规旅游案件将得到严厉查处和打击，旅游市场秩序也将得到进一步的规范，极大地降低旅游消费者合法权益遭受侵害的概率。

3. 行业协会监管模式

我国旅游业行业协会属于非营利性的行业性团体组织，其组建的主体为中国旅游业联合会，协会组建的依据为《社会团体登记管理条例》，入会秉持自愿原则，旨在实行行业服务和行业自律，具有跨部门与跨所有制的特征，旅游业行业协会的成员不仅包括国内外旅行社，还包括从事旅游开发的饭店、旅游教育、旅游景区、旅游团队接待单位、旅游信息和水上旅游等企事业及其他相关经济组织。随着旅游市场的迅速壮大，旅游行业协会在旅游市场监管中发挥着越来越重要的作用，而这种行业协会监管模式发挥作用的方式主要体现在政府通过行业协会的渠道，充分与旅游经营者进行沟通和交流，畅通诉求反馈渠道，向旅游市场经营主体传递关于旅游市场监管的相关文件要求和各种法律规范。由此可以看出，旅游行业协会能够充分了解到政府、旅游经营者和消费者的各种利益诉求，并可在此基础上结合旅游行业特点，建章立制，在得到当地政府相关部门的批准后，便可予以执行。

三、我国旅游行政监管机构

（一）旅游行政监管机构设置

众所周知，旅游行业的参与主体是三个，游客、涉旅企业及政府旅游监管机构。三个主体的持续交互活动构成了旅游市场的不断发展。我国的旅游行政监管机构设置，遵循《中华人民共和国宪法》中关于行政序列的规定。依据宪法设定的行政区划设置的相应各级旅游监管机构如下：

（1）国家设文化和旅游部；

（2）省级设文旅厅（局），包括省、自治区、直辖市及特别行政区；

（3）地级设文旅局，包括地级市、地区、自治州及盟；

（4）县级设文旅局，包括市辖区、县级市、县、自治县、旗、自治旗、林区及特区。

2018 年 3 月，十三届全国人大一次会议决定将文化部、国家旅游局的职责整合，组建文化和旅游部，作为国务院组成部门。自此，我国进入了文旅融合的新时代。

（二）旅游行政监管机构职能

1. 文化和旅游部主要职责

文化和旅游部的主要职责如下：

（1）贯彻落实党的文化工作方针政策，研究拟订文化和旅游政策措施，起草文化和旅游法律法规草案；

（2）统筹规划文化事业、文化产业和旅游业发展，拟订发展规划并组织实施，推进文化和旅游融合发展，推进文化和旅游体制机制改革；

（3）管理全国性重大文化活动，指导国家重点文化设施建设，组织国家旅游整体形象推广，促进文化产业和旅游产业对外合作和国际市场推广，制定旅游市场开发战略并组织实施，指导与推进全域旅游；

（4）指导与管理文艺事业，指导艺术创作生产，扶持体现社会主义核心价值观与具有导向性代表性示范性的文艺作品，推动各门类艺术与各艺术品种发展；

（5）负责公共文化事业发展，推进国家公共文化服务体系建设和旅游公共服务建设，深入实施文化惠民工程，统筹推进基本公共文化服务标准化与均等化；

（6）指导与推进文化和旅游科技创新发展，推进文化和旅游行业信息化与标准化建设；

（7）负责非物质文化遗产保护，推动非物质文化遗产的保护、传承、普及、弘扬和振兴；

（8）统筹规划文化产业和旅游产业，组织实施文化和旅游资源普查、挖掘、保护和利用工作，促进文化产业和旅游产业发展；

（9）指导文化和旅游市场发展，对文化和旅游市场经营进行行业监管，推进文化和旅游行业信用体系建设，依法规范文化和旅游市场；

（10）指导全国文化市场综合执法，组织查处全国性、跨区域文化、文物、出版、广播电视、电影及旅游等市场的违法行为，督查督办大案要案，维护市场秩序；

（11）指导与管理文化和旅游对外及对港澳台交流、合作和宣传及推广工作，指导驻外及驻港澳台文化和旅游机构工作，代表国家签订中外文化和旅游合作协定，组织大型文化和旅游对外及对港澳台交流活动，推动中华文化走出去；

（12）管理国家文物局；

（13）完成党中央与国务院交办的其他任务。

2. 地方旅游行政监管机构职责

文旅行政管理部门在旅游行政监管方面的工作职责，主要包括公共服务、产业发展、资源开发、市场管理和营销推广五大职能（见图 5-1）。

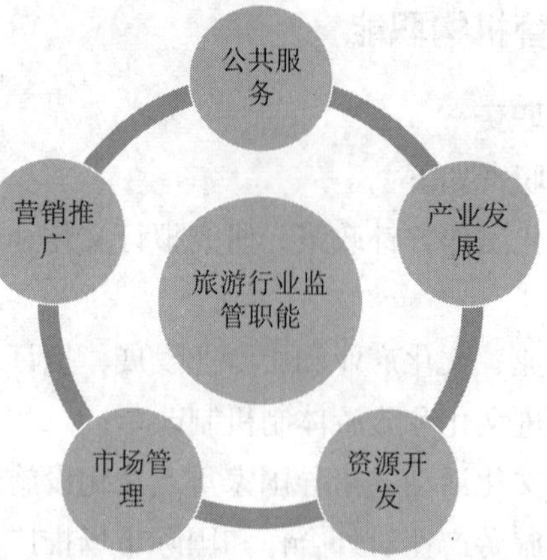

图 5-1 文旅行政管理部门在旅游行业监管方面的工作职责

（1）公共服务。

①拟订旅游公共服务政策专项规划并组织实施；

②承担旅游公共服务指导、协调及推动工作；

③拟订并组织实施旅游基本公共服务标准化与均等化等政策措施；

④指导实施旅游重点惠民项目；

⑤指导基层文化和旅游设施建设。

（2）产业发展。

①拟订旅游产业政策和发展专项规划并组织实施；

②指导与促进旅游产业培育和结构优化升级；

③指导旅游产业融合与新型业态发展；

④负责组织旅游产业项目推介，推动产业投融资体系建设；

⑤指导旅游产品开发体系建设及旅游商品创新。

（3）资源开发。

①指导旅游重大项目建设；

②承担文化和旅游资源普查、规划、保护和利用；

③指导旅游系统项目立项、规划、设计与组织实施，负责省级旅游系统重大设施及项目建设工作；

④指导与推进全域旅游；

⑤指导重点旅游区域、目的地及线路的专项规划和红色旅游、乡村旅游及休闲度假旅游工作。

（4）市场管理。

①拟订旅游市场政策和发展专项规划并组织实施；

②对旅游市场经营进行行业监管；

③推进旅游行业精神文明与信用体系建设工作；

④监督实施旅游市场经营场所、服务、设施及产品业态的行业标准，推动服务品质提升；

⑤指导假日旅游，承担旅游行政许可工作。

（5）营销推广。

①拟订旅游市场开发战略并组织实施，指导旅游市场和品牌建设；

②组织旅游整体形象和重点旅游产品、旅游线路的国内市场推广；

③负责组织与参与国内省内重大旅游促销、节庆及会展活动，组织开展国内旅游市场跨区域合作。

实训与思考

【实训目的】

通过对典型行业监管事件的回顾分析，实现对行业监管的充分认知。

【实训要求】

查阅所在省/自治区/直辖市近三年时间内的典型旅游行业监管事件，按照行业监管的五个方面，每个方面找到一个案例，并简述这个案例的概要过程及相应心得。

【方法与工具】

1. 方法

利用互联网搜索引擎查阅五大行业监管职能的典型案例，并根据工具表格引导进行详细的分析。

2. 工具

搜索工具：www.baidu.com/www.so.com

【操作步骤】

利用搜索引擎进行查询，并将分析结果填入给出的表格中（见表 5-1）。

表 5-1　行政监管案例分析

行业监管类别	案例分析
公共服务	1. 案例概述 2. 学习心得
产业发展	1. 案例概述 2. 学习心得

续表

行业监管类别	案例分析
资源开发	1. 案例概述 2. 学习心得
市场管理	1. 案例概述 2. 学习心得
宣传营销	1. 案例概述 2. 学习心得

【自我评价】

通过实训，进行自我评价，评价量表如表 5–2 所示。

表 5–2　评价量表

评价项目		评价标准
实训内容	对行政监管的认识	等级一：能够正确发现并准确描述行政监管案例，高质与高效完成表 5–1 行政监管案例分析，并能提出或全面或新颖的想法。
		等级二：能够正确发现并准确描述行政监管案例，高质与高效完成表 5–1 行政监管案例分析。
		等级三：能够正确发现并准确描述行政监管案例，基本完成表 5–1 行政监管案例分析，但需要进一步指导。

【拓展练习】

在进行此案例分析的过程中，已经了解旅游行政监管的内容和基本特征。那么，请通过思考或讨论，列举你认为的最重要的三个旅游行业监管的难点，并分析这些难点的成因。

第二节　旅游行政监管常用的大数据

一、移动互联网时代的旅游行业监管

人口规模巨大而快速成长的中国，互联网、人工智能、云计算及大数据等高新技术手段相继出现。几乎所有的大型消费行业都转入了共享经济、分享经济及精准营销的洪流中。从网络音乐到社交网络，从叫出租车到内容订阅，从视频浏览到大众点评，从即时通信到网络游戏，用户在互联网上获取信息、完成交易、留下足迹。每一次浏览、点赞、分享、评论及互动都形成了标签，用以诠释消费者的生活。

旅游是涵盖了餐饮、住宿、交通、游玩、购物及娱乐等多种消费形态的综合性行业。研究发现，2020 年游客旅游过程中的查询、比价、支付、导航、导览及消费评价等行为，已经完全可以应用一部手机完成。智能手机完全参与到了游前、游中和游后的全过程。

移动互联网是一个庞大的生态，简要地讲，这个生态可以分为三层（见图 5-2）：

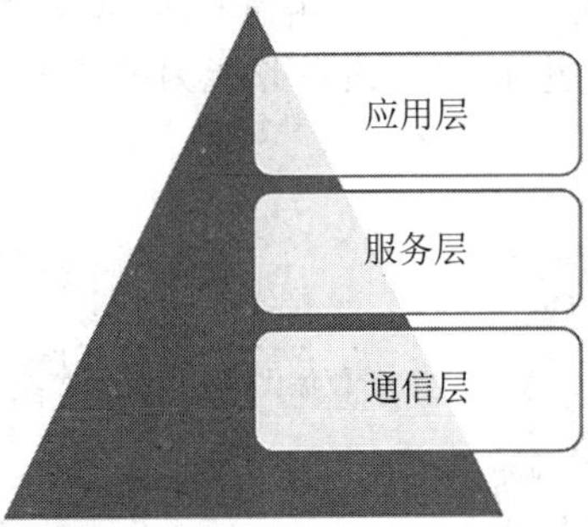

图 5-2　移动互联网的生态层次

（1）应用层，主要是指成千上万的各类 App 应用及其 IT 支撑体系，典型应用如中国新闻网、携程、美团、马蜂窝、百度地图及微信等；

（2）服务层，指为 App 提供第三方服务的服务提供商，典型的 App 服务如统计分析类、消息推送类及分享类等。

（3）通信层，指提供通信服务的电信运营商体系，典型的服务均来自联通、移动、电信三大运营商。

在以上三个层面中，均沉淀了海量的数据，这些数据对于旅游目的地行业监管的作用巨大（见表 5-3）。

表 5-3　移动互联网的生态层次

层	数据类型	应用特点	隐私性
应用层	自有 App 运营内部数据	详细的个性化场景分析，如携程的酒店预订分析	非常强，一般不对外提供
服务层	面向 App 服务的运营数据	可用于 App 运行趋势的分析，如 Talkingdata 的 App 活跃度分析	单条不能输出，脱敏后可提供计算结果
通信层	手机信令及 App 通信数据	可用于对手机位置分析，如电信运营商输出的实时用户热力图	单条不能输出，脱敏后可提供计算结果

在数据中，详细的App应用场景数据，App应用发展趋势及手机信令等相关数据，对于旅游行业监管的作用是极其巨大的。例如，每个旅游目的地都不可避免地要做好公共服务，以便更好地为游客服务，赢得游客的青睐。因此，做好公共服务首先要收集意见，如果不知道游客意见在什么地方，便无法实现对意见进行分析。所以意见收集的渠道非常重要，我们从服务层数据可以便捷地获取讨论该旅游目的地的App主要有哪些，这样就科学地确定了分析数据的来源；然后就可以针对这些确定好的数据来源，采用适当的方法获取游客意见数据。当然，在获取了针对性的数据之后还要应用大数据的分析方法进行科学分析从而得出结论。

在移动互联网时代，一部手机所提供的旅游服务，在满足游客旅游需求的同时，又可以输出海量的旅游相关数据，从而可以支持行业监管各项职能的发展和推进；同时，行业监管的优化，又能有效促进旅游各项服务能力的提升，从而达到一个稳定的良性循环（见图5-3）。

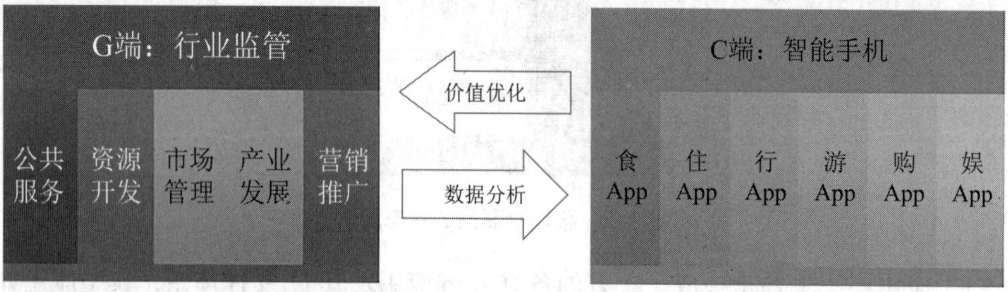

图5-3　智能手机与行业监管的良性循环

在移动互联网的大生态环境下，行业监管必须要应时而上，充分利用生态特点，运用大数据等最新技术，不断对典型的应用场景进行优化探索，从而找到符合时代特征的高效行业监管手段。

二、互联网内容数据

（一）互联网的优势

互联网之所以能够快速普及，其根本原因是它的低成本，而其他优点也相当明显：

（1）互联网能够不受空间限制来进行信息交换；

（2）信息交换具有时域性（更新速度快）；

（3）交换信息具有互动性（人与人、人与信息之间可以互动交流）；

（4）信息交换的使用成本低（通过信息交换代替实物交换）；

（5）信息交换的发展趋向于个性化（容易满足每个人的个性化需求）；

（6）使用者众多；

（7）有价值的信息被资源整合，信息储存量大、高效及快速；

（8）信息交换能以多种形式存在（视频、图片及文字等）。

（二）互联网内容数据对旅游行业监管的价值

对于旅游监管来讲，互联网内容数据会有以下几个方面的价值：

（1）可用于分析旅游者及媒体对某一对象的情绪、态度、评价及旅游意愿度等。关于提及旅游目的地的针对性表达及其态度的内容，是获取旅游者意见的重要数据集。

（2）可用于评估旅游目的地品牌价值。以品牌在消费者心目中的直接印象为抓手，收集互联网上关于目的地品牌的多维度情绪表达，从而量化评估消费者印象，得出目的地品牌价值。这个品牌评估的基本方法叫作品牌投射法。

（3）可用于监测旅游产品价格（酒店与机票等价格高频变动行业的产品价格监测与重点关注旅游产品的不合理低价游等）。

三、客流数据

客流数据是旅游行政监管科学决策的重要依据。客流统计的发展也随着技术和认知的进步逐步发展起来。尤其在移动互联网发展起来之后，大数据技术为客流统计提供了更先进便捷的手段。

（一）借助硬件部署的客流数据

对于出入口较少的景区，可以通过设置闸机进行精确的客流统计，这是典型的客流统计手段。但是这种手段只能单纯做到计数，而并不能对游客成分（也称游客行为画像）进行分析。

如果要对游客成分进行分析，常用的手段是在景区的出入口使用 Wi-Fi 探针。Wi-Fi 探针是一项应用专用设备经由 Wi-Fi 信号探测，获取游客手机 mac 地址的技术。而获取游客手机 mac 地址后，便通过自身积累的数据库调客群画像，如男女比例与年龄段，甚至于消费能力、旅游偏好及游客来源等。

闸机系统和 Wi-Fi 探针对于分析客流都有很大的帮助。但是有两个问题致使行业监管不能使用闸机和 Wi-Fi 探针这两项技术。首先，无论是闸机和 Wi-Fi 探针，其部署成本都比较高，如果部署数量较大，这个成本往往是难以承受的；其次，若对于旅游城市类型的无封闭综合旅游区，如成都春熙路及较多宽阔出入口的大型开放性景区，如北京奥林匹克森林公园，硬件部署从成本和实用性上基本不可能实现。故而，对于行业监管的客流统计来讲，需要寻找更低成本，更具实用性的客流统计方案。

（二）无须硬件部署的客流数据

无须硬件部署的客流数据获取一直是各地旅游行业监管部门及智慧旅游技术服务商努力探寻和最受欢迎的解决方案。就目前的技术和应用发展情况来看，主要来源是电信运营商数据和 App 服务商数据两种。

1. 电信运营商数据

来源于联通、移动及电信三大运营商，基于对智能移动设备登录运营商基站时所产生的信令数据，经由三大运营商脱敏加工后，可以以人群分析的方式对外输出，但是不能以单体分析的方式向外输出。

电信运营商数据主要包含以下几个方面的内容：

（1）某一时间某一区域的登录电信基站的手机设备数量；

（2）某一时间某一区域登录电信基站的设备群的用户登记的年龄、性别及来源地等基本成分占比；

（3）某一时间某一区域登录电信基站的设备群的 App 使用情况占比；

（4）某一时间某一区域登录电信基站的设备群的用户使用的手机类型占比，如设备型号、换机频次及由此推算出的消费能力情况。

2. App 服务商数据

App 服务商数据，也称为 SDK 数据，来源于 App 统计类、消息推送类及分享类服务商，基于对使用其 App 服务的 App 使用情况的统计分析，经脱敏加工后，可以以人群分析的方式对外输出，但是不能以单体分析的方式向外输出。

App 服务商数据主要包含以下几个方面的内容：

（1）某一时间某一区域使用 App 服务商的智能设备数量；

（2）某一时间某一区域使用 App 服务商的智能设备群，安装、卸载及使用各类 App 的排行占比情况；

（3）某一时间某一区域使用 App 服务商的智能设备群的基本成分，性别、年龄、工作地、居住地、消费能力及旅游偏好等占比情况（由数学模型计算得出）。

四、消费数据

消费数据分析是旅游分析的重中之重，所有的旅游监管、营销和服务，最终的目标都要落实到旅游消费上。消费是旅游拉动地方经济发展的核心指标之一。消费数据在任何系统中都是内部数据。消费数据的主要来源基本上可以分为三种，在合适的场景下，消费数据可以脱敏输出。

（一）顶层清算平台

我国的顶层商用清算平台主要有中国银联和网联。中国银联（China UnionPay）成立于 2002 年 3 月，是经国务院同意，中国人民银行批准设立的中国银行卡联合组织，总部设于上海。截至 2019 年 9 月，中国银联已成为全球发卡量最大的卡组织，发行近 80 亿张银行卡。网联清算有限公司（NetsUnion Clearing Corporation，NUCC）成立于 2017 年 8 月 29 日，是经中国人民银行批准成立的非银行支付机构网络支付清算平台的运营机构。

各银行与各第三方支付机构之间的交易在这两个清算平台完成，故而这两个平台沉淀有大量的单笔清算数据。当前，中国银联因为历史积淀足够长，数据发掘能力较强，故而可以向外输出脱敏后的消费数据，不过这个数据也是集合分析而不是单条。网联因为发展时间尚短，目前尚不能输出数据服务。

顶层结算平台的数据特点是覆盖面大，对于区域分析价值高。缺点是对于一些交易信息的细节不掌握，如持卡人来源地与商户具体地址等，故而在全面分析上略有不足。

（二）第三方支付平台

第三方支付是指具备一定实力和信誉保障的独立机构，通过与银联或网联对接而促成交易双方进行交易的网络支付模式。第三方支付是伴随着互联网支付而发展起来的新型支付平台，对于网络、电话及手机短信等各种支付方式有较好的支持。

在第三方支付模式中，买方选购商品后，使用第三方平台提供的账户进行货款支付（支付给第三方），并由第三方通知卖家货款到账并要求发货，买方收到货物，检验货物，并进行确认后，再通知第三方付款，第三方再将款项转至卖家账户。

截至 2018 年年底，我国第三方支付的持牌机构有 250 家。知名的有支付宝、银联商务、财付通等。

第三方支付机构因直接参与顶级结算机构的清算，具备清算能力和资金归集能力。有能力的第三方支付机构会输出数据服务。

（三）收单机构

收单机构是指与商户签有协议或为持卡人提供服务，直接或间接凭交易单据（包括电子单据或纸质单据）参加交换的清算会员单位。

收单机构主要负责特约商户的开拓与管理、授权请求及账单结算等活动，其利益主要来源于商户回佣、商户支付的其他服务费（如 POS 终端租用费与月费等）及商户存款增加。

大多数发卡银行和第三方支付持牌机构都兼营收单业务，也有一些非银行非第三方支付的专业服务机构经营收单业务，俗称第四方支付。

收单机构可以理解为 POS 机（实物形态和软件形态）的发放人，可以直接获取商户及消费者的更多信息，故而其数据的完整性较高。收单机构数据的优势是对其有较多业务的商区和行业进行深入分析。但一般由于竞争关系，在一个行政区域各行业的总覆盖度都不会太高，故对于行政区域的整体消费分析价值不高。

五、POI 数据

POI 是“Point of Information”的缩写，中文可以翻译为“信息点”。在地理信息系统中，一个 POI 可以是一栋房子、一个商铺、一个邮筒及一个公交站等。POI 的采集是一个非常费时费事的工作，对一个地理信息系统来说，POI 的数量在一定程度代表着整个系统的价值。通常大型的地图服务商都具备 POI 数据的采集和输出能力。每个 POI 包含四方面信息，名称、类别、坐标及分类。全面的 POI 信息，对于掌握区域旅游资源非常重要。

旅游资源一般包括景区、酒店、餐饮、旅行社、商户、商区及娱乐场所等。因为旅游监管机构一般不能全部直接要求这些旅游服务机构上报自身更新数据，又没有更有效的手段去了解这些数据的更新。因此，从地理信息系统的 POI 数据来更新旅游资源数据就显得尤为必要。

六、交通数据

交通是影响目的地旅游的重要因素之一，交通可达性是衡量旅游目的地竞争力的重要指标。对于旅游来讲，交通一般是指外部交通和内部交通两种类型。外部交通是指通达旅游目的地的交通方式；内部交通是指在旅游目的地内部的交通方式。交通方式一般分为民航、铁路、公路、城市公交及城市地铁等。城市内的公交和地铁因班次固定与易于分析，本节只讲前三种交通数据。不同类型的交通方式，其数据获取的情况各有不同。

（一）民航交通数据

民航交通数据一般包括一段时间内来去旅游目的地的航班信息（出发机场、抵达机场、出发时间、抵达时间及机型等）和乘客信息（乘客数量与乘客基本画像等）。民航交通数据属于民航系统内部数据，需要由民航系统的对外数据服务机构脱敏后提供。

（二）铁路交通数据

铁路交通数据一般包括一段时间内来去旅游目的地的火车信息（出发站、抵达站、出发时间、抵达时间及火车类型）和乘客信息（乘客数量与乘客基本画像等）。铁路交通数据属于铁路系统内部数据，需要由铁路系统的对外数据服务机构脱敏后提供。

（三）公路交通数据

公路交通数据分为车辆数据和路况数据。

1. 车辆数据

车辆数据又分为城际大巴数据和自驾车数据两种：

（1）城际大巴交通数据。一般包括一段时间内来去旅游目的地的城际大巴信息（出发站、抵达站、出发时间、抵达时间及大巴类型）和乘客信息（乘客数量与乘客基本画像等）。城际大巴交通数据属于城际大巴运营系统内部数据，需要由城际大巴运营系统的对外数据服务机构脱敏后提供。

（2）自驾车数据。一般包括一段时间内来去旅游目的地的自家车信息（车辆牌照来源地、车辆上高速时间地点及车辆下高速时间地点等）。自驾车数据来源于交通卡口，数据属于高速公路运营公司，需要由高速公路运营公司的对外数据服务机构脱敏后提供。

2. 路况数据

与民航和铁路的运行机制不同，公路运行无法做到统一调度，而是由公路使用者们自行决定行程路线。自行决定行程路线，就不可避免地出现路况的变化。畅通和拥堵是公路运行的两种典型路况。畅通的路况会提升交通可达性，提升旅游意向度，对旅游目的地的运行效率有非常正向的影响，而拥堵的路况刚好相反。因此，掌握公路的历史路况信息可以对旅游规划、产品设计及活动营销提供重要的支持。掌握实时的路况信息，可以对旅游高峰期的旅游调度工作提供重要的支持。掌握路况的预测信息，可以预先合理调配资源，避免使旅游调度陷入困境。

在当前的技术背景下，地图服务商均可以提供路况数据，而且其商业设计先进，非常易于使用。地图服务商提供的路况数据一般包含时间段、路段及拥堵等级等信息。

七、天气数据

天气对于旅游的影响不言而喻。良好的天气往往是旅游的重大动因，而恶劣的天气也会造成旅游行为的大幅减少。天气数据一般有两个维度的表述：

（1）常规表述，如晴、微风、22℃等；

（2）天气现象的描述，如雷雨、大风、冰雹等。

在当前的技术背景下，天气预报机构都能对外提供时间和空间颗粒度都很小的实时和预测天气数据，这对于旅游行业监测与监管有非常大的助益。

实训与思考

旅游行政监管常用大数据

【实训目的】

通过亲手收集相关数据，实现对旅游行业监管常用大数据的基本认知。

【实训要求】

通过专用大数据平台或者互联网相关工具，选择本节所述常见的六种行业监管数据中的三种，每种数据收集十条真实数据，并将非结构化数据进行结构化。

【方法与工具】

1. 方法

利用互联网相关工具或专用的大数据平台，收集任选的三种数据，每种数据赋予其典型字段，并收集十条真实数据。

2. 工具

互联网或专用大数据平台、EXCEL。

【操作步骤】

确定三种数据类型，寻找数据载体网站，确定数据的字段并收录十条真实数据并填入下方表格中（见表 5-4）。

表 5-4　典型旅游数据收集表

数据类型 1					
序号	字段名 1	字段名 2	字段名 3	……	字段名 N
1					
2					
3					
……					
10					

【自我评价】

通过实训，进行自我评价，评价量表如表 5-5 所示。

表 5-5　评价量表

评价项目		评价标准
实训内容	对行政监管常用大数据的认识	等级一：能够准确找到数据源网站，并准确确定数据字段，高质与高效完成 10 条典型数据的收集，整个过程思路清晰，交付完整。
		等级二：能够准确找到数据源网站，并准确确定数据字段，完成 10 条典型数据的收集，交付数据略有瑕疵。
		等级三：能够准确找到数据源网站，并准确确定数据字段，完成 10 条典型数据的收集，整个过程需要指导完成。

【拓展练习】

通过完成上述实训过程，基本掌握了行政监管主要应用的旅游大数据类型。那么除此之外，还有哪些大数据类型，请列出三类以上，并按本实训要求进行数据的收集练习。

第三节　大数据在旅游行政监管中的应用

一、大数据驱动旅游行政监管转型

（一）社会发展和监管实践的要求

移动互联网时代，旅游行政监管不可避免地要与大数据打交道，不可避免地要将大数据应用到场景中去，不可避免地要从善于利用大数据做管理决策的行为中获益。旅游大数据不是孤立的，旅游大数据的来源是自然环境信息和旅游行为信息的集合。自然环境信息源于旅游目的地的自然条件，包括地理信息、配套、天气及环境等，旅游行为信息来源于游客和准游客的旅游情绪、旅游行为及旅游消费等。旅游大数据在旅游行政监管中是不可或缺的。未能有效利用大数据的原因，不是大数据本身性质和效能的问题，而是利用大数据的技术和场景基础不够。

如果说任何的旅游行政监管业务都是质量管理项目，都注重其最终质量的提升，不妨将行政监管类项目都运用 PDCA 质量管理闭环理论，进行详细的拆分分析。

PDCA 循环：PDCA 是英语单词 Plan（计划）、Do（执行）、Check（检查）和 Act（处理）的第一个字母，PDCA 循环就是按照这样的顺序进行质量管理，并循环不止地进行下去的科学程序（见图 5-4）。

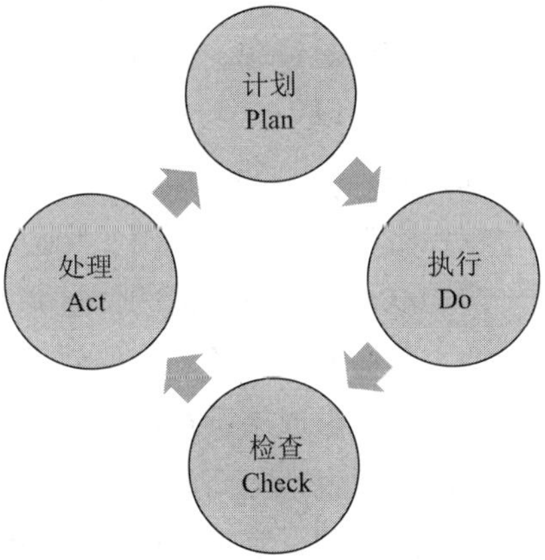

图 5-4　PDCA 循环图

· P（Plan）计划。包括方针和目标的确定，及活动规划的制定。

· D（Do）执行。根据已知的信息，设计具体的方法、方案和计划布局；再根据设计和布局，进行具体运作，实现计划中的内容。

·C（Check）检查。总结执行计划的结果，分清哪些对了，哪些错了，明确效果，找出问题。

·A（Act）处理。对总结检查的结果进行处理，对成功的经验加以肯定，并予以标准化；对于失败的教训也要总结，引起重视。对于没有解决的问题，应提交给下一个PDCA循环中去解决。

以上四个过程不是运行一次就结束，而是周而复始地进行，一个循环完了，解决一些问题，未解决的问题进入下一个循环，这样阶梯式上升的。

旅游行政监管过程也类似上述的循环。为了完成PDCA的过程，需要循序渐进地做好各项工作，而每一个环节的评估和决策，均需要有科学的论证。这个论证过程，在没有旅游大数据之前，一般都是在较少数据依赖的基础上，基于经验或者权威进行人工判断得出。而在有了旅游大数据之后，则可以尽可能地以数据为支撑来进行科学的分析和判断。大数据的客观性可以避免经验或者权威所犯的错误。

（二）国家政策的要求

旅游大数据是解决旅游信用监管难题的有效工具。《促进大数据发展行动纲要》（国发〔2015〕50号）强调指出，为完成旅游城市与重点景区在旅游旺季旅游者流量的监控、监测、预警、分流及疏导，为规范旅游、便于旅游者出行、提高服务水平、促进旅游产业升级、消费升级和诚信升级，需要建设游客投诉中心、评价处理中心和全媒体信息交互中心。建设旅游信用监管大数据平台，建设全国旅游诚信运营监测平台。

（三）大数据促进旅游行政监管转型的特征

大数据带给旅游行政监管海量的信息资源，同时改变和优化了行政监管的方式，驱动了旅游行政监管的转型，主要表现在以下三个方面：

1. 分散监管转向行政一体化监管

大数据平台将各地旅游行政监管部门与工商部门、交通部门、公安部门及卫生部门等联合起来，相互委托调查，协助取证，进行快捷的信息调查与信息共享。全量信息在部门、企业及区域之间互联互通，从而极大提高工作的效率。行政管理部门和执法机构建起立长久、稳定及深入的合作关系，形成旅游投诉联合处理机制，解决旅游投诉纠纷受部门分割与流程路径模糊等缺陷，极大地提高旅游质量监管速度和效率。大数据平台彻底改变了传统分散的单个部门监管机制，实现跨部门、跨区域、跨系统和跨层级的协同监管机制。

2. 行政监管转向全社会协作监管

旅游监管大数据平台为社会公众提供操作界面便捷与流程处理高效的旅游质量监管参与渠道。移动互联网的广泛使用使信息可以不受时间空间限制，公众可以通过大数据平台随时随地更新和发布旅游质量信息，以及举报揭发相关违法行为，带动大众参与到旅游投诉监管的全过程当中。协作监管机制鼓励公众评价与建议，同时公众对旅游投诉处理过程和结果及企业诚信的评价也作为平台数据分析资源的一部分，形成自洽型闭环。另外，协作监管机制充分发挥社会媒体在旅游服务质量舆论监管方面的作用，加强质量反馈信息公开化与透明化。借助新闻媒体传播力量对旅游投诉处理进行监督，对大数据平台以及相关旅游政策和法律法规进行宣传，增强游客维权意识。因此，大数据使以往的政府监管转变为全社会共同协作监管的形态。

3. 单一型监管转向精细型监管

大数据平台不仅提供给旅游者旅游服务质量反馈便捷高效的渠道，促进目的地服务质量提升，同时提供政府管理部门信息化办公与高效协同管理的平台。大数据平台整合内部经营管理数据和外部互联网、客流和消费数据，利用大数据分析结果提高旅游行政监管效率、提高企业诚信建设水平以及为政府旅游监管提供辅助性决策支持服务，从而实现旅游行政监管从传统单一粗放型监管走向以大数据分析为基础的精细型与引导型监管格局。

二、旅游投诉管理

旅游投诉管理是旅游服务质量管理的核心内容之一。

（一）旅游投诉管理与大数据

随着我国经济的发展，物质和文化生活水平的提高，个人的维权意识普遍提高。在旅游活动中，当游客认为自己的合法权益受到侵犯时，首先想到的就是投诉，通过向有权威的组织提供相关证据以维护自己的合法权益。

在我国，可以接受旅游投诉的机构一般分为以下几种：

（1）涉事主体的上级机构；

（2）行政监管部门；

（3）消费者协会；

（4）具有社会公信力的媒体。

从行业行政监管的角度，旅游行政监管部门是旅游投诉监管的最终责任人。旅游行政监管部门对于旅游投诉都很重视，但是由于当前阶段投诉机制不成熟，随着投诉数量的不断增长，各地在旅游投诉处理过程中逐渐暴露出了很多明显的问题和缺陷。一是国际国内游客进行跨区域旅游投诉时难度较大；二是相关投诉受理情况及评价并未及时在网上公布供大众及媒体监督评审，处理过程不透明；三是旅游产品作为综合性产品，涉及交通运输部门、文化部门及公安部门等各个部门，部门间权责与职能边界不太清晰，部门之间缺乏协调，严重降低了市场监管的效率；四是监管体制及相关法律不完善，在投诉的受理处理过程中存在相互推诿与滥用权力等腐败现象。随着旅游业的发展，监管部门投诉管理的难度不断增大，传统的旅游投诉监管模式已经不能适应旅游业的发展，一个新型与高效的旅游投诉处理新模式急需产生。用大数据及其相关技术构建一个多元、开放、公开及流程闭环的旅游投诉处理平台，是解决目前传统投诉管理中诸多问题的创新性新思路与新机制。

（二）旅游投诉数据归集

要做好旅游投诉监管，首先要解决的是对旅游投诉数据的集中收集，也称归集，其次才是规范化处置。

游客的投诉渠道一般为以下三种方式：

（1）现场投诉，基于旅游行为的异地性及临时性，一般现场投诉所占比例并不多，但也不排除现场投诉的情况。

（2）电话投诉，电话投诉因沟通流畅，反馈及时，责任主体清晰，同时满足旅游投诉异地性特点，是主流的投诉方式。全国范围的 12301 及 12315 投诉电话，各地旅游、工商和市场监管部门的投诉电话，各景区管委会及旅游集团投诉电话等，是主要的旅游投诉受理平台。

（3）互联网投诉，互联网投诉是通过互联网实现投诉的方式，在移动互联网时代，互联网投诉的占比越来越大。互联网投诉分为两类：一类是 12301、12315 及各地旅游、工商和市场监管部门、景区管委会及旅投集团对外的互联网投诉入口等，这类平台上的投诉直接进入相关部门管理后台，一般情况下其他人无法从前台页面进行查阅；另一类指游客通过 OTA、媒体投诉平台（如人民网旅游投诉、黑猫投诉、中国质量万里行投诉平台等）、微博等自媒体公开进行的投诉。此类投诉直接展示在页面上，其他人可以浏览和查阅，一般社会影响比较大，对目的地旅游品牌影响比较直接。

对于旅游行政监管机构来讲，数据生产、数据对接和数据采集是常用的旅游投诉数据归集的基本方法。

（1）数据生产，是指通过自有投诉处理系统对旅游投诉事件以及投诉处理全过程，包括对于处理结果的公示及评价进行记录，从而产生旅游投诉数据的过程；

（2）数据对接，是指与保有旅游投诉数据的系统进行对接，从而定时全量获取对方投诉系统的数据，丰富自身投诉数据库；

（3）数据采集，是指对于公开的旅游投诉数据，定时通过网络爬虫的方式对旅游投诉性质数据进行数据采集，从而达到投诉数据归集的目的。

公开投诉发布在公众平台上，因为较为分散，可能无法实时直达监管部门，但是社会影响可能比较大。应用大数据采集技术，进行 24 小时不间断的实时数据采集，这些投诉就能够被系统快速采集到并根据事件的级别类型而纳入旅游局投诉平台的预警、上报及分析等各个模块中（见图 5-5）。

图 5-5 相关游客投诉

（数据来源：海鳗云旅游大数据平台）

（三）旅游投诉数据分析和应用

根据各旅游目的地的特点，旅游投诉数据分析的关注点各有不同。旅游投诉数据分析基本分析维度有以下几个方面：

（1）投诉量分析，对投诉总量、有效投诉及投诉解决率等总体指标进行统计分析。

（2）投诉渠道分析，主要分析投诉获取的渠道，游客偏好用哪些渠道来进行投诉。

（3）投诉时段分析，对投诉产生的时间进行分析，了解投诉量随时间变化的情况。

（4）投诉性质分析，对主要的投诉类型进行统计分析，如捆绑销售、大数据杀熟、预付费不退、合同欺诈、虚假宣传、强制消费及服务质量等。

（5）投诉人分析，对投诉人进行分析，如来源地、年龄段、性别及职业等。

（6）投诉对象分析，对投诉对象类型进行分析，如 OTA、景区、旅行社及酒店等。

（7）投诉地域分析，对投诉对象所处地域进行分析，分析出哪个地域的投诉多等。

（8）投诉处理质量分析，对投诉解决率、解决时长及投诉处理满意度进行统计分析。

旅游投诉数据分析具备极高的应用价值。首先，旅游投诉数据分析是政府进行投诉管理的“千里眼”和“顺风耳”，能够更加全面及时地发现影响旅游市场正常运行的投诉事件，把各个平台投诉事件汇总统一协调处置，避免了投诉事件在非权威投诉平台上得不到监管机构及时的回应而导致投诉人将事件扩大升级，从而造成对旅游目的地形象的不良影响；其次，旅游投诉数据分析是政府进行投诉管理的“金箍棒”，能够更加准确地为旅游监管提供辅助性决策支持，促进管理创新，有效提高旅游监管的效率和质量；最后，旅游投诉数据分析是政府进行投诉管理的“金算盘”，通过大数据分析进行建模与分析，用科学的数据分析结果和方法，对未实施的政策进行预测性效果研究，从而将预测结果进行评估，为政府的进一步决策提供参考依据，从而更好地改进政策的制定和实施过程。同时，政策实施之后，利用大数据分析结果可以更全面地评估判断政策现实性实施结果，继而对政策进行逐步完善。另外，通过旅游投诉数据分析，对旅游质量问题进行预测性研究，以预测的发展态势作为切入点制定前瞻性监管政策，从政策层面解决监管滞后和监管被动的局面。

【延伸阅读】

2019年旅游行业投诉分析报告［EB/OL］.《中国质量万里行》杂志社官方账号，2020-03-15.

三、游客满意度管理

游客满意度管理是旅游服务质量管理的核心内容之一。

（一）游客满意度管理与大数据

游客满意度，也称游客情感满意度，是游客在游玩旅游目的地后的体验与旅游前对旅游地期待的一种比较后产生的一种心理态度。游客情感满意度作为一种评价旅游目的地的指标，有效影响了游客选择旅游目的地的心理。比如是否在该旅游地增加消费，是否重游及是否推荐给其他人等。

具备科学性和实用性的游客情感满意度调查和分析是检验旅游目的地服务水平非常有效的方法。行政监管者与旅游服务企业一直将如何创建让游客满意的旅游地作为主要任务和目标。

在旅游行政监管的内容中，游客满意度调查是一项常规的工作，但是游客满意度管理还是一项新型的行政业务。如前文所述，监管要遵循PDCA的循环，因此，游客满意度管理是一个监管闭环。当前，能够做到游客满意度管理监管闭环的目的地监管部门并不多，究其缘由有两点：一是我国旅游目的地行政管理经验积累不足，导致当前与国际先进监管水平相比还有较大的差距，不能高效地落地到监管的细节中去；二是传统的以问卷调查形式为主的游客满意度调查和分析方式在成本、实效和准确性上都不能很好地支撑监管决策。在没有新型技术手段的情况下，基本上只能止于调查报告，而迫使监管者更多地依赖于经验或不全面的认知。

在当前的大数据、物联网、云计算及移动互联网的大背景下，游客满意度的调查和分析方法上了一个崭新的台阶。使用全量互联网游客满意度情感数据替代传统的调查问卷模式，有以下革命性的变化：

（1）获取全量数据。所有互联网上游客对目的地的评价、吐槽、赞誉和推荐均被采集过来，形成上百万的数据量，相较于调查问卷极难突破四位数的采样量，有了极大的提升。全量数据是帮助分析结果更加接近实际的重要一环。

（2）游客真情实感。互联网的游客评价，没有像线下调查一样，拦住去路，迫使被调查对象在被要求的时间内漫无目的被动答题而产生，而均是旅游者游后在充裕的时间充分地思考而表达出的真实感受，这样的数据质量是调查问卷无法比拟的。游客的真情实感，保证了数据的质量，数据质量是高质量分析结论的基石。

（3）数据实时性高。大数据采集的频次可以最高到分钟级，可以充分保证数据的实时性，也就是充分保证了决策支持的实时性，而不会像调查问卷那样很长时间才能够执行一次。数据的强实时性可以保证其在 PDCA 过程中，Check 的过程非常短，从而大幅度缩短完成一个闭环的时间，以达到在相同的时间内，更多次地改善质量。

（二）游客满意度数据采集

根据广泛的数据分析经验，最真实的游客的意见，往往会更多地显示在 OTA 平台的游客评价中，也有一些会出现在地方论坛中，较少的会出现在一些旅游新闻的评论中以及其他媒介中。

从大数据实践的角度，游客满意度分析的所用数据只要对主流的 OTA 进行采集即可。地方论坛以及旅游新闻的评论对于有效数据的承载度并不高，同时还存在一个问题就是对于真实游客和潜在游客的界定难题，故而在实际工作中，并不采集前述数据。

基于本书出版时的国内 OTA 市场状况及作者们的实践经验，认为对游客满意度分析价值较高的主流的 OTA 有携程网、去哪儿网、马蜂窝、驴妈妈、同程、途牛、猫途鹰、美团、飞猪以及艺龙等。

获取上述 OTA 的评论数据，理论上有两种方法，第一种是直接向官方购买数据，第二种是使用爬虫技术来采集数据。在实践过程中，因为成本的原因，第二种方式较为常用。OTA 们出于对自身数据资产保护的目的，以及降低服务器资源响应的目的，都会采取各种防爬技术和策略来抵抗数据爬取。不过在合法的前提下，技术总有你进我退，最终的结果是很多专业的数据爬取服务公司还是可以全量地获取 OTA 们的公开评价数据。关于数据采集的技术介绍，请参阅其他相关章节。

通过互联网大数据采集技术可以得到关于旅游目的地近乎全量的游客满意度相关数据，一段时间的数据累积起来，达到一定的数量之后，就可以进行全面而精确的游客满意度分析了。

（三）游客满意度分析和应用

游客满意度分析的指标模型，从消费者视角，游客对一个旅游目的地的满意度可分为食、住、行、游、购、娱六个角度，而从旅游目的地深化管理的视角，可分为以下八大维度（一级指标），其下可分为若干二级指标：

（1）交通。包括内部交通和外部交通。内部交通即游客在旅游目的地游览时的交通情况，如景点和景点之间的摆渡车船及道路情况等；外部交通指从其他地方到达旅游目的地的交通情况，如公交路线、铁路及航空等。在交通这个维度下，有众多二级指标，用以具体衡量游客对交通的满意程度，如交通是否便利与交通工具是否安全等。

（2）配套。配套指除旅游基础设施外的其他附属设施，如停车场、厕所、购物设施及医疗设施等。配套这个维度下的各二级指标主要用来衡量配套设施是否完善与使用是否便利等，如厕所是否充足、医疗设施是否齐备及停车场是否好找等。

（3）消费。用来衡量游客对在旅游目的地进行的各项消费行为的满意度，涉及门票、购物、住宿及餐饮等消费行为。旅游目的地的各种营销和推广，归根结底是为了促进游客的到来进而在旅游目的地进行消费。因此，消费维度下的游客满意度衡量就至关重要，过度的商业化会导致游客的反感，进而影响消费；购物店设置不合理，也会影响游客消费。游客在消费方面的满意度涉及了方方面面，是一个非常重要的满意度指标。

（4）服务。旅游业本质上来说是一个服务行业，游客对旅游过程中接受的各项服务的满意程度影响到其对旅游目的地的总体评价，如导游服务与景区工作人员提供的服务等。

（5）景观。景观维度衡量游客对旅游目的地呈现景观状态的满意程度。二级指标如文物是否得到合理保护与景观是否被损坏等。

（6）安全。安全是旅游出行首要考虑的因素，安全维度相关指标衡量的是游客出游过程中的安全保障情况，对保障自身安全的相关措施和设施的满意程度，如是否有明显警示标语与消防设施是否齐备等。

（7）卫生。从住宿卫生、餐饮卫生、环境卫生及医疗卫生等多个维度来衡量游客满意度。

（8）体验。衡量游客在游览过程中产生的主观印象和感受。游客在出游过程中，体验越好，说明目的地各项工作越到位，游客的复游可能性也越高。体验维度下的二级指标包括景色是否美丽、是否想再来以及游览是否舒适等。

游客满意度客观地体现了游客对旅游目的地的真实感受和期望值之间的差距，通过对大量的二级指标与三级指标数据进行评价和分析，最终得出上述八个维度的游客满意度情况，有助于管理部门对旅游目的地或旅游产品进行调整和改进。

位于四川成都的青城山—都江堰景区管委会，非常重视游客满意度管理。管委会将都江堰全域的景区分为四个景区集合，青城山、都江堰、青城后山及市域其他景区。通过大数据平台，每天实时采集来自各大 OTA，通过内置的满意度量化算法来实时计算游客满意度指标。本节以青城山—都江堰景区 2019 年全年采集到的 10802 条数据为例，看一下游客满意度分析概要。

图 5-6 是信源趋势图。可以看到，OTA 每月采集量呈较大幅度的变化，评价量最大的月份是 8 月和 10 月，这也正好是暑期和国庆长假的两个客流高峰。

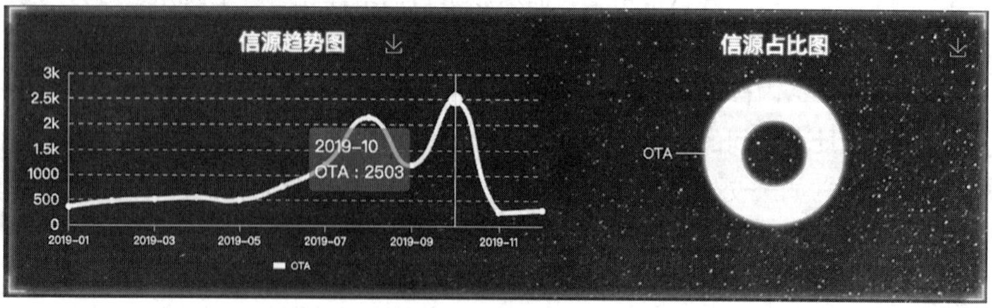

图 5-6　信源趋势

（图片来源：海鳗云旅游大数据平台）

图 5-7 是采集数据量分布情况，可以看到，携程和美团（含大众点评）包揽了 80% 以上的数据量，也正好符合旅游市场分布情况。

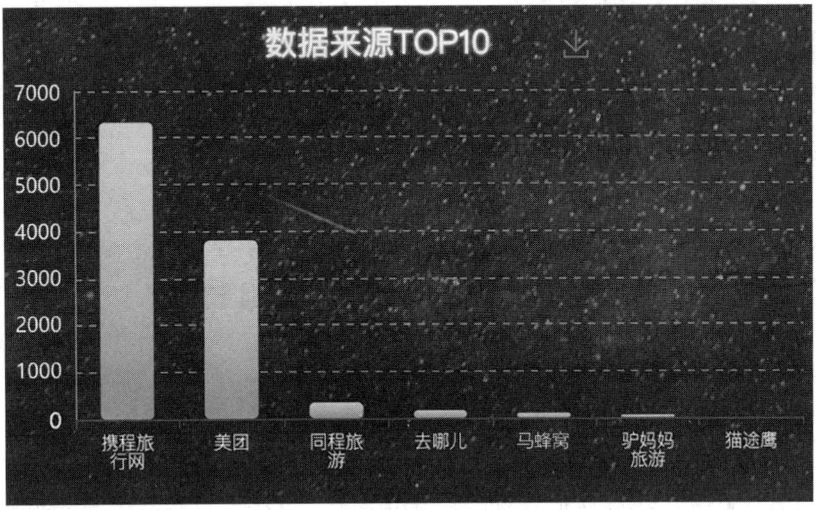

图 5-7 数据来源

（图片来源：海鳗云旅游大数据平台）

图 5-8 是对于所有评价数据的词云分析，可以看到，“景色美”最突出，“值得游玩”“想再来”“游览舒适”位列其次，表明游客对景色满意程度符合游前预期。当然也存在着一些负面指标，如“人太多”“景区服务态度差”“景区同质化严重”等。

图 5-8 数据词云分析

（图片来源：海鳗云旅游大数据平台）

图 5-9 是游客的情绪占比，可以看出正面情绪占绝大部分，当然也有少量的负面情绪，这表明游客的总体满意度还是比较高的。

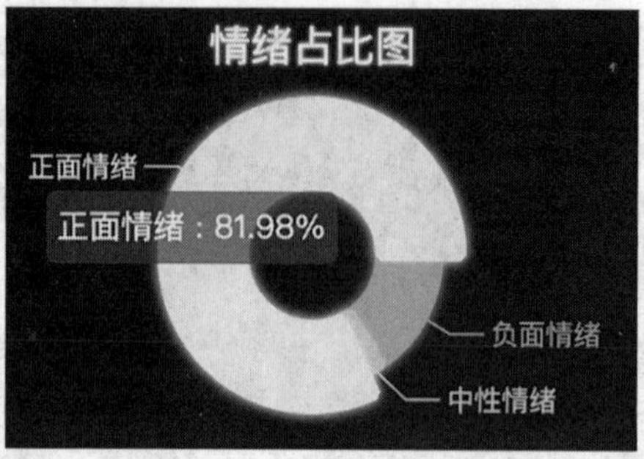

图 5-9　游客情绪占比

（图片来源：海鳗云旅游大数据平台）

图 5-10 是游客满意度总体评价图，是各个景区在交通、配套、消费、服务、景观、安全、卫生及体验各个指标的得分对比。可以看出，游客对景观的满意度非常高，这也是青城山—都江堰景区的核心竞争力所在；青城山和都江堰的消费满意度略低，可能与这两家景区为 5A 级景区，定价偏高有关；市域其他景区的服务满意度偏低，这与其他景区参差不齐的管理水平有关。

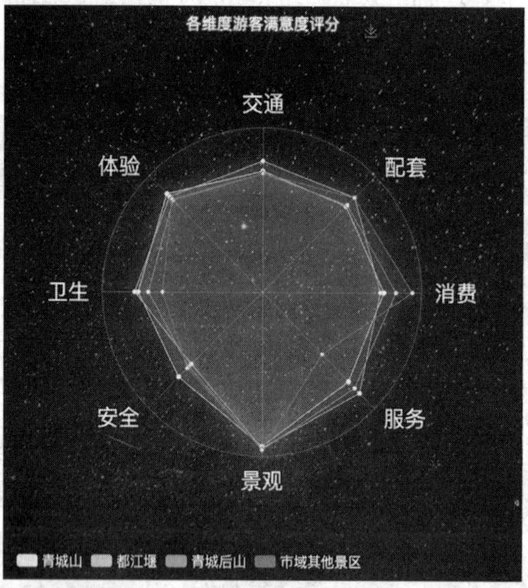

图 5-10　游客满意度总体评价

（图片来源：海鳗云旅游大数据平台）

图 5-11 是一年来各项满意度评分的变化情况。可以看出，景观一直得分很高，并且非常稳定，而安全评分则波动较大，这跟景区综合的自然条件以及汛期有关。

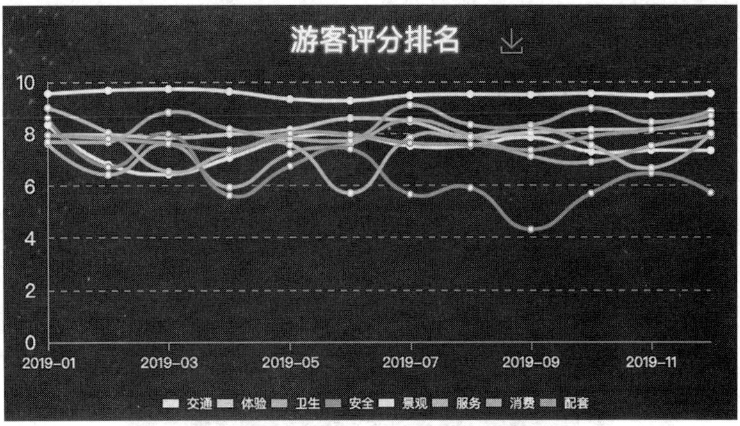

图 5-11　游客各项满意度评分变化

（图片来源：海鳗云旅游大数据平台）

旅游投诉和游客满意度是衡量旅游目的地服务质量的两个最重要指标。旅游投诉具备较强的事件典型性，如果不是较严重侵犯游客利益，一般不会引发投诉。而满意度指标则是通过收集和分析游客更加细致入微的情绪来衡量服务质量。如果一个旅游目的地投诉事件并不多，但是满意度综合评价指标却持续保持低位，那么这个目的地的旅游服务质量同样是堪忧的。量变导致质变，甚至可能会预示较大的旅游经营风险。

2019 年 7 月 31 日，文化和旅游部给予山西省晋中市乔家大院景区取消旅游景区质量等级处理。对于乔家大院来讲，这是一个非常严重的监管处罚。我们不论导致其被摘牌的直接原因，而是从游客满意度分析来进行解读，就会发现这个摘牌事件的必然性。

通过分析乔家大院被摘牌前一年 OTA 中的 1651 条数据，在游客情绪占比分析方面，可以得到一个令人震惊的数据：游客评价的负面情绪占到了 75% 左右。游客评价的负面比如此之高，在全国 5A 级景区中是极其罕见的（见图 5-12）。

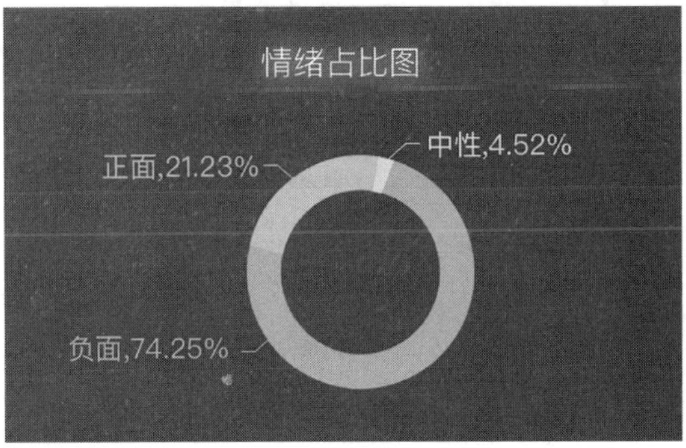

图 5-12　乔家大院游客情绪占比

（图片来源：海鳗云旅游大数据平台）

如图 5-13 所示，依然应用游客满意度八大维度进行量化分析，可以看到，消费的评分最低。

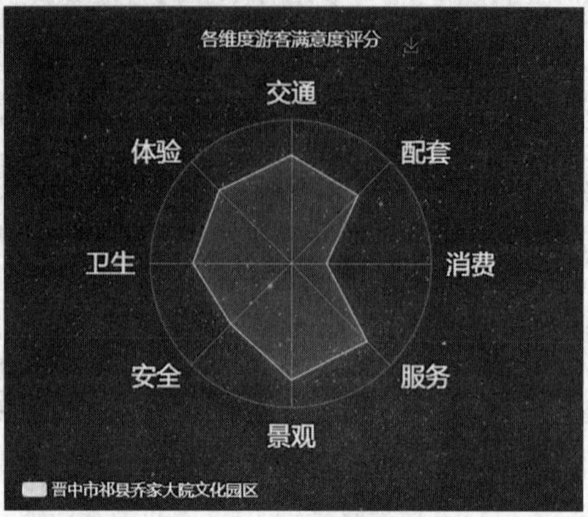

图 5-13　乔家大院各维度游客满意度评分

（图片来源：海鳗云旅游大数据平台）

如图 5-14 所示的词云图分析。“门票贵”“不值一游”“景区管理差”“游览不舒适”等比较突出。

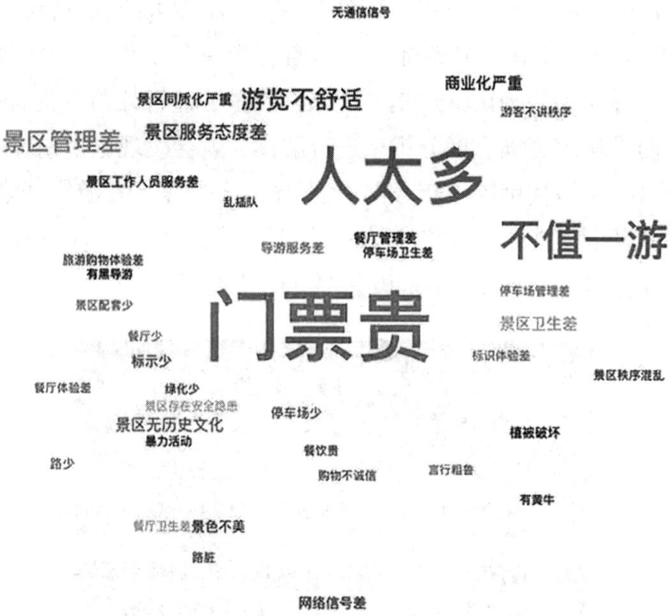

图 5-14　乔家大院评论词云图分析

（图片来源：海鳗云旅游大数据平台）

可以设想，如果乔家大院本身或其当地监管机构，较早地拿到这样的游客满意度分析报告，并且足够重视的话，5A 级景区被摘牌的严重后果是有可能避免的。

【延伸阅读】

海鳗研究．乔家大院被摘牌 大数据中看端倪［Z/OL］．“海鳗云”微信公众号，2019-08-02.

四、旅游信用体系建设

旅游信用体系建设是旅游服务质量管理的核心内容之一。

（一）旅游信用体系建设和大数据

近年来，在旅游业快速发展的过程中，旅游市场存在着诸多不规范、不诚信及不文明等现象，尤其是侵害旅游者权益的违法失信行为。长期以来，我国旅游信用监管依赖政府有关部门，受人力和技术手段所限，大量游客的举报与投诉很难得到快速有效处理。这反过来制约了我国旅游市场发展的后续空间和潜力。

市场经济的核心之一是信用经济。发展市场经济要褒扬诚信、惩戒失信及建立全社会的信用体系。国家建立社会信用代码制度，建设信用信息和数据交换平台，实现信用信息和数据互联互通。要依法使用企业和个人的信用信息保障隐私信息安全，这为旅游信用体系建设指明了方向。

在国家信用体系建设的战略指引下，政府有关部门针对旅游市场的诚信发展出台了系列文件，形成了系列意见。国务院文件和“十三五”旅游业发展规划强调，在旅游市场诚信培育中，要建立旅行社、旅游酒店、旅游景点及旅游从业人员等的信用记录。将旅游市场中的信用记录纳入社会信用数据库，实现各行业失信信息的共享和社会发布，建立旅游诚信“黑名单”制度。

随着移动互联网及大数据技术的普及应用，通过建立旅游信用监管平台，采用行政性监管与市场化监督相结合的模式，不断推进旅游信用体系建设，这必将促进包括旅游信用大数据、旅游信用评级及旅游信用融资等一系列新业态萌生和发展，实现监管机构公共服务及产业促进的职能，带动目的地旅游经济发展。

在移动互联网和大数据背景下，旅游信用评价体系将显现出如下特征：

（1）由静态评价向动态评价转变。随着信息技术的发展，旅游信用评价已由过去依据历史报表、游客反馈及监管部门的考察等静态的资料评价，向实时信用数据汇集和信息挖掘的动态信用评价转变，信用监管也将随动态化信用情况实时进行。

（2）由信用孤岛向信用互联转变。传统的信用体系是由每个部门按照各自监管需要进行的信用评价，其信用状况也仅供本部门使用，是信息孤岛型信用。随着互联网技术的普及，这些区域和部门的旅游信用信息需要实现互联互通，以便于综合监管，形成旅游信用监管体系。

（3）由数据缺乏向大数据集成转变。传统旅游信用评价的数据基础较少，主要是旅游企业的报表及旅游监管部门的监管信息。随着旅游大数据技术的应用，需要汇集多维度信用数据，并利用整体数据进行旅游信用评价，为信用评价建立广泛的数据基础。

（4）由简单计算向云计算转变。由于传统旅游信用评价的数据结构简单，因而其评价模型和计算也相对简单。随着旅游大数据技术的逐步应用，旅游信用评价需要运用大样本评价的模型与方法。

（5）由信用等级向信用资产转变。传统的旅游信用评价多是以等级划分优劣，并根据等级进行监管。旅游经营单位和从业者多数把好的信用等级作为一种荣誉看待。随着信用社会体系的建立，旅游经营者和从业者的信用更应该是一种无形资产，而这种资产能够在流通中使用。

（二）旅游信用数据采集

旅游信用数据涵盖内容比较庞杂，主要可以分为日常交易数据、服务评价数据、旅游行政监管数据及行为轨迹数据。

1. 日常交易数据

日常交易数据是指旅行社、旅游景区、旅游饭店、旅游购物、旅游餐饮及旅游商家等各类旅游经营实体和从业者进行平台化的交易数据。此类数据为各旅游企业的核心数据，一般需要通过行政监管手段进行数据上报要求而获得，从具体实践上看难度较大。另一种方式是监管集成部通过一定的补贴政策，在旅游企业中推广统一的支付方式，监管机构可以与融合支付的机构合作，以获取详细的交易数据。

2. 服务评价数据

服务评价数据的获取类似前述游客满意度数据的获取，一般为两种方式。一是通过自有旅游公共服务平台，收取客户反馈的意见和信息；二是通过爬取各大 OTA 网站评价数据，获取游客对辖区内旅游企业和从业者服务评价数据。从时间上来看，服务评价数据的获取实现度较高。

3. 旅游行政监管数据

通过对各类与旅游产业相关联的政府部门（如法院、工商、公安、交通、卫生、食药、海关、质监、税务及边检等）和行业的监管数据进行汇集、分析与处理，形成旅游行政监管数据的汇集。此类数据的采集需要旅游行政主管部门与各相关监管部门统一协调，数据采集全面性依赖于其他部门的配合度。

4. 行为轨迹数据

通过对公共网络平台的旅游企业相关信息进行数据挖掘、分析和处理，形成旅游企业和从业者的行为轨迹数据。此类数据常见的公共平台有新闻资讯、企业官网、股票分析网站及工商信息查询网站等。此类信息的特点是公开的数据基本都可以采集到，而不公开的数据难以采集。

运用适当的旅游信用评价模型对以上数据进行处理和分析，便可以生成动态的旅游企业和从业者的征信信息，全面构建出旅游目的地征信数据库。

（三）旅游信用数据分析和应用

旅游信用评价指标模型，可分为一级和二级指标。

1. 一级指标的设计

从意愿、能力与表现三个维度研究得出，旅游服务质量信用水平受企业自身的服务质量诚信管理理念、服务质量提供能力、服务质量保障能力与兑现质量承诺表现这 4 个方面的影响，故将其确立为旅游服务质量信用评价基本指标体系的 4 个一级指标。

其中，服务质量诚信管理理念表示的是企业在服务质量管理理念、诚信自律意识及质量诚信体系建设等方面信息；服务质量提供能力是指企业持续提供稳定服务质量的能力；服务质量保障能力是指企业确保和持续提升服务质量水平，控制服务质量风险的内部资源保障水平；兑现质量承诺表现指的是外界对企业兑现服务质量承诺的评判。

2. 二级指标的设计

（1）如表 5-6 所示，服务质量诚信管理理念由服务质量诚信管理体系、守法行为与社会责任三个方面组成：

①服务质量诚信管理体系，指服务质量诚信管理方针、目标、管理组织、管理制度及质量体系文件；

②守法行为，指对国家相关法律及地方法规、条例等的遵守履行情况；

③社会责任，指企业在服务运营过程中贯彻国家政策，具备社会责任意识，支持社会公益事业并主动维护消费者的合法权益的历史记录。

（2）服务质量提供能力由服务产品及其功能的适用性、服务及时性、服务可获性和服务质量管理四个部分组成：

①服务产品及其功能的适用性，指企业为游客提供的前台接待服务、导游服务、路线推荐服务、旅游配套的交通、餐饮及住宿服务等各项配套服务的适用性；

②服务及时性，指企业是否按计划为游客提供各项服务；

③服务可获性，指游客获得服务的便利性和途径；

④服务质量管理，指质量管理信息化水平及质量管理体系建设。

（3）服务质量保障能力由服务基础条件、服务安全保障、服务纠错与应急机制、游客投诉处理、服务标准管理及企业财务信用六个部分组成：

①服务基础条件，指企业的经营资质、服务人员、服务设施、旅游服务用品及旅游环境气氛等与承诺的匹配情况及投入；

②服务安全保障，指企业为游客提供的各方面安全（如人身、财产及心理）服务的保障机制；

③服务纠错与应急机制，指服务过程中发生意外不能按照合约进行时为履行服务承诺采取的措施，如应急预案、保险购买情况等；

④游客投诉处理，指游客投诉的渠道种类、回复及时性和二次投诉率。

⑤服务标准管理，指企业的服务标准和标准体系建设情况；

⑥企业财务信用，指经营能力、盈利能力、资产质量与偿债能力等的财务指标。

（4）兑现质量承诺表现体现在合同履约率、游客满意度、企业信誉度及星级水平四个方面：

①合同履约率，指旅游企业承诺未完成量与合同考核完成量的对比；

②游客满意度，指游客对服务质量所产生的感受与自己的期望所进行的对比，体现在游客投诉率与游客忠诚度等方面；

③企业信誉度，指合作企业与利益相关者的评价；

④星级水平，指旅游企业星级水平（采用有效时间内的获奖信息）。

表 5-6　旅游服务质量信用评价基本指标体系表

一级指标	二级指标
服务质量诚信管理理念	服务质量诚信管理体系
	守法行为
	社会责任
服务质量提供能力	服务产品及其功能的适用性
	服务及时性
	服务可获性
	服务质量管理
服务质量保障能力	服务基础条件
	服务安全保障
	服务纠错与应急机制
	游客投诉处理
	服务标准管理
	企业财务信用
兑现质量承诺表现	合同履约率
	游客满意度
	企业信誉度
	星级水平

如表 5-6 所示指标体系基础上，基于专家调查的层次分析法确定各级指标的权重。之后应用统计分析模型，如因子分析、距离判断法及聚类分析等进行旅游信用评价。另

外，在旅游信用数据可得的情况下，也可以运用灰色预测与评价模型及 RISKCALC 模型、Kmv-merton 模型及 SVM 模型等进行旅游信用评价。旅游信用评价的信息来自众多主体，海量的数据通过信用平台数据库进入信用评价系统，随后采用适应大数据、分布计算处理的评价模型和集成学习策略进行大数据挖掘和模型处理。

海南旅游诚信平台是由海南省旅游和文化广电体育厅主办，具有互联网属性的旅游企业信用信息查询平台，于 2019 年年初推出（见图 5-15）。平台以大数据处理为基础，围绕“食、住、行、游、购、娱”6 个旅游生态要素，实现企业信息的归集、评价、公示与预警等功能，最终以诚信评分的形式展现企业信用与风险等情况。

在产品功能上，网站开辟了酒店、旅行社与景区的信用评分排行、热门导游、红榜、黑榜、处罚公示、人气榜、飙升榜及新星榜等栏目，页面简洁，使用方便。

平台建立海南旅游业务基础数据库，汇集旅行社、酒店、餐饮及景区等旅游行业相关的基础信息及征信信息，根据汇集数据内容创建分类标签，为终端用户查询提供高效与快捷的响应服务。

同时，平台汇集了互联网服务评价数据、“信用海南”涉旅失信人、黑名单数据以及市场监管、税务、法院及公安等十几个政府部门的涉旅基础数据与处罚数据等。利用大数据与人工智能等技术手段建立涵盖企业特质、信用记录、经营风险、经营状况及服务水平五大维度的诚信评价模型；平台采取线上线下互动，政府与协会互动，省级与市县互动三大互动方式，层层把关审核优质商家的准入与退出。

平台已建立了旅行社、景区、酒店及餐饮企业动态模型和基本数据库，拥有 2654 家酒店（涵盖了海南 126 家星级饭店）、51 家景区、349 家旅行社、100 家餐饮企业，模型指标上千项，企业数据上亿条。

图 5-15 海南旅游诚信平台

五、旅游产品价格监测

（一）旅游产品价格监测与大数据

旅游产品价格是旅游者为满足其旅游活动的需要而购买的旅游产品价值的货币表现。旅游产品价格的合理有序直接影响着旅游业的健康发展。

旅游产品的存在形式对研究旅游产品的价格构成作用至关重要。现实交换的旅游产品主要有单项旅游产品和组合旅游产品或线路旅游产品两种。单项旅游产品指的是旅游消费者在旅游实际活动中所要涉及的餐饮与住宿等当中的具体一项。不论单项旅游产品的具体内容是什么，其都包括成本和盈利。线路旅游产品或组合旅游产品是指多个旅游产品的组合。线路旅游产品的价格也是由成本和利润构成，只是线路旅游产品的成本主要指其购进成本和旅行社的自身经营成本。其中购进成本指的是组合旅游产品过程中用于购买各单项旅游产品的费用之和。

旅游业在国民经济中发挥着日益重要的作用，而旅游产品价格作为整个旅游业健康合理发展的风向标，正扮演着越来越重要的角色。改革开放以来，随着旅游业的快速发展和相关法律法规的逐步完善，我国已经建立了比较完整的旅游产品价格政府监管体制。政府对旅游产品价格的监管实际上是为了更好地发挥价格在社会资源配置中的基础作用。

政府对旅游产品价格的监管能很好地控制旅游市场“价格失灵”的现象。旅游市场的“价格失灵”是指由于旅游行为及其产品的特殊性，使得完全由市场进行的价格调控会导致旅游市场的低效率。旅游业门槛较低，如旅行社及旅游饭店等行业的资本和技术门槛都不高，使得旅游企业在旅游发展初期过度投入，从而导致了供求失衡的状况难以得到改善。旅游行业是一个服务行业，服务质量高，旅游质量也就高，而提供质量服务的旅游企业收取的费用也会相对高一些，这是很正常的市场现象。但是由于目前旅游仍属高层次的消费活动，具有较高的需求价格弹性，使得价格高低成为决定旅游者出游的主要因素，导致那些成本低及服务质量差的旅游企业反而能获得更多客户和较高收益，而服务质量较好与价格相对较高的企业则慢慢失去市场。旅游发展需要大量的公共设施和公共服务的支持，但由于长期以来制度方面的原因，导致公共设施和公共服务的产权不清，各旅游企业从各自利益出发，不惜对有限的资源进行过度的开发利用，地方利益及部门利益的介入扰乱了正常的价格秩序使得某些地方垄断旅游资源定价过高，甚至某些核定价格的旅游企业出现私自涨价及变相涨价的情况。价格监管是促进旅游市场健康发展和政策措施完善的必要环节。

旅游产品价格贯穿于旅游经济的核心。随着旅游业竞争力度的增强，加之旅游业发展的超前性与旅游产品价格管理体制的滞后性之间存在着矛盾，严重阻碍了我国旅游业的发展。“零负团费”、价格欺诈和强迫游客消费等始终是政府对市场价格监管的重点。

着力于解决旅游市场秩序和服务质量方面存在的突出问题，提高旅游消费者的满意度，降低旅游消费者的投诉率，减少重点城市的“一日游”等周边游市场问题，使得旅游市场规范有序，旅游服务质量全面提升。

价格监管的前提是价格监测。在旅游业，价格监测有微观和宏观两个作用。价格监测的微观作用是消除扰乱市场行为，通过价格监测发现价格违规者，进行行政处置，具备很强的行政针对性；价格监测的宏观作用是围绕政府价格总水平基本稳定的目标，以监视、判断市场价格变化走势为主，服务于宏观调控，具有很强的政策关联性。

监管部门获取市场价格的手段一般为定点监测和市场调查两种方式：

（1）定点监测，一般是由行政监管部门圈定定点价格监测单位，应用定期或专项价格报送的方式获取旅游产品价格信息从而进行分析。一般步骤为价格数据采集、价格监测数据报送、价格监测数据审核、价格监测数据汇总、价格监测数据加工处理、撰写价格分析与预测及价格监测数据资料归档建库。

（2）市场调查，指按照宏观调控和价格监管工作需要，对重要旅游产品价格和市场价格运行中出现的重要情况，从供求关系、成本及价格等多方面进行的实地调查活动。

旅游类产品有单项旅游产品和组合（线路）旅游产品之分，其特点是品类繁多与价格变化迅速。品类繁多是指旅游产品涉及食、住、行、游、购、娱的方方面面，各类酒店的各类房型、各类交通工具线路的车票及各种组合的线路产品等；价格变化迅速是指出于市场竞争的变化情况，一个产品在一天之中可能有若干次价格调整，其变化频度往往是其他行业不能比的。

基于上述的特点，多年以来，旅游产品的价格监测工作都难以做到全面和完善，其中的主要原因是没有合适的技术手段，成本和效率得不到有效的平衡。

近年来，随着旅游产品的线上化比例的增加，以及大数据采集技术的发展，旅游价格监测这项艰巨的任务有了解决方案。

（二）旅游产品价格数据采集

旅游产品价格数据采集，基于网络爬虫以及相关的大数据处理技术来实现。主要分为以下步骤：

1. 网络爬虫抓取数据

网络爬虫技术已经在Google、百度为代表的网络搜索企业中有了广泛应用。网络爬虫从指定的网页出发，通过分析网页内的标记结构，获取指向其他页面的超级链接，然后通过既定的搜索策略选择下个要访问的站点。理论上，如果指定适当的初始页面集和网络搜索策略，网络爬虫就可以遍历整个网络（见图 5-16）。

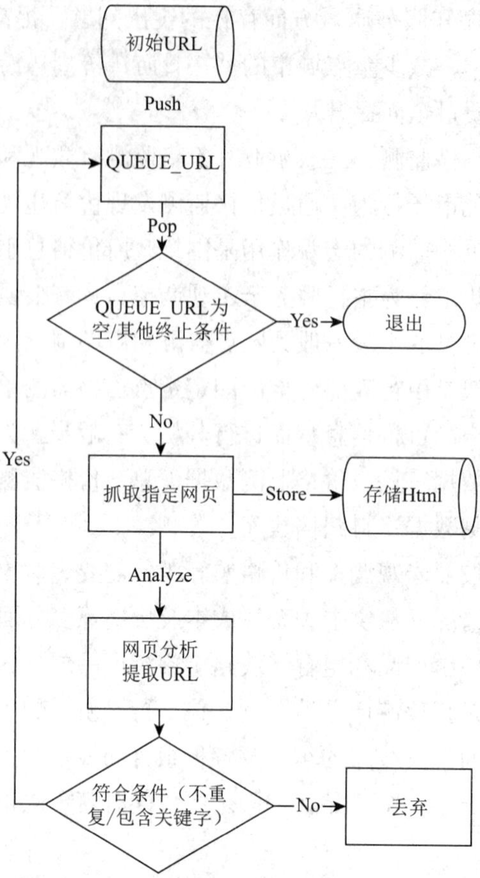

图 5-16　网络爬虫的处理流程

旅游产品价格数据采集的主要网站为：

（1）OTA 网站，携程、美团、去哪儿网、驴妈妈、同程及飞猪等；

（2）旅行社网站，中青旅、凯撒、康辉、中国国旅及地方旅行社等；

（3）其他涉旅网站，航空公司、铁路及公路等。

2. 正则表达式提取价格及其相关数据

正则表达式，也称规则表达式。（Regular Expression，在代码中常简写为 Regex、Regexp 或 RE），计算机科学的一个概念。正则表达式通常被用来检索与替换那些符合某个模式（规则）的文本。

正则表达式是对字符串操作的一种逻辑公式，就是用事先定义好的一些特定字符及这些特定字符的组合，组成一个“规则字符串”，这个“规则字符串”用来表达对字符串的一种过滤逻辑。

由于正则表达式主要应用对象是文本，因此它在各种文本编辑器场合都有应用，小到著名编辑器 EditPlus，大到 Microsoft Word 与 Visual Studio 等大型编辑器，都可以使用正则表达式来处理文本内容。

3. 价格信息入库

在用正则表达式对非结构化的原始数据进行价格及相关信息的提取之后，数据按照结构化数据的格式存入数据库，形成监测台账数据库，以供分析调用。

（三）旅游产品价格分析和应用

从具体实践的角度，通过互联网数据爬取实现的对于旅游产品价格的综合分析一般有以下几个维度：

1. 产品类别维度

（1）景区景点门票价格分析。一般来讲，景区景点是旅游的核心吸引物，其价格变化直接影响游客决策和景区收益。

（2）酒店价格分析。住宿的消费，在旅行中的占比很高。酒店一般包含星级酒店、民宿和快捷酒店等类型。

（3）旅游线路价格分析。旅游线路产品是最贴近旅游需求的旅游产品，在所有旅游产品中占比也最高，旅游线路产品的价格变动情况也最值得关注。

2. 空间维度

（1）本地旅游产品价格分析，指面对目的地自身的旅游产品的价格分析。

（2）对标旅游产品价格分析，指出于竞争或者参考的目的，对对标目的地的相应旅游产品进行监测和分析，从而实现更细微颗粒度的对比。

3. 时间维度

（1）价格变化总体趋势。对价格随时间变化的趋势进行分析，掌握总体变动情况。

（2）时间段的同比对比和环比对比。将不同时间段的价格情况进行对比，从而掌握更多信息。

4. 价格影响因素维度

（1）经济因素，GDP、消费能力、消费倾向及人均收入水平等。

（2）社会因素，重大社会事件，如疫情等。

（3）竞争因素，目的地周边竞争因素，如竞争对手的补贴政策与新建大型景区景点等。

（4）自然因素，如台风、地震、暴雨等。

价格监测的功能除去可以应用积累的数据库做出上述的宏观层面的总体分析外，基于互联网数据采集的实时性特点，在价格监测的微观具体层面，可以帮助监管者实现对引起市场失灵的价格失常事件进行实时的发现和预警，以便快速进行处置。

“不合理低价游”是指背离价值规律，低于经营成本，以不实价格招揽游客，以不实宣传诱导消费，以不正当竞争扰乱市场的行为。

具体来说，旅行社的旅游产品价格低于当地旅游部门或旅游行业协会公布的诚信旅游指导价 30% 以上的即为不合理低价。

不合理低价游的低价格特征极为明显，应用旅游线路产品价格监测的方法，可以便捷地对涉及本旅游目的地的不合理低价游产品进行监测，从而快速定位，快速实施监管措施，阻止不合理低价游的运行，从而将影响旅游市场秩序的隐患尽早消除，确保游客利益，确保旅游目的地声誉。

实训与思考

旅游大数据行业监管应用

【实训目的】

通过亲手制作旅游大数据行业监管场景分析报告，实现对大数据行业监管的基本认知。

【实训要求】

通过专用大数据平台或者互联网相关工具，选择本节所述应用场景中的一种，制作出一份该场景的分析报告，能够起到对该场景所述的监管动作的有效支撑。整个过程建议组成报告小组共同完成。

【方法与工具】

1. 方法

充分了解和梳理该应用场景大数据所要解决的问题，利用互联网或者专用的大数据平台，收集该场景的相关数据，制作出相应的分析报告。

2. 工具

互联网或专用大数据平台、EXCEL、WORD 及其他分析工具。

【操作步骤】

1. 充分描述应用场景，包括但不限于起因、面临的问题及监管的目标等；
2. 确定数据的类型、来源与分析的方法等；
3. 收集数据并进行清洗；
4. 进行数据分析，并应用文字和图表的方式形成报告。

【自我评价】

通过实训，进行自我评价，评价量表如表 5–7 所示。

表 5–7 评价量表

评价项目		评价标准
实训内容	行政监管大数据报告技能	等级一：能够准确设定和描述监管场景，能够有效设定数据类型并进行全面的收集，有效进行数据分析并得出结论。报告结构清晰，文字和图表描述完整而准确，整个过程小组独立完成。
		等级二：能够基本准确设定和描述监管场景，能够较有效设定数据类型并进行较全面的收集，有效进行数据分析并得出结论。报告结构较为清晰，文字和图表描述较完整，整个过程小组独立完成，但需要给予一定的指导。
		等级三：能够基本准确设定和描述监管场景，能够较有效设定数据类型并进行较全面的收集，有效进行数据分析并得出结论。报告结构较为清晰，文字和图表描述较完整，整个过程需要进行指导并反复修改完成。

【拓展练习】

在进行此案例分析的过程中，列举出三个遇到的难点，并根据难点的特点及自己的能力做出深度的剖析，写一篇不少于 500 字的短文。

第六章

基于大数据的旅游舆情应急管理

【学习目标】

- 了解舆情的基本概念、特点与生命周期
- 了解旅游舆情的社会背景与基本概念
- 了解互联网环境下旅游舆情的主要数据来源和属性
- 认识并熟练操作数据获取的基本工具
- 认识并熟练操作旅游舆情分析的基本工具
- 了解并掌握旅游舆情处置的主要方法
- 了解并掌握旅游目的地声誉修复的基本方法

第一节　认识旅游舆情

一、什么是舆情

（一）舆情的定义

舆情，即“舆论情况”，指的是公民和媒体在特定的时间地点场合对特定的事件与对象所公开表达的、基本趋于一致的看法与建议总和。所以“舆情”便指的是在一定的范围内，关于主体事件的产生和发展，民众和媒体对其在社会、道德、经济及政治方面所持有的大致相同的态度。因此，舆情也是民意的一种集体表现和综合反映。

随着互联网的发展，发布和传播效率得到了前所未有的极大的提升，舆情一词才被逐步推上风口浪尖，也成为各类机构和专家学者社会学研究的重要内容之一。鉴于我国的政治关注度高，而主流媒体官方管制力度较强，在很多政治类事件中类似于政府发声，导致在相当长的一段时间内，舆情主体均被单纯定义为公众。舆情内容来源于UGC，也即主要关注公众情绪。但是从舆论学的角度讲，舆论包括既相互独立又相互关联的公共舆论和新闻舆论两个方面。同时，鉴于传统媒体与自媒体等各类媒体的逐步融合性的加强，新闻舆论在很多舆情事件中的参与度也在逐步提高，甚至在很多经济类事件中往往起到推波助澜的作用。因此，如果要全面研究舆情，则应把 UGC 和 PGC 都作为舆情的研究对象。

（二）舆情参与者

从传统的社会学理论上讲，舆情本身是民意理论中的一个概念，它是民意的一种综合反映。民意是多元化的，需要用多维的模型进行分析评估应对。但是，现代舆情典型场景则往往把舆情研究推向了一个较狭义的方向，或者说，现代舆情更严格地定义为“对民意及其作用于执政者及其政治取向规律”的一种描述。

在这种情况下舆情主体存在三个角色：公众、媒体和执政者。公众和媒体作为舆情主体，执政者作为舆情应对方（见图 6-1）。

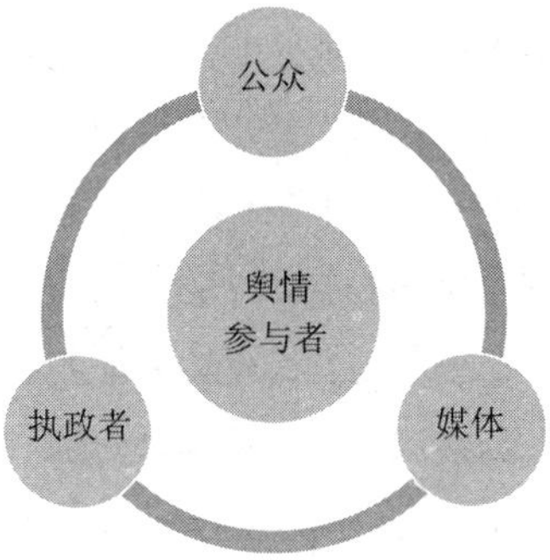

图 6-1　狭义的舆情参与者

纵观社会活动，政治和经济交织共生发展，是社会运行的主流模式。舆情主体所关注的事件已经不仅仅是政治主题，而可能是政治与经济融合的主题，甚至是纯粹的经济主题。在政治经济交织的场景下，舆情主体可以分为四个角色：公众、媒体、经济机构和执政者。公众和媒体作为舆情主体，执政者和经济机构作为舆情应对方。因此，舆情的研究也从狭义的政治范畴扩展到了政治经济范畴（见图 6-2）。

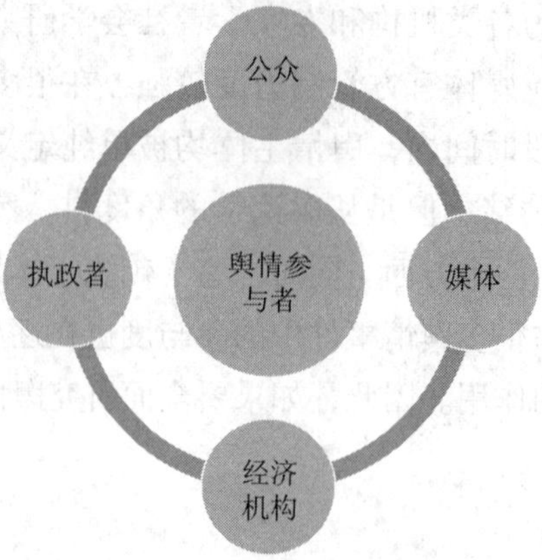

图 6–2　广义的舆情参与者

（1）公众。公众是舆情观点的主要载体，其主要特点是数量巨大、思维活跃、交流频繁及信息量不够充分，易受共情观点影响。同时公众又是执政方和经济机构影响的主要受体，对执政者和经济机构影响的反作用力非常大。因此，公众具备舆情的主体特性，是舆情工作的主要对象。

（2）媒体。媒体是舆情观点的次要载体或二级载体，其主要特点是事件叙述能力专业，具备较高的舆情发布地位，影响范围广泛。舆情事件中，媒体的做法一般是随时洞察公众意见的动向，适当时机做出观点发布，因此可以称为舆情事件的二级载体。而由于媒体本身的传播特质，媒体的参与往往可以迅速把一个舆情事件推向关注高点。因此，媒体同样具备舆情的主体特性，是舆情工作的对象。

（3）执政者。执政者是舆情指向的对象，是舆情应对方。在政治类舆情事件中，执政者是舆论的焦点，一举一动，一言一行均备受关注。作为舆情应对方，其任何行为均可能被多角度解读。执政者舆情应对工作的考验点一般在反应速度、公开透明性及是否推诿责任等方面。因此，其在舆情过程中的动作必须积极且谨慎，时刻考虑公众的情绪变化并做出最合时宜与最有效的舆情应对策略。

（4）经济机构。现代经济社会，经济机构常常都是舆情指向的对象，同样是舆情应对方。比如，旅游景区的滞留事件、P2P 机构融资失信事件以及艺人的失德事件等，其舆情应对主体都是经济机构。在经济类事件中，经济机构是舆论的焦点。经济机构舆情应对工作的考验点一般都在产品和服务质量、社会责任及品牌形象等方面。

（三）网络舆情的特点

现代社会，互联网空前发展，信息发布和阅读工具极为发达，全球范围人均花费在手机屏幕上的时间已经超过 5 小时 / 天。虽然报纸、广播及电视等非网络的传播依然存在，但网络传播已然占到舆情传播的绝对主体地位。与此同时，报纸的电子化与电视的交互化已然将其本体向网络属性演化。网络舆情形成迅速，对社会影响巨大，网络成为社会舆情的核心载体。舆情的研究从覆盖度和价值两个角度上讲，已经实质性地过渡到网络舆情的研究。

网络舆情以网络为载体、以事件为核心，是广大网民与网络媒体情感、态度、意见及观点的表达，是传播与互动及后续影响力的集合。

网络舆情的主要特点有以下几个方面：

（1）发布易。互联网时代，网络交互工具和发布工具非常丰富好用，微博、微信、各大论坛、新闻评论区及视频评论区等，都可以随时对自有观点进行即兴发布。而除去黄赌毒等敏感词汇会被系统屏蔽之外，基本无须审核。

（2）观点直接。既然是随感而发，必然直抒胸臆。所以网民的观点一般都比较直接而激烈，情感丰富，对于阅读的人非常直接地传达意愿。

（3）传播快。当前互联网应用的浏览量非常大，且每个网站或应用基本都有非常便捷的分享功能（比如微信转发朋友圈），这就给快速传播奠定了非常好的基础。互联网环境下的公众舆情事件的传播，可以在秒级达到指数型增长。

（4）影响大。基于公众舆情事件的快速传播能力，其在社会层面的影响是巨大的。而基于沉默螺旋理论，特定时间内表现出来的舆情的观点又会趋于一致。于是，公众舆情事件的影响力会达到难以想象的力度。对于某些典型舆情事件的当事方会造成很大的公信力与品牌等方面的伤害。如“青岛大虾事件”对“好客山东”品牌的伤害。

（5）价值高。网络舆情的价值体现在两个层面，一是舆情事件本身在网络舆情生命周期的各个环节，整个舆情过程是由两或三方主体交互影响的过程。对舆情应对主体来讲，都是典型的实战过程，其场景和应变的情况，会深刻且深远地影响网络舆情各个主体的体验、感受及下一步的动作。二是对于典型舆情事件而言，都是典型的案例，是后来的舆情应对主体学习的好教材。因此，一般情况下，舆情应对方都会对舆情案例库有强烈的需求。

（四）网络舆情的生命周期

生命周期（Life Cycle）的基本含义可以理解为“从摇篮到坟墓（Cradle-to-Grave）”的整个过程。生命周期具有广义和狭义之分。狭义的生命周期即是其本义，是生命科学术语，即生物体从出生、成长、成熟、衰退到死亡的全部过程。而广义的生命周期则是其本义的延伸与发展，即泛指自然界和人类社会各种客观事物的阶段性变化及其规律。

20世纪60年代美国经济学家雷蒙德·弗农提出了产品生命周期理论，他认为“产品和生物一样具有生命周期，都先后经历创新期、成长期、成熟期、标准化期和衰亡期五个不同的阶段。其后生命周期评价的概念和思想逐步成熟，生命周期理论目前已被广泛应用于社会、政治、经济、技术及环境等诸多领域。生命周期理论的重大意义在于将纷繁复杂的研究对象从出现到消亡的整个过程划分为一个个连续的，甚至周而复始的阶段进行研究”。

在社会学研究中，公众关注性事件舆情的生命周期原理包括两层内容：一是公众关注性事件的舆情具有一定的生命周期，即任何公众关注性事件都经历着从萌发到消亡的过程；二是公众关注性事件的舆情可以分为前后相继的各个阶段，其演进具有一定的规律性。

公众关注性事件的网络舆情的生命周期分为四个阶段：

1. 舆情潜伏期

网络舆情最开始是处于萌芽的阶段的，也就是其处于酝酿期。这个酝酿期是网络舆情所依靠的社会要素，如社会的各种热点问题，诸如拆迁、腐败及住房等难题都往往引起社会问题的积压，吸引了网民的极大关注。网民在网络空间里自由地批判、讨论及交流，在这个过程中，那些负面的情绪就会在网上形成巨大的共鸣。网络舆情在潜伏期内，那些不是网络热点的事件就会慢慢形成，堆积力量，如果这些堆积的潜在力量积累到一定的程度，准热点的网络事件就会变成显性的网络热点事件，网络舆情就由潜伏期转变到成长期。

2. 舆情成长期

网络舆情从潜伏期转变到成长期后，网络热点事件会促使不同网民之间进行深度的交流和讨论，最后形成比较一致性的群体意见。统一的群体意见会促使行动群体向同一个方向发展，个人的意见消失，形成高度一致性集体心理。社会热点把不同的网民聚焦在网络上，通过群体的争辩和沟通，群体舆论权不断扩大，而因为群体意见缺乏评价标准，个人意识让位于群体意识。遵照勒庞群体心理感染观点，群体的成员会受到群体意见的影响，会出现缺乏自我反省与从众的行为。

3. 舆情成熟期

网络舆情的成熟期在前面两个阶段的铺垫之后发展到成熟期阶段。在这个阶段，网络舆情的社会影响力和舆情导向威力开始形成。由于网络舆情的极大社会热点问题，吸引了强势媒体的极大关注，在强势媒体的传播下，很多的媒体资源也加入到网络舆情的传播中来。网民的意见在网络媒体资源的促进下，其融合性进一步提高，社会热点的舆情倾向特点开始出现，影响力不断提高。其后，舆情领袖的作用在强势媒体的宣传中得到不断加强。最后，不同选择倾向的网络意见开始分化，而那些处于支配地位的意见被网民们视为最权威的意见，于是形成了一个主流意见，舆论就达到了一个“高峰期”。

4. 舆情衰退期

网络舆情在成熟期后期会慢慢步入衰退期，即网络舆情要面临结束的可能。网络舆情的衰退期，不是网络事件本身的结束，而是其注意力被其他网络事件所转移，旧的网络事件被各大媒体摘下头条，新的社会热点取而代之，民众的视野随之转移到新的社会热点本身上。

总体而言，舆情和其他事物一样，其发展同样符合生命周期理论。这可以从以下两个方面来理解：一是网络事件的产生和发展就像生命一样，从网络事件的产生、开设、发展及衰退，是一个完整的生命周期过程；二是网络舆情的生命周期表现为 4 个阶段，即网络事件的潜伏期、成长期、成熟期及衰退期，这 4 个生命阶段组成了网络舆情的生命周期（见图 6-3）：

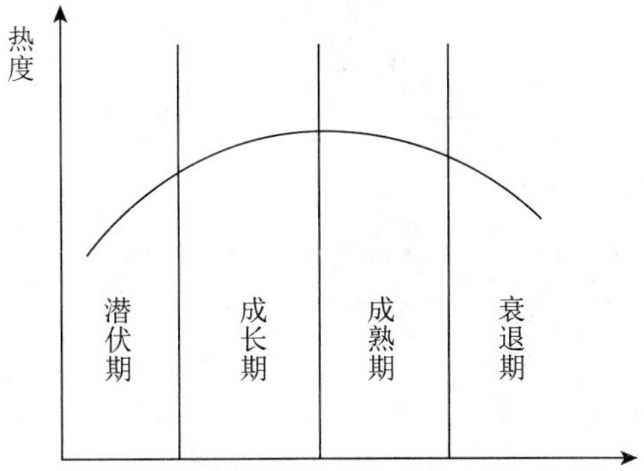

图 6-3　网络舆情的生命周期

二、什么是旅游舆情

近年来，随着人们生活水平的不断提高，民众的旅游热情不断高涨，特别是每逢节假日，各大景区人满为患。鉴于资源和服务的局限性，各种旅游负面舆情频频曝出，引发一场场旅游舆情危机。旅游业因其行业性质一直以来都是网络舆论关注的焦点之一，由于涉及人员面大、人员数量多且过分集中，因此一旦发生负面突发事件就极易引发大面积快速传播发酵，形成网络舆情热点，甚至成为引人注目的公共事件，而旅游企业稍不注意也极易被推到舆情风口浪尖。因此，全面了解社会公众关注的旅游相关问题，及时采集准确的应对措施，预防、减少和消除旅游舆情造成的负面影响成为旅游目的地主管部门及旅游企业的重要工作之一。

（一）旅游舆情的定义

旅游舆情是网络舆情与旅游行业交叉而衍生出的专属概念，是舆情在旅游行业纵深化与行业化的发展。旅游舆情既有舆情的通用属性，又有旅游的行业属性。

旅游舆情，指旅游消费者（游客及潜在游客）及旅游媒体对旅游目的地、旅游服务企业及政府旅游主管部门作用下的旅游品牌及服务体系中各项元素的评价、意见及态度等的信息总和，以及就上述因素进行表达与交互的行为过程。

旅游舆情的行业属性明显，不仅继承了本章上一节的舆情属性，且在旅游行业有独特的概念延伸和行业确定性。

（二）旅游舆情参与者

旅游舆情参与者同样适用于舆情的参与者模型，同时更为具体。旅游舆情的参与者分为游客（含潜在）、媒体和 KOL、涉旅企业及旅游监管机构四类（见图 6–4）。

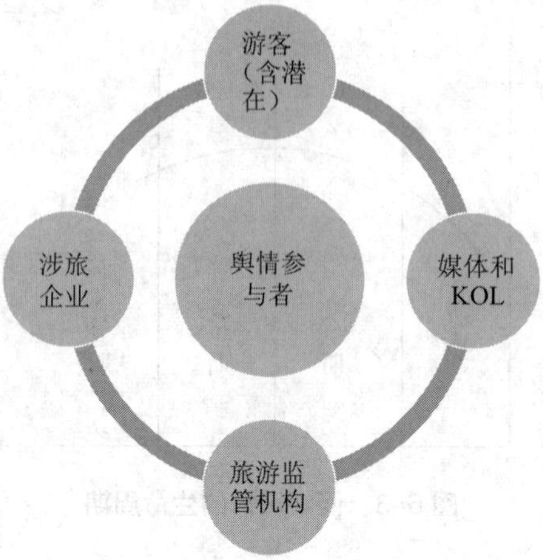

图 6–4　旅游舆情参与者

1. 游客（含潜在）

中国旅游研究院（文化和旅游部数据中心）发布的《2019 年旅游市场基本情况》显示，2019 年，中国的旅游总收入达到 6.63 万亿元，同比增长 11%。国内旅游 60.06 亿人次，同比增长 8.4%。海外游客入境游 1.45 亿人次，同比增长 2.9%。中国公民出境游 1.55 亿人次，同比增长 3.3%。

中国是全球排名第二的旅游市场，仅次于美国。巨大的游客和潜在游客数量，借助互联网载体，可以非常轻易地掀起旅游舆情浪潮。

2. 媒体和 KOL

鉴于旅游市场的高速增长，旅游媒体发展也紧随其后。目前，旅游媒体大致可分为以下几类：

（1）涉旅官媒，指旅游相关中央及地方政府网站，如国务院、各级发改委、文化和旅游部及各级文旅厅 / 局等；

（2）中央媒体旅游频道，如新华网旅游频道与人民网旅游频道等；

（3）商业媒体旅游频道，如新浪网旅游频道与腾讯网旅游频道等；

（4）专业旅游媒体，如执惠、劲旅网及品橙旅游等。

KOL（Key Opinion Leader，关键意见领袖）是自媒体时代的新生事物。作为移动互联网重点关注的人群，不同的 KOL 有着独特的人格属性和内容特质，具体而言，KOL 有以下三个特征：

（1）持久介入特征。KOL 对某类事件较之群体中的其他人有着更为长期和深入的介入，因此对事件更了解，有更广的信息来源、更多的知识和更丰富的观点。

（2）人际沟通特征。KOL 较常人更合群和善于表达，他们具有极强的社交能力和人际沟通技巧，且积极参加各类活动，善于交朋结友，喜欢高谈阔论，是群体的舆论中心和信息发布中心，对他人有强大的感染力。

（3）性格特征。KOL 观念开放，接受新事物快，关心时尚与流行趋势的变化，愿意优先发表观点，对舆情事件有强烈的主导性。

3. 涉旅企业

旅游行业是一个多行业的综合构成，综合性非常强，涉及旅游行业的企业众多。当前，随着旅游与各行业的结合越发紧密，创新商业模式层出不穷。若从行为要素或服务类别上看，涉旅企业可分为食、住、行、游、娱、购、体、疗、学及悟十个类别。从舆情的角度看，直接面向消费者进行服务的企业，最容易成为舆情主体关注的目标。

（1）旅游中介类，如旅行社与 OTA 平台等；

（2）旅游景区类，如景区、城市公园及主题公园等；

（3）住宿接待类，如酒店与民宿等；

（4）餐饮接待类，如餐厅等；

（5）旅游商业类，如旅游购物商业与旅游娱乐等；

（6）交通服务类，如公路、铁路、航运、水运及出租车等。

4. 旅游监管机构

旅游监管机构，指旅游行业相关的行政监管机构的集合，其牵头部门为文旅部、省级文旅厅及地市县级的旅游局等，而其他各级行政主管部门如工商、物价、卫生及公安等也是旅游监管机构的重要组成部分。

（三）旅游舆情的知识体系

通常来讲，科学全面的舆情管理依赖于对所涉及行业的充分理解。监测和分析旅游舆情，需要从舆情主体，即游客（含潜在）/ 旅游媒体视角，形成完整的知识体系。

旅游舆情知识体系是对旅游舆情进行定义、分类和分析的基础。旅游舆情知识体系如下（见表 6-1）：

表 6-1 旅游舆情知识体系

一级指标	二级指标举例	关键词举例
景观	景色美	景色美得不像样、风景一流、风光令人沉醉、景致诱人、景象世界闻名、环境优美、视野开阔、海景赞、山水如画、美轮美奂
	景区珍奇	独特、新颖、闻所未闻、独树一帜、标新立异、绝无仅有、稀世珍品、出类拔萃、让人叫绝、与众不同
	商业化严重	商业化严重、充满商业气息、极端商业化、过于商业化、商业气息污染、过度商业化、浓重的商业化、商业化挺严重、商业气息浓厚、商业化非常重
	景区同质化严重	没创意、普普通通、司空见惯、屡见不鲜、不足为奇、比比皆是、常见、泛泛、雷同、审美疲劳
	景区有历史文化	历史所在地、纯粹的老建筑、古色古香、深厚文化底蕴、文化气息、辉煌的历史、博大精深、物华天宝、源远流长、历史悠久
	……	……
服务	欺诈购物	宰客、欺诈消费者、换货遭拒、拒绝退货、拒退款、伪三包、售假、卖假货、信誉差、合同欺诈
	强制购物	强制消费、逼迫消费、强迫游客捐赠、未经同意收费、逼迫交钱、强迫购物、强迫消费、强制交费、强迫缴费、强制购物
	景区不作为	不作为、不处理、懒作为、懒政、乱作为、推卸责任、推诿责任、懒得作为、踢皮球、不想办法
	订取购票便捷	自助买票、购票不用排队、订门票方便、专人送票、灵活取票、拿票快捷、换票方便、自主领票、买票省去排队时间、取票等待时间短
	景区服务态度差	工作人员语言粗鲁、前台不耐烦、服务不到位、态度差、服务差、服务人员态度不好、管理员态度恶劣、服务质量差、没服务、服务没态度
	……	……
消费	门票便宜	门票划算、儿童票实惠、学生票特价、通票省钱、成人票无手续费、电子票物超所值、一票通打折、联票优惠、老年票打折、团队票省资金
	娱乐消费贵	KTV 价格离谱、酒吧价格难以接受、网吧宰客、足疗天价、按摩涨价、洗浴重复收费、台球性价比低、桌游收手续费、棋牌价格离谱、游戏厅涨价
	餐饮价合理	早饭划算、吃东西便宜、食堂性价比高、商贩物美价廉、饮食省钱、小摊平价、餐饮实惠、饭店优惠、快餐省钱、吃的物有所值
	购物消费贵	特产店天价、专卖店性价比不高、土产不划算、纪念品超贵、超市涨价、专营店尤其贵、工艺品价格上涨、老字号收取手续费、手工艺性价比低、特产宰客
	住宿价合理	酒店价格亲民、宾馆收费正常、旅馆公道、旅舍便宜、客栈不坑人、民宿性价比高、招待所平价、农家院实惠、农家乐划算、别墅平价
	……	……

续表

一级指标	二级指标举例	关键词举例
配套	绿化少	绿化不好、绿化差、绿化不足、无古树、乔木配置不足、灌木缺失、找不到草坪、没草坪、没花坛、绿化少
	餐厅充足	食物充足、餐厅不计其数、小商小贩很多、摊位配置齐全、摊位众多、提供餐饮、吃的非常多、餐厅配置全、不担心吃饭、餐厅充足
	消防设施充足	灭火器充足、消防设备足够、防火设备配置齐全、消防栓找得到、提供灭火器、灭火器不计其数、消防资源充足、配有灭火器、配置防火设备、很多消防栓
	商品商店不足	特产店缺少、纪念品数量不够、土特产缺少、超市配置不够、老店缺失、购物场所不足、专营店没看到、老字号数量不够、专卖店找不到、商场稀缺
	没有残疾人卫生间	残疾人卫生间不显眼、残疾人专用蹲位未设置、残疾人厕所找不到、残疾人卫生间不好找、残疾人卫生间不方便、残疾人厕所不显眼、残疾人厕所不足、残疾人专用蹲位不足、残疾人专用蹲位找不见、残疾人厕所未设置
	……	……
交通	不良驾驶	加塞、逆行、酒驾、猛按喇叭、实线超车、危险驾驶、超速超载、强行并线、不系安全带、开车吸烟
	运力不足	游览车超负荷、公路不堪重负、客车超负载、观光车不够、运力跟不上、运力不足、小路超负荷、电瓶车不堪重负、索道供应跟不上、车辆供不应求
	乘车不便	打车困难、搭车麻烦、出行周折、坐车不便捷、打车不方便、坐车远、打车走很远、坐车不容易、打车麻烦、坐车周折
	道路有安全隐患	栈道有积水、马路上轮胎打滑、路湿滑、路上结冰、栈道轮胎打滑、路上存在隐患、栈道有障碍物、路途积水、路面湿滑、路面结冰
	内部车船价格合理	游船便宜、快艇特价、游轮物美价廉、观光船免票、电瓶车优惠、观光车实惠、游览车物超所值、缆车划算、大巴便宜、索道平价
	……	……
体验	乱收费	非法收停车费、违规卖票、不正当收费、滥收费、额外收费、乱加价、超额收费、半路加钱、擅自增设收钱项目、收钱不规范
	游览舒适	天气晴朗、空气清新、空气湿润、天气赞、气候适宜、温度适宜、气温舒适、身体舒服、天气适宜、气温正好
	不值一游	意义不大、有点后悔、不值得去、名不副实、无亮点、没有特色、不推荐、一定别来、失望、乏味
	衣冠不整	工作人员衣冠不整、清洁工衣着不整、景区人员拖鞋跷脚、保洁赤裸上身、保安蓬头垢面、员工衣冠不整、员工当众剔牙、清洁工打赤膊、游客没穿上衣、办公人员衣衫不整
	网络信号差	没有网、没有 Wi-Fi、信号不好、打不了电话、信号全屏蔽、找不到信号、网络差、网络不好、信号不太好、打不开网络
	……	……

续表

一级指标	二级指标举例	关键词举例
卫生	厕所脏	厕所地面脏、马桶有污渍、盥洗室有异味、公厕男厕地很脏、女厕地面有污渍、茅厕脏乱差、卫生间有臭味、洗手间把手脏、厕所有污迹、马桶圈没清理
	垃圾桶脏	垃圾桶清理不到位、垃圾箱附近脏乱差、废物箱清理不到家、废物桶打扫不及时、垃圾池不达标、垃圾桶脏乱差、垃圾桶不卫生、垃圾箱清理不到位、垃圾桶打扫不及时、垃圾池超差
	餐厅卫生差	餐厅脏乱差、小摊卫生不达标、小贩打扫不及时、食物不干净，夜宵不卫生、食品不干净、小商小贩脏乱差、摊位太差、餐厅清洁不到家、餐厅清洁不及时
	住宿卫生好	旅店每天消毒、宾馆一尘不染、客栈干净、招待所整洁、民宿消过毒、房间消毒、住的没味、枕头干净、房间没灰尘、别墅已清理
	休憩设施卫生好	凳子消毒、椅子一尘不染、坐的地方干净、休息室每天消毒、服务设施没味、休息场所卫生好、休息区整洁、服务区卫生达标、长凳干净、板凳已消毒
	……	……
安全	落水	落水、溺水、坠河、坠湖、落入江中、坠落海里、跌落湖中、落入河中、跌落湖里、落入湖中
	食物中毒	农产品变质、食品有农药残留、肉类菌群超标、自来水铅超标、食物中毒、食品铅超标、食物含有毒物质、冻品有害物质超标、农产品含大量有毒物质、粮油变质
	电梯事故	被困电梯、扶梯塌陷、升降梯掉下、直梯伤亡、摔下滚梯、被扶梯绞住、扶梯事故、掉下扶梯、电梯坠落、电梯故障
	厕所偷窥	厕所发现针孔摄像头、拍摄女厕、偷窥卫生间、偷看厕所、女厕针孔摄像头、男厕偷窥、男厕偷看、如厕发现摄像头、茅厕偷看、旱厕摄像头
	危化品泄漏事故	危险品发生泄漏、引发煤气泄出、造成危化品漏气、天然气管道断裂、煤气泄漏、导致天然气泄漏、致使危险品漏气、危险化学用品泄漏、危险品爆炸、导致危化品
	……	……

（四）旅游舆情与旅游目的地的关系

1. 负面舆情可导致管理失控

基于网络的非属地性，负面信息可以在任何时间从任何地方发出。虽然目的地政府的旅游相关执政部门具备较强的地方控制力，能顺利地掌握当地的传统媒体，但对于网络传播的信息流动却鞭长莫及，没有行之有效的管控手段。因此，当针对一个旅游目的地的负面信息在网络上流动起来之后，便意味着它的内容、流向及产生的效果不再受当地政府的控制，只能采取不算直接的其他措施减少网络信息流动的负面效果。这种负面信息流动引起的属地化管理失控，致使当地政府往往处于被动地位。而政府若在处置策略上有偏差，便更容易导致失控。整体局面的失控，会导致游客对当地政府的信任缺失，对当地旅游形象产生严重的怀疑。

2. 负面舆情可导致形象受损

由于网络传播的信息流动速度快，一则夺人眼球的负面信息，往往只需数小时便可被千万网民知晓并转发，从而有可能达到“众口铄金，积毁销骨”的威力。

2017 年 8 月 18 日，一篇《昆明，你拿什么来保护热爱你的人？》的微博长文一经发布便在网络上迅速传开，起因是一位在昆明游玩的女大学生因为拒乘当地的摩的而遭到了车主的殴打，因此发微博希望坏人能得到惩治。此篇文章给昆明带来了较为严重的形象冲击，一时之间，来自广大网友的批评之词甚嚣尘上。

尽管云南旅游主管部门在舆情发生之前已妥善处理好此事，然而，负面消息在游客心中已先入为主。正面消息的吸引力已难以与负面信息的吸引力相抗衡，因为负面信息的内涵往往包含着部分人群利益受损的情况，网民又恰恰会将自己代入受害人的情境之中，因此会加大对负面消息的恐慌和失望，从而可能更加感性与片面地抒发自己心中对消息的负面评价。

3. 负面舆情影响游客的选择行为

网络负面新闻刚刚发布时，受众较小。经过一段时间发酵后，会形成网络负面影响，影响的传播者通常在大众心里具有较强的权威性与真实性。如《昆明，你拿什么来保护热爱你的人？》这篇文章在新浪微博上发布，由于新浪微博使用人数巨大，自发布至完稿日已有超过 168 万人阅读，评论数超过 3500 条，转发数超过 1100 条。我们看到，评论里不乏对云南旅游抵触的负面言论，不管是否属实，都会影响消费者的行为选择。看到这些负面事件和负面言论后，有心来云南旅游的游客可能会打退堂鼓，继而转向声誉更好的旅游目的地。

4. 监督和批评是社会发展的动力

从局部来看，负面舆情对旅游目的地的发展具有较强的负向影响。但是从长远的视角来看，重大负面舆情事件的发生发展也反映了该旅游目的地长期以来治理方面的隐含问题，冰冻三尺非一日之寒。超出地方政府掌控能力的负面旅游舆情的发生，可以促进地方政府挖掘深层次的原因，制定更为科学有效的地方旅游发展大政方针，从而促进地方旅游服务产业的提质升级。“青岛大虾事件”之后，青岛乃全山东的旅游监管机构都实施了行之有效的全面的整治措施，以确保此类事件不会再次发生，给游客提供更舒适的旅游环境的同时，保护好“好客山东”的品牌价值。

5. 科学利用舆情可提升目的地品牌

旅游舆情是政治经济类舆情，是产业舆情。旅游舆情应用到产业中，有更为宽泛的外延。因此，旅游舆情不仅应关注突发事件和重大负面的主题、情绪和声量，还应关注正面舆情的主题、情绪和声量。不仅应关注舆情的增量，还应关注舆情的存量，更应注重大多数的中肯评价。旅游目的地应建立更为宽泛更为深化的舆情监控模型，时刻洞悉舆情态势、舆情分布与舆情走向，并根据这些舆情分析结果制定更为科学合理的旅游服务策略和品牌提升策略。通过舆情的持续监测，还能对上述策略的效果进行科学的评估，进而优化服务策略和品牌提升策略，形成持续利用舆情提升旅游目的地品牌的能力闭环。

第二节　旅游舆情数据采集与处理

对于旅游舆情，我们首先需要获取到各个网站上的相关数据，然后对原始文本进行清洗，最后对清洗后的数据进行特征提取，挖掘出每篇文章的重要信息，方便之后的舆情分析挖掘。

一、旅游舆情的数据源

互联网上的公开内容，存在于互联网的媒介网站中，即互联网普通用户从传播受体的角度可以直接读取到的内容。从存在形态上讲，互联网内容数据可以分为以下几种类型：

（1）文本数据，主要指新闻资讯、微博、微信、论坛及贴吧等媒介网站中存在的非结构化文本数据，也包括对于视频和音频类的文本描述和评价数据；

（2）图片数据，指各类媒介网站中存在的图片数据，包括专门的图片网站（如Instagram）及其他网站的配图等；

（3）视频数据，指各类媒介网站中存在的视频数据，包括专门的视频网站（如优酷与抖音等）及其他网站的配套视频等；

（4）音频数据，指各类媒介网站中存在的音频数据，包括专门的音频网站（如喜马拉雅与得到等）及其他网站的配套音频等。

严格来讲，旅游舆情在以上介质上均可进行有效的传播。但是，从传播速度和覆盖度来讲，文本数据的重要性远超过其他类型数据。当然，也有很多学者和专著专门研究图片、视频和音频数据的智能识别，但这并不在本书的讨论范围内。互联网文本大数据获取和分析技术是本书的重点。

旅游舆情监测的前提是明确数据来源，旅游舆情的数据来源主要包括如下几个方面：

（1）政府网站。要获得旅游舆情的信息全方位数据，不仅要监测舆情主体，即游客（含潜在）/旅游媒体的信息发布以及评论情况，同时也要关注舆情应对方的发声阵地。政府网站也是执政者发布信息的重要阵地。政府网站的第一类为自国务院、省、地、市及县的政府官方网站，网站域名一般均以 .gov 结尾。政府网站的第二类为涉旅政府职能部门网站，包括中央、省、地、市及县的文旅部体系与发改委体系等各级网站。

（2）新闻资讯。新闻资讯指传播类的专业媒体。主要分为中央官方媒体，如新华网与人民网等；地方官方媒体，如《天津日报》与《河南日报》；商业媒体，如新浪网、凤凰网、腾讯新闻及今日头条等。新闻资讯是舆情的重要载体，在舆情过程中的作用至关重要，因其专业属性，一般态度相对自媒体较为克制和客观。

（3）微博。微博的模式源自美国的 Twitter，是典型的互联网自媒体。微博早期有不同的品牌，如腾讯微博、网易微博及新浪微博等。而发展至今，新浪微博是公认的老大，其他微博或关闭或运营惨淡。因此，旅游舆情监测在舆情的数据源上特指新浪微博。

（4）论坛。论坛是网民的一种独特的交流形式。在自媒体高速发展之前，论坛是网络意见的先锋常驻论坛。鉴于监管压力及自媒体的流量掠夺，论坛往日辉煌已不在。但是，作为一种独特的存在形式，论坛虽然不在风口浪尖，但是也能够凭一己之力独善其身。比较著名的论坛，如天涯论坛与西祠胡同等。

（5）OTA。互联网时代，OTA（Online Travel Agency）在线旅行社蓬勃发展，2019 年以携程为首的 OTA 线上交易量已达万亿元规模。OTA 在向旅行社提供全方位服务的同时，非常重视客户评价。在 OTA 的门票、酒店和目的地的频道中，都有针对特定门票、酒店和城市的评价功能，这些评价是舆情的主要载体之一。因为评价的重要性，涉旅企业也非常关心，正是基于此，游客也希望把一些意见和建议在这个地方提出，希望让相关企业看到。因为 OTA 中的评价发布者基本都是曾经的消费客户，评价相当有针对性。因此，OTA 评价的数据质量相对较高。

（6）微信。微信（WeChat）是腾讯公司于 2011 年 1 月 21 日推出的一个为智能终端提供即时通信服务的免费应用程序。微信支持跨通信运营商与跨操作系统平台，通过网络快速发送免费（需消耗少量网络流量）语音短信、视频、图片和文字。同时，也可以使用通过共享流媒体内容的资料和基于位置的社交插件“摇一摇”“朋友圈”“公众平台”“语音记事本”等服务插件。截至 2019 年年底，微信已经覆盖中国 94% 以上的智能手机，月活跃用户达到 10 亿。微信在互联网用户使用时长上占到用户全部时间的 23.8%，远超第二名腾讯视频的 4.9%。

（7）其他。上述六个旅游舆情数据源是旅游舆情数据采集常用与主流的数据源。其他数据源还包括博客（Blog）、问答、贴吧及视频网站等。这几类数据源中，能获取的旅游舆情相关数据较少，因此，仅作为主流数据源的补充使旅游舆情数据更加全面。

二、数据采集

网络数据采集常见的称谓包括网页抓屏、数据挖掘、网络收割或其他类似的版本。理论上，网络数据采集是一种通过多种手段收集网络数据的方式，不光是通过与 API 交互（或直接与浏览器交互）的方式。最常用的方法是写一个自动化程序向网络服务器请求数据，然后对数据进行解析，提取需要的信息。实践中，网络数据采集涉及非常广泛的编程技术和手段，如数据分析与信息安全等。常见的数据采集工具有八爪鱼、后羿采集器及火车采集器等，下面重点介绍八爪鱼和 Python 数据采集。

（一）八爪鱼

八爪鱼是国内领先的互联网数据收集平台，可以将网页非结构化数据转换成结构化数据，以数据库或 EXCEL 等多种形式进行存储。通过云采集实现精准、高效及大规模的数据采集，降低获取信息的成本与提高效率，协助用户进行电商价格监控、舆情分析、市场分析、风险监测及品牌检测等。

八爪鱼官网及软件内部，有附带的软件操作教程可以进行学习，直接通过点击实现数据采集。

（二）Python 爬取数据

如果我们把互联网比作一张大的蜘蛛网，数据便是存放于蜘蛛网的各个节点，而爬虫就是一只小蜘蛛，沿着网络抓取自己的猎物（数据）。爬虫指的是向网站发起请求，获取资源后分析并提取有用数据的程序。

从技术层面来说就是通过程序模拟浏览器请求站点的行为，把站点返回的 HTML 代码 /JSON 数据 / 二进制数据（图片与视频）爬到本地，进而提取自己需要的数据，存放起来使用。

Python 作为大数据时代最常用的语言有完善的爬取数据库供大家调用，urllib、urllib2 和 Scrapy 等，并通过正则表达式实现数据获取。

海鳗云旅游大数据教学实训平台内置了 Python 爬虫工具包，下面我们借助实训平台来介绍通过 Python 爬虫获取数据的方法。首先选择链接数据字节，然后点击确认选择，出现对应网址，选择数据爬取，点击开始运算，下方进行爬取结果展示（见图 6–5）。

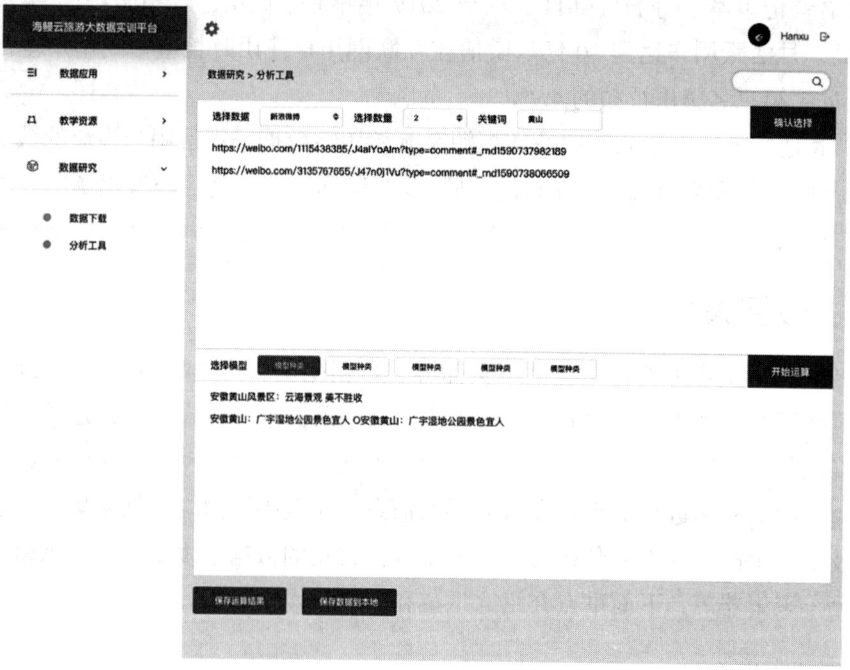

图 6–5　爬取结果

（图片来源：海鳗云旅游大数据教学实训平台）

三、数据清洗

数据清洗，指对“脏”数据进行对应方式的处理，“脏”在这里意味着数据的质量不够好，会掩盖数据的价值，更会对后续的数据分析带来不同程度的影响。有调查称，一个相关项目的进展 80% 的时间可能会花费在数据清洗上。因为清洗必然意味着要对数据有一定的理解，而这个工作是自动化或计算机解决不了的难题，只能人为对数据进行重新审查和校验，找到问题所在，并通过一些方法对相应的数据源进行重新整理。清洗数据的方式大致可分为筛选、清除、补充及纠正四种。

（一）非文本数据

很多时候我们的分类文本来自爬虫的爬取结果，因此文本中常常会带有 HTML 标签与 URL 地址等非文本内容。因此，需要清除这部分内容对分类没有什么帮助的内容。

（二）去除指定无用的符号

可以使用Python包替换一些指定的字符数据，可以用在去除文本中大量重复的符号。

（三）无意义文本

此外，还需要过滤掉剩余文本中的如广告内容、版权信息及个性签名的部分，毫无疑问，这些也都不应作为特征被模型学习。

（四）长串数字或字母

通常情况下中文文本中长串的数字代表手机号、车牌号及用户名 ID 等文本内容，在非特定的文本分类情境下可以去除。或将其转换为归一化的特征，如是否出现长串数字的布尔值特征 HAS_DIGITAL、按长度归一的 DIGIAL_LEN_10 等。值得一提的是，表情代号常常作为长串数字或字母出现，却能在情感分析中起到巨大作用。

（五）进行分词

中文文本数据，如一条中文的句子，词与词之间是连续的，而我们希望数据分析的最小单位粒度是词语，因此，我们需要进行分词工作，这样就能够给下一步的工作做好准备。而对于英文文本句子，就不存在分词这一说法了，因为英文句子的最小单位就是词语，词与词之间是有空格隔开的。

使用 jieba 包进行分词处理，我们可以得到干净的文本，文本中起到关键作用的是一些词，主要词就能决定文本的取向。

由于计算机无法识别自然语言，我们自然也就无法直接将原始文本直接扔到分类算法中得到分类结果。因此，我们需要先将文本转化为一定格式的特征编码，文本分类区别于其他文类问题的特点就在于此。显然，转化后的特征编码能够携带越多的文本特征，就越能帮助分类算法预测出对应的类别。

中文文本分类最常用的特征提取方法是分词。区别于英文天然存在空格符作为词与词之间的间隔标志，中文文本中词的提取必须通过基于序列预测等方法的分词技术来实现。在提取了特征值之后，再采用 One-hot 或 TF-IDF 等方法将每个样本转化为固定长度的特征编码作为分类算法的输入。

（六）去除停用词

经过上面的步骤，我们已经把所有的词进行了分类。但是这些词并不都是我们所需要的，如句号“。”。显然，句号对意思的表达没有什么效果，还有如“是”“的”等无意义词。这些词在所有的文章中都大量存在，并不能反映出文本的意思，可以清理掉。通常情况下，在文本中去掉这些停用词能够使模型更好地去拟合实际的语义特征，从而增加模型的泛化能力。

值得注意的是，停用词表并不是一成不变的。针对不同的文本分类情景，所采用的停用词表也应该做出针对性的调整。例如书名号“《　》”往往比书名本身更能代表书名的特征，冒号“：”通常出现在人物访谈类文章的标题中，人称代词“他”和“她”在情感类文章标题中频繁使用等。根据情景灵活地使用停用词表，往往能够起到意想不到的效果。

例如：

标点符号：,。！ /、*+−

特殊符号：❤❥웃유♋☮✌☏☢☠✔☑♚▲♪等

无意义的虚词：“你”“我”“他们”“想要”“打开”“可以”等

（七）变形词识别和替换

变形词问题除了能让我们感叹中文博大精深之外，也时时刻刻困扰文本分类工作者，极大地增加了广告识别及涉黄涉政等特殊文本分类场景下的分类难度。对中文词的变形通常采用的方法有特殊符号替换、同音近形替换及简繁替换等。

要做到变形词的识别和替换，除了建立常见变形词的映射表以外，还可以尝试用拼音首字母的方法来鉴别同音替换的变形词。以及用 Word2vec 词向量来对比变形词与上下文的语意关联度，从而识别出该词是否经过了变形。

以海鳗云旅游大数据教学实训平台为例，选择数据并进行清洗（见图 6-6）：

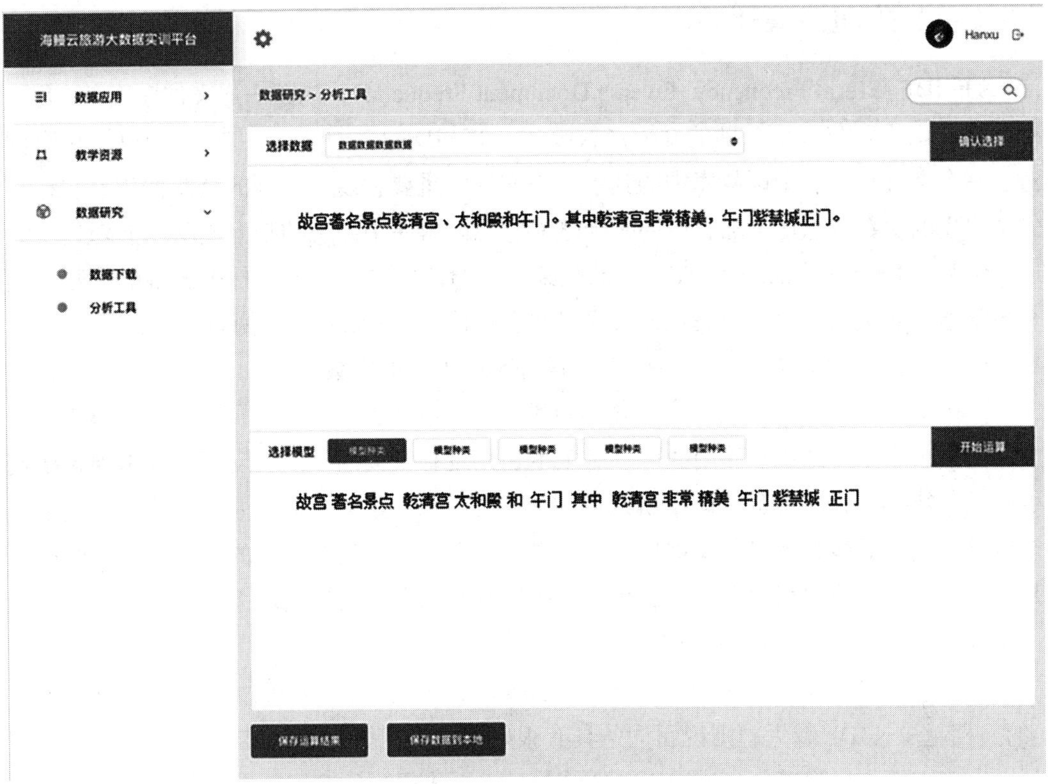

图 6–6　数据清洗结果

（图片来源：海鳗云旅游大数据教学实训平台）

四、文本特征提取

文本挖掘是一门交叉性学科，涉及数据挖掘、机器学习、模式识别、人工智能、统计学、计算机语言学、计算机网络技术及信息学等多个领域。文本挖掘就是从大量的文档中发现隐含知识和模式的一种方法和工具，它从数据挖掘发展而来，但与传统的数据挖掘又有许多不同。文本挖掘的对象是海量、异构及分布的文档（web）。文档内容是人类所使用的自然语言，缺乏计算机可理解的语义。传统数据挖掘所处理的数据是结构化的，而文档（Web）都是半结构或无结构的。因此，文本挖掘面临的首要问题是如何在计算机中合理地表示文本，使之既要包含足够的信息以反映文本的特征，又不至于过于复杂使学习算法无法处理。在浩如烟海的网络信息中，80% 的信息是以文本的形式存放的，Web 文本挖掘是 Web 内容挖掘的一种重要形式。

文本特征提取算法通过构造评估函数，对特征集合中的每个特征进行评估，并对每个特征打分，这样每个词语都获得一个评估值，又称为权值。然后将所有特征按权值大小排序，提取预定数目的最优特征作为提取结果的特征子集。显然，对于这种类型算法，决定文本特征提取效果的主要因素是评估函数的质量。

（一）TF-IDF 算法

TF-IDF（Term Frequency-Inverse Document Frequency，词频—逆文件频率），是一种用于资讯检索与资讯探勘的常用加权技术。TF-IDF 是一种统计方法，用以评估字词对于一个文件集或一个语料库中的其中一份文件的重要程度。字词的重要性随着它在文件中出现的次数成正比增加，但同时会随着它在语料库中出现的频率成反比下降。

词频（Term Frequency，TF）指的是某一个给定的词语在该文件中出现的次数。这个数字通常会被归一化（一般是词频除以文章总词数），以防止它偏向长的文件。

$$TF_w = \frac{\text{在某一类词条 w 出现的次数}}{\text{该类中所有的词条数目}}$$

但是，需要注意一些通用的词语对于主题并没有太大的作用，反而一些出现频率较少的词才能够表达文章的主题，所以单纯使用 TF 是不合适的。权重的设计必须满足一个词预测主题的能力越强，权重越大，反之，权重越小。所有统计的文章中，一些词只是在其中很少几篇文章中出现，那么这样的词对文章主题的作用很大，这些词的权重应该设计的较大。IDF 就是在完成这样的工作。

逆向文件频率（Inverse Document Frequency，IDF）的主要思想是，如果包含词条 t 的文档越少，IDF 越大，则说明词条具有很好的类别区分能力。某一特定词语的 IDF，可以由总文件数目除以包含该词语文件的数目，再将得到的商取对数得到。

$$IDF = \log\left(\frac{\text{语料库的文档总数}}{\text{包含词条 w 的文档数} +1}\right)$$

某一特定文件内的高词语频率，以及该词语在整个文件集合中的低文件频率，可以产生出高权重的 TF-IDF。因此，TF-IDF 倾向于过滤掉常见的词语，保留重要的词语。

$$TF\text{-}IDF=TF*IDF$$

下面我们用海鳗云旅游大数据教学实训平台对文本进行词频分析，选择好模型进行运算后，结果如图 6-7 所示：

下方数值即为本段各特征词权值，其中午门权值最高为 0.9440，乾清宫居于第二位为 0.8860，排名越靠前的越能代表本文特征。可用午门、乾清宫及故宫等著名景点综合反映本文特性（注：结果受语料库影响，本结果为展示用，不为唯一结果）。

（二）Word2Vec

Word2Vec 是 Google 在 2013 年开源的一款将词表示为实数值向量的高效工具。通过训练可以把对文本内容的处理简化为 K 维向量运算，而向量空间上的相似度可以用来表示文本语义上的相似度。Word2Vec 输出的词向量可以用来做很多 NLP 相关的研究，如词聚类、找同近义词及词性分析等。

图 6-7 词频分析结果

（图片来源：海鳗云旅游大数据教学实训平台）

Word2Vec 生成词向量的基本思想来自于 Bengio 提出的 NNLM（Neural Net work Language Model），其原理如图 6-8 所示：

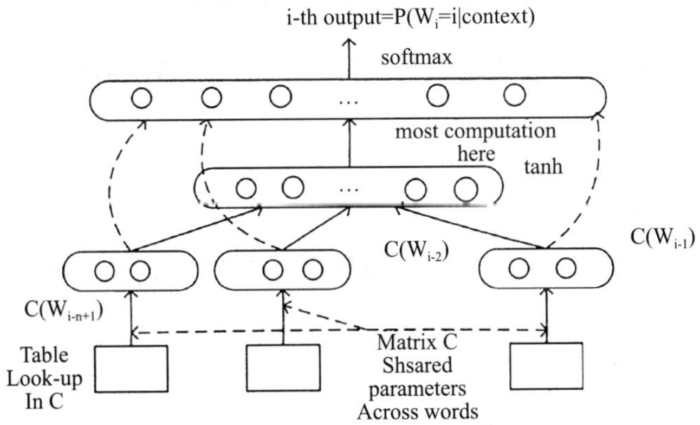

图 6-8 Word2Vec 原理示意图

图 6-8 图中，每个输入词都被映射为一个向量，该映射用 C 表示，C（W_{t-1}）为词语 W_{t-1} 的词向量。g 为一个前馈或递归的神经网络，其输出是一个向量，向量中的第 i 个元素表示概率 P（$W_{t=i}|W_{t-1}$），目标是学到一个好的模型：

f（W_t，W_{t-1}，…，W_{t-n+2}，W_{t-n+1}）= p（$W_t|W_{t-1}$）

需要满足约束条件：

f（W_t，W_{t-1}，…，W_{t-n+2}，W_{t-n+1}）> 0

$\sum f|V|\ i$=1（i，W_{t-1}，…，W_{t-n+2}，W_{t-n+1}）= 1

Word2Vec 词向量模型在隐含层采取了 CBOW（Continuous Bag-of-Word Model）技术和 Skip-gram 技术（见图 6-9），这两种技术比 NNLM 更简单。CBOW 是在给定邻近词的情况下预测当前词出现的概率。Skip-gram 则相反，给定一个单独的词来预测某个范围的词。两个方法都使用人工神经网络（Artificial Neural Networks）作为它们的分类算法。词汇表中的每个单词都是随机的 N 维向量，在训练过程中，算法会利用 CBOW 或者 Skip-gram 来学习每个词的最优向量。

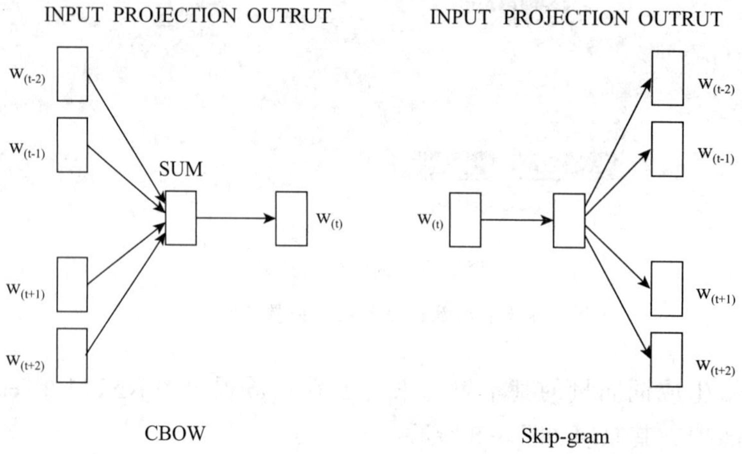

图 6-9 Word2Vec 词向量模型

在利用 Word2Vec 得到每个词对应的向量后，可以对这些词向量加权平均即可得到整个文本的向量。

下面我们用海鳗云旅游大数据教学实训平台对文本进行词频分析，选择好模型进行运算后，结果如图 6-10 所示：

与 TF-IDF 模型结果类似，下方数值即为本段各特征词权值，其中午门权值最高为 0.9440，乾清宫居于第二位为 0.8860，排名越靠前的越能代表本文特征。可用午门、乾清宫、故宫等著名景点综合反映本文特性（注：神经网络存在随机性，本结果作展示用，非唯一结果）。

图 6-10　词频分析结果

（图片来源：海鳗云旅游大数据教学实训平台）

实训与思考

实训 1　典型舆情事件阅读分析

【实训目的】

通过对典型舆情事件的阅读分析，实现对舆情的充分认知。

【实训要求】

查阅指定的网络舆情事件，能够解析出舆情的参与者组成结构与舆情事件的生命周期中的关键节点，并对每个节点的舆情变化原因与舆情应对方的策略进行评价。

【方法与工具】

1. 方法

利用互联网搜索引擎查阅以下列举的舆情事件中的一个，并根据工具表格进行详细的分析。

政治类舆情事件：2005 年聂树斌事件、2015 年庆安枪击事件、2016 年雷洋事件。

政治经济类舆情事件：2008 年三鹿三聚氰胺奶粉事件、2014 年兰州自来水污染事件、2015 年青岛大虾事件。

经济舆情事件：2013 年文章出轨门、2012 年麦当劳过期食品事件、2015 大众汽车尾气造假门。

2. 工具

搜索工具：www.baidu.com/www.so.com

【操作步骤】

利用搜索引擎进行查询，并将分析结果填入给出的表格中（见表 6-2）。

表 6-2　典型舆情事件阅读分析

<table>
<tr><td colspan="2">舆情事件名称</td><td></td></tr>
<tr><td colspan="2">舆情事件概要</td><td></td></tr>
<tr><td rowspan="4">舆情主体分析（分类描述）</td><td>主体 1</td><td></td></tr>
<tr><td>主体 2</td><td></td></tr>
<tr><td>主体 3</td><td></td></tr>
<tr><td>主体 4</td><td></td></tr>
<tr><td rowspan="4">舆情应对方（分类描述）</td><td>应对方 1</td><td></td></tr>
<tr><td>应对方 2</td><td></td></tr>
<tr><td>应对方 3</td><td></td></tr>
<tr><td>应对方 4</td><td></td></tr>
<tr><td rowspan="4">舆情生命周期（时间和主要事件概述及评价）</td><td>潜伏期</td><td></td></tr>
<tr><td>成长期</td><td></td></tr>
<tr><td>成熟期</td><td></td></tr>
<tr><td>衰退期</td><td></td></tr>
</table>

【自我评价】

通过实训，进行自我评价，评价量表如表6–3所示。

表6–3　评价量表

评价项目		评价标准
实训内容	舆情事件理解分析能力	等级一：能够准确而完整地提取舆情事件要素，能够准确提炼舆情参与主体，能够准确描述舆情生命周期阶段，文字描述精确，整个过程独立完成。
		等级二：能够准确而完整地提取舆情事件要素，能够准确提炼舆情参与主体，能够准确描述舆情生命周期阶段，文字描述精确，但需要给予一定的指导。
		等级三：能够较为准确而完整地提取舆情事件要素，能够较为准确地提炼舆情参与主体，能够较为准确地描述舆情生命周期阶段，文字描述相对准确，整个过程需要进行指导并反复修改完成。

【拓展练习】

在进行此案例分析的过程中，列举出三个最重要的分析时遇到的难点。

实训2　舆情知识图谱整理练习

【实训目的】

通过整理归纳舆情相关知识，充分理解舆情知识体系。

【实训要求】

参照本节舆情知识样例，在每个一级指标下补充5个二级指标，不能与举例重复，同时在每个二级指标下填入10个关键词。

【方法与工具】

1. 方法

使用互联网搜索相关知识，通过对场景和语义的理解，建立自己的知识体系。

2. 工具

搜索工具：www.baidu.com/www.so.com

【操作步骤】

利用搜索引擎查询相关场景和语义，将相应内容填入表格中（见表6–4）。

表 6-4 典型知识图谱整理练习

一级指标	二级指标	关键词（每项10个）
景观		
服务		
消费		
配套		
交通		
体验		

续表

一级指标	二级指标	关键词（每项10个）
卫生		
安全		

【自我评价】

通过实训，进行自我评价，评价量表如表 6–5 所示。

表 6–5　评价量表

评价项目		评价标准
实训内容	舆情知识图谱构建能力	等级一：能够准确构建合理的二级指标，能够列举出合理的关键词，整个过程独立完成。
		等级二：能够准确构建合理的二级指标，能够列举出合理的关键词，整个过程独立完成，但需要给予一定的指导。
		等级三：能够准确构建合理的二级指标，能够列举出合理的关键词，整个过程需要进行指导并反复修改完成。

【拓展练习】

仿照上述八大管理视角构建知识图谱的方式，自行构建食、住、行、游、购、娱的游客视角知识图谱，每个二级指标不少于三个，每指标关键词不少于 5 个。

实训 3　数据采集及预处理应用

【实训目的】

掌握数据采集、清洗和特征词提取方法。

【实训要求】

参照本书舆情数据采集处理章节，针对泰山景区选择关键词进行爬取清洗，并进行特征词提取。

【方法与工具】

1. 方法

使用海鳗云旅游大数据平台内置爬虫系统，爬取新浪微博内容并进行数据清洗特征词提取，建立自己的知识体系。

2. 工具

海鳗云旅游大数据教学实训平台。

【操作步骤】

爬取参数选择，并将结果填入下方表格（见表 6-6）。

表 6-6 爬取参数选择

参数选择	
返回链接	
返回内容	
数据清洗	
特征词提取	

【自我评价】

通过实训，进行自我评价，评价量表如表 6-7 所示。

表 6-7 评价量表

评价项目		评价标准
实训内容	对数据采集熟悉程度	等级一：能高质与高效地完成表中数据采集和数据清洗，并能提出新颖的想法。
		等级二：能高质与高效地完成表中数据采集和数据清洗。
		等级三：基本能够完成表中数据采集和数据清洗部分，但需要进一步指导。

续表

评价项目		评价标准
通用能力	特征词提取模型理解及实现	等级一：能高质与高效地完成表中特征词提取，熟悉其中原理，并能进行总结。
		等级二：能高质与高效地完成表中特征词提取，熟悉其中原理。
		等级三：基本能够完成特征词提取，但对过程不够理解。

【拓展练习】

对迪士尼进行类似处理，进一步熟悉数据采集清洗过程。

第三节　旅游舆情分析

一、什么是舆情分析

舆情分析是以舆情监测采集数据为基础，运用统计学、传播学及心理学等多种方法，对数据从不同维度，如情感、主题、时间及网友观点等，进行深层次的加工和分析研判，并最终得出舆情结论的过程。

舆情分析主要包含以下两大要素：

（1）舆情数据，本质就是舆情分析样本。样本的选取至关重要，如何取得舆情分析数据，详见第一节阐述。

（2）科学的分析方法会涉及多个学科的内容，如数据分析、统计分析、传播分析及心理分析等。根据实际情况多种方法综合应用，才能得出科学的结论。

通过舆情分析，去粗取精、去伪存真，可以使决策者对目前的舆情情况有更清晰明确的认识，有助于决策者把握舆情发展脉络，做出准确的判断，为科学的舆情决策提供帮助，提升决策效率。通过舆情分析，可以对民众和媒体诉求有更全面和直观的了解，还能为营销方案、发展规划的制定提供有力的支持。

旅游舆情分析依赖以下三个要素（见图 6–11）：

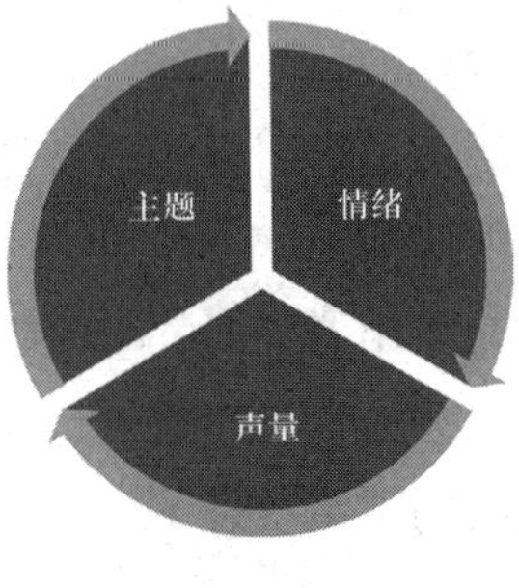

图 6–11　旅游舆情三要素

（1）主题，也称话题。主题聚类是文本大数据的主要分析方法，顾名思义，就是将大量数据中同一话题讨论的数据聚合在一起，这是舆情分析的基础。

（2）情绪，面对一个舆情事件，公众和媒体会表达出不同的情感，如愤怒、悲伤、喜爱及同情等。而在应用层面，一般会用更简单的方法将舆情数据进行区分，如正面、中性、负面。

（3）声量，声量是指一段时间之内，同一话题的数量。声量是监测一个舆情生命周期必备的工具。声量包括增量和存量，一般来讲，舆情监测对于同一话题声量的增量非常敏感。比如，青岛大虾事件舆情声量可以在非常短的时间内达到一个非常大的值，从而将一个普通的消费纠纷事件升级成为严重的旅游舆情事件。而在时间生命周期过程中，声量的变动情况也是判断舆情状态的核心指标之一。如果说声量的增量可以在短期内判断舆情态势，那么声量的存量往往更具长期意义。对于旅游目的地来讲，舆情增量引起的突发舆情事件必须进行妥当的应急处理，其特点是突发性和短时效，舆情总会过去。而另外一种情况就是舆情的瞬间增量并不突出，但是舆情的存量基数却一直稳步上升。那么这对于目的地来讲是非常不容易发现的，但很多时候却是致命的。比如，2019年7月，山西5A级景区乔家大院被摘牌事件，回溯其一年的游客评价数据，可以清楚地看到其负面情绪的占比已经超过了正面情绪。长期的负面情绪积累，其中必定有深层次的原因，这往往比突发事件还要严重。

二、舆情分析方法

想达到好的模型判断效果，数据选择后的数据清洗有比较大的影响，好的文本样本是得到好的效果的基本前提，良好的数据选择加上合适的模型，才能得到较为精准的模型。

（1）针对舆情数据，为达到研究目的存在不同的分析方法，相关方面已有些研究；

（2）针对热点挖掘，可以采用词云图与关联规则等；

（3）针对情感分析，可以采用SVM、贝叶斯及随机森林等；

（4）针对短文本，还有更复杂些的基于语义的分析；

（5）针对长文本，有全文语义分析的深度学习算法；

（6）针对主题分析，有LDA主题分析与k-means，knn等。

（一）情感分析

文本情感分析，也称意见挖掘，是指用自然语言处理，文本挖掘及计算机语言学等方法来识别和提取原素材中的主观信息。

通常来说，情感分析的目的是找出说话者/作者在某些话题上或针对一个文本两极观点的态度。这个态度或许是他或她的个人判断或是评估，也许是他或她当时的情感状态（例如，作者在做出这个言论时的情绪状态），或是作者有意向的情感交流（即作者想要读者所体验的情绪）。

1. 贝叶斯分类

朴素贝叶斯分类器是一系列以假设特征之间强（朴素）独立下运用贝叶斯定理为基础的简单概率分类器。朴素贝叶斯自20世纪50年代已广泛研究，在60年代初就以另外一个名称引入到文本信息检索界中，至今仍然是文本分类的一种热门（基准）方法。文本分类是以词频为特征判断文件所属类别或其他（如垃圾邮件、合法性、体育或政治等）的问题。通过适当的预处理，它可以与文本分类领域更先进的方法（如支持向量机）相媲美。

我们假设训练集为m个样本n个维度，如下：

$$(x(0)_1,\ x(0)_2,\ \ldots,\ x(0)_n,\ y0),$$

$$(x(1)_1,\ x(1)_2,\ \ldots,\ x(1)_n,\ y1)$$

……

$$(x(m)_1,\ x(m)_2,\ \ldots,\ x(m)_n,\ ym)$$

共有K个特征输出类别，分别为C_1，C_2，…，C_k，每个特征输出类别的样本个数为m_1，m_2，…，m_k，在第k个类别中，如果是离散特征，则特征X_j各个类别取值为m_{jl}。其中1取值为1，2……S_j，S_j为特征j不同的取值数。输出为实例$X(test)$的分类。

A 如果没有Y的先验概率，则计算Y的K个先验概率：$P(Y=C_k)=\frac{m_k}{m}$，否则$P(Y=C_k)$为输入的先验概率。

B 分别计算第K个类别的第j维特征的第1个取值条件概率：$P(X_j=x_{jl}\mid Y=C_k)$。

①如果是离散值：

$$P(X_j=x_{jl}\mid Y=C_k)=\frac{mk_{jl}+\lambda}{m_k+S_j\lambda}$$

λ可以取值为1，或者其他大于0的数字。

②如果是稀疏二项离散值：

$$P(X_j=x_{jl}\mid Y=C_k)=P(j\mid Y=C_k)\,x_{jl}+(1-P(j\mid Y=C_k))(1-x_{jl})$$

此时1只有两种取值。

③如果是连续值不需要计算各个1的取值概率，直接求正态分布的参数：

$$P(X_j=x_{jl}\mid Y=C_k)=\frac{1}{\sqrt{2\pi\sigma_k^2}}\exp\left(-\frac{(X_j-\mu_k)^2}{2\sigma_k^2}\right)$$

需要求出μk和$\sigma k2$。μk为在样本类别C_k中，所有X_j的平均值。σ_k^2为在样本类别C_k中，所有X_j的方差。

C 对于实例$X(test)$，分别计算：

$$P(Y=C_k)\prod P_{nj}(X_j=X_j^{(test)}\mid Y=C_k)$$

④确定实例$X(test)$的分类C_{result}

$$C_{result}=argmaxP(Y=C_k)\prod P_{nj}(X_j=X_j^{(test)}\mid Y=C_k)$$

下面我们用海鳗云旅游大数据教学实训平台对文本进行情感判断，选择好模型进行运算后，结果如图 6-12 所示：

图 6-12　情感判断结果

（图片来源：海鳗云旅游大数据教学实训平台）

即所选择的文本为中性的。

2. SVM 支持向量机

支持向量机（Support Vector Machine）的基本模型是定义在特征空间上的间隔最大的线性分类器，其学习策略是间隔最大化，可形式化为一个求解凸二次规划的问题，也等价于正则化的合页损失函数的最小化问题。SVM 包含线性可分支持向量机、线性支持向量机与非线性支持向量机。当训练数据集线性可分时，通过硬间隔最大化学习线性可分支持向量机。当训练数据近似线性可分时，通过软间隔最大化，学习线性支持向量机。当训练数据集线性不可分时，通过使用核技巧及软间隔最大化，学习非线性支持向量机。

算法输入训练数据集 $T=\{(x_1, y_1), (x_2, y_2) \cdots (x_n, y_n)\}$，其中 $x_i \in \chi=R_n$，$y_i \in \Upsilon=\{-1, +1\}$，$i=1, 2 \cdots N$。输出为分离超平面和分类决策函数。

A 选择惩罚参数 C>0，构造并求解凸二次规划问题：

$$\min \frac{1}{2}\sum_{i=1}^{N}\sum_{j=1}^{N} a_i a_j y_i y_j (x_i^* x_j) - \sum_{i=1}^{N} a_i$$

$$\text{S.T.} \sum_{i=1}^{N} a_i y_i = 0$$

$$0 \leqslant i \leqslant C，i = 1，2 \cdots N$$

B 计算 $W^* = \sum_{i=1}^{N} a_i^* y_i x_i$

选择 a^* 的一个分量 a_j^* 适合条件 $0 \leqslant \alpha i \leqslant C$，计算

$$b^* = y_i - \sum_{i=1}^{N} \alpha_i^* y_i = 1\ (x_i^* x_j)$$

C 求得分离超平面

$$W^* \cdot x + b^* = 0$$

分类决策函数：

$$f(x) = sign(W^* \cdot x + b^*)$$

下面我们用海鳗云旅游大数据教学实训平台对文本进行情感判断，选择好模型进行运算后，结果如图 6-13 所示：

图 6-13　情感判断结果

（图片来源：海鳗云旅游大数据教学实训平台）

即所选择的文本为中性的。

3. 随机森林

随机森林是一个包含多个决策树的分类器，并且其输出的类别是由个别树输出的类别的众数而定。Leo Breiman 和 Adele Cutler 推论出随机森林的算法。而“Random Forests”是他们的商标。这个术语是 1995 年由贝尔实验室的 Tin Kam Ho 所提出的随机决策森林（Random Decision Forests）而来的。这个方法则是结合 Breimans 的“Bootstrap Aggregating”想法和 Ho 的“Random Subspace Method”以建造决策树的集合。

（1）用 N 来表示训练用例（样本）的个数，M 表示特征数目。

（2）输入特征数目 m，用于确定决策树上一个节点的决策结果；其中 m 应远小于 M。

（3）从 N 个训练用例（样本）中以有放回抽样的方式，取样 N 次，形成一个训练集（即 bootstrap 取样），并用未抽到的用例（样本）作预测，评估其误差。

（4）对于每一个节点，随机选择 m 个特征，决策树上每个节点的决定都是基于这些特征确定的。根据这 m 个特征，计算其最佳的分裂方式。

（5）每棵树都会完整成长而不会剪枝（Pruning，这有可能在建完一棵正常树状分类器后会被采用）。

下面我们用旅游大数据教学实训平台对文本进行情感判断，选择好模型进行运算后，结果如图 6-14 所示：

图 6-14　情感判断结果

（图片来源：海鳗云旅游大数据教学实训平台）

即所选择的文本为中性的。

（二）热词分析

词云图又叫文字云，是对文本数据中出现频率较高的关键词予以视觉上的突出，形成“关键词的渲染”就类似云一样的彩色图片，从而过滤掉大量的文本信息，使人一眼就能看出文本数据的重点。词云图是常用的热词分析可视化方法，针对一篇文章，我们可以通过分词统计各个词语出现的频率，也可以根据多篇文献，找出出现频率高的词组，并根据频次构建词云图，如图 6-15 所示：

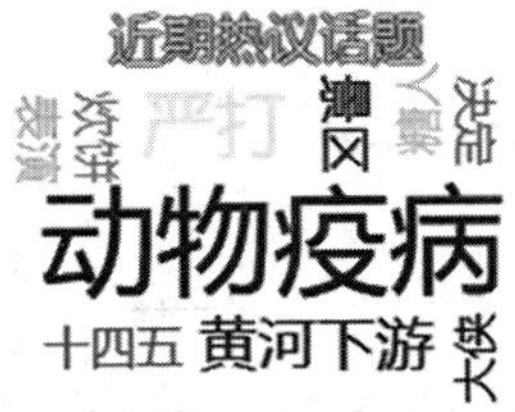

图 6-15　热词词云图示

（图片来源：海鳗云旅游大数据教学实训平台）

（三）传播分析

传播分析是指对舆情的传播态势进行分析，通常包含传播路径分析和传播趋势分析。

传播路径，是舆情信息在网络中被报道和转发的情况。如图 6-16 所示，即为一条信息在网络中的传播路径图。

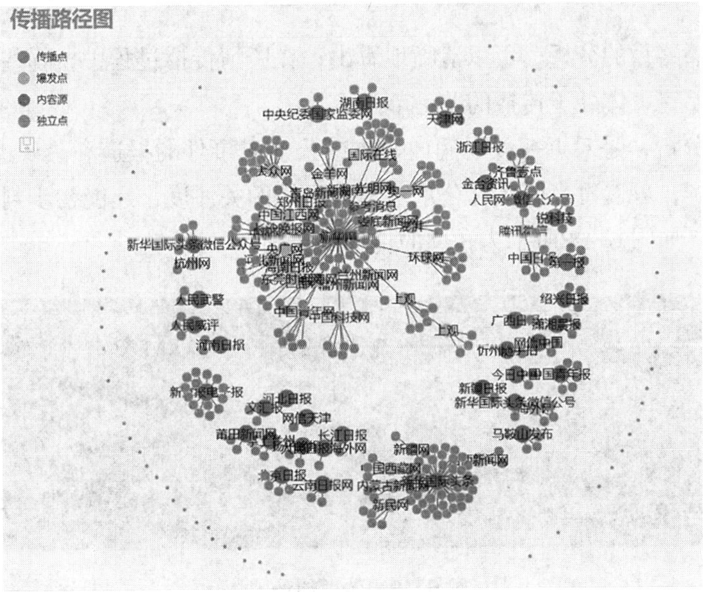

图 6-16　传播路径图

（图片来源：海鳗云旅游大数据教学实训平台）

传播路径计算方法

通过发布关系与来源关系构建连接图。例：

媒体数据来源数据

文章编号	发布媒体	转载来源媒体
1	A	
2	B	A
3	C	B
4	D	A
5	E	
6	B	F

可以构建图 6-17：

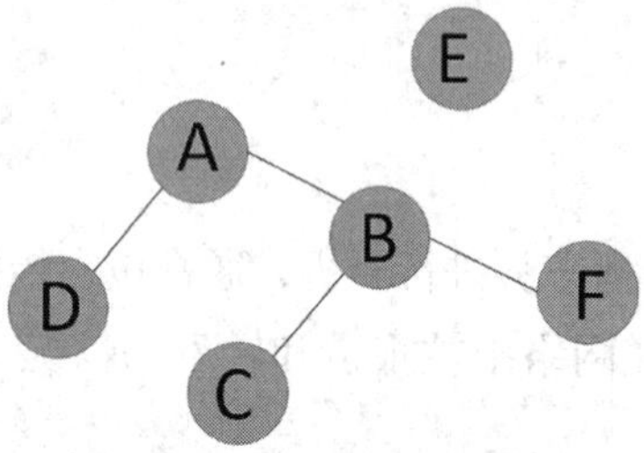

图 6-17　传播路径示例

通过对传播路径的分析，可以清晰地看出，在舆情传播过程中，哪些媒体处于传播的主导地位，哪些媒体处于传播的关键节点上。

传播趋势分析，是对近一段时间内媒体或公众对事件的报道和热议进行量化分析。通过传播趋势图，可以看出媒体和公众对舆情事件的关注度，还能初步判断出当前舆情事件所处阶段。如图 6-18 所示为一周的传播趋势图。

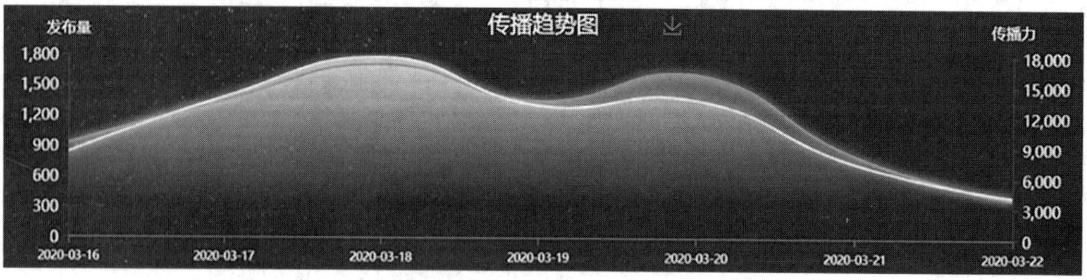

图 6-18　传播趋势图

（图片来源：海鳗云旅游大数据平台）

在舆情分析过程中，还需充分考虑参与传播媒体的影响力，即媒体权重。一般来说，中央级媒体权重大于地方媒体。媒体权重需根据科学的方法进行评定，比较常用的有德尔菲法、层次分析法、熵权法及模糊综合评价等。在这些评价方法中，有时还采取多种组合的情况综合给出指标权重。

（四）话题聚类

聚类分析起源于分类学，在古老的分类学中，人们主要依靠经验和专业知识来实现分类，很少利用数学工具进行定量的分类。随着人类科学技术的发展，对分类的要求越来越高，以至于有时仅凭经验和专业知识难以确切地进行分类，于是人们逐渐把数学工具引用到了分类学中，形成了数值分类学，之后又将多元分析的技术引入到数值分类学形成了聚类分析。聚类分析内容非常丰富，有系统聚类法、有序样品聚类法、动态聚类法、模糊聚类法、图论聚类法及聚类预报法等。

1. LDA 主题聚类

LDA 模型是一种对文本数据进行有效降维和发掘潜藏主题信息的方法。它是一个三层贝叶斯概率生成模型，把文档表示成隐含主题的概率分布，主题表示成词汇的概率分布，其中主题是对文档内容的汇集。因此，模型可以很好地模拟大规模语料的语义信息，在选择好分类数目后可根据特征词将文本变为指定数目。模型的文档由主题构成，而主题的数量是一定的，对文档具有良好的降维能力。

LDA 模型的生成过程较好地模拟了生成实际文本的大体思维过程，其具体的数学化描述如下：

（1）对每一篇文档 d_m，根据 N~Poisson（ξ）生成文档 d_m 中词的数目 Nm。

（2）对于每一篇文档 d_m，根据 θ_m~Dir（α）生成文档 d_m 关于主题多项式分布的参数 θ_m。

（3）对于每一个主题 z，根据 ϕ_z~Dir（β）生成主题 z 关于语料库中词多项式分布的参数 ϕz。

（4）对于文档 d_m 的第 n 个词 w_m，n：

①根据多项式分布 zm，n~Multi（θ_d），抽样得到词 w_m，n 所属的主题 z_m，n；

②根据多项式分布 w_m，n~Multi（θ_z），抽样得到具体的词 w_m，n。

参数估计是 LDA 模型的关键步骤，假如要直接计算 LDA 模型的参数是不能实现的，需要使用间接推理算法来估算模型的参数值，LDA 模型常用的算法有 Gibbs 抽样、EM 算法、Expectation-Propagation 方法及变分推理算法等。其中因为 Gibbs 抽样算法具有快速与高效等优点，常被用于 LDA 模型的参数估算。

使用海鳗云旅游大数据教学实训平台，选择文本并进行 LDA 主题聚类得到以下主题（见图 6-19）：

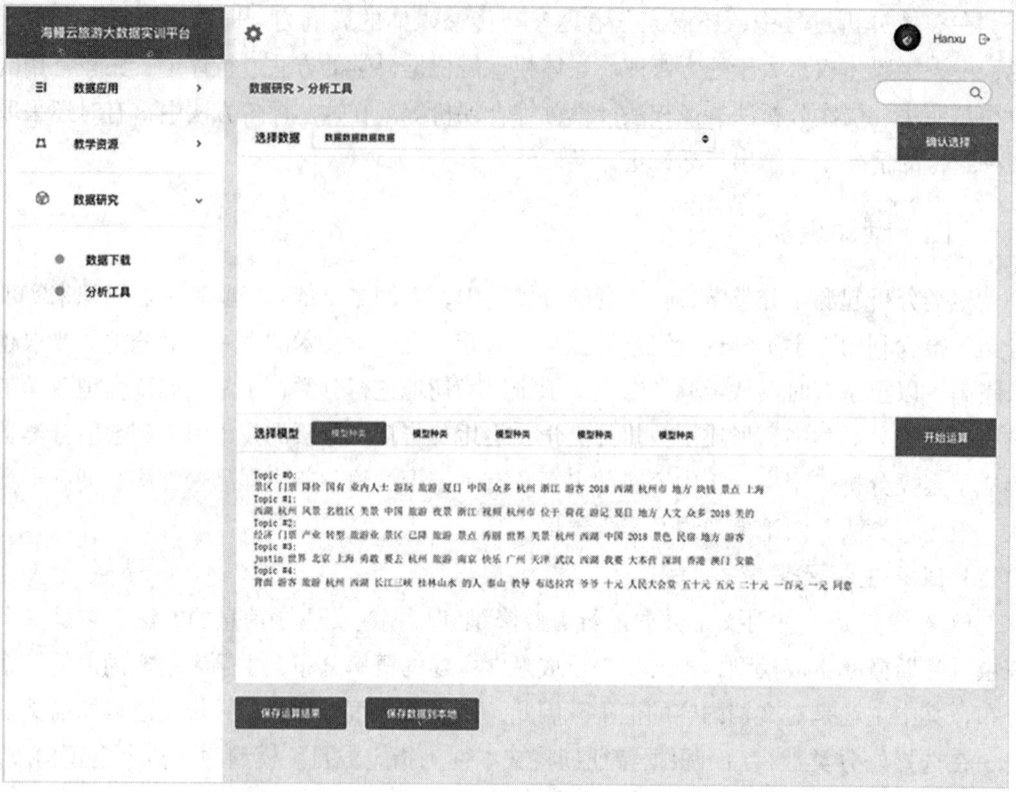

图 6-19 LDA 主题聚类结果

（图片来源：海鳗云旅游大数据教学实训平台）

可以看到，所有文献根据特征词不同可以分为如图 6-20 所示五类。

2. k-means 聚类

聚类算法指将一堆没有标签的数据自动划分成几类的方法，属于无监督学习方法，这个方法要保证同一类的数据有相似的特征。

K 值：要得到的簇的个数。

质心：每个簇的均值向量，即向量各维取平均即可。

距离量度：常用欧几里得距离和余弦相似度（先标准化）。

算法流程：

（1）首先确定一个 K 值，即我们希望将数据集经过聚类得到 k 个集合；

（2）从数据集中随机选择 K 个数据点作为质心；

（3）对数据集中每一个点，计算其与每一个质心的距离（如欧式距离），离哪个质心近，就划分到那个质心所属的集合；

（4）把所有数据归好集合后，一共有 K 个集合，然后重新计算每个集合的质心；

（5）如果新计算出来的质心和原来的质心之间的距离小于某一个设置的阈值（表示重新计算的质心的位置变化不大，趋于稳定，或者说收敛），我们可以认为聚类已经达到期望的结果，算法终止；

（6）如果新质心和原质心距离变化很大，需要迭代 3~5 步骤。

从 k-means 的算法可以发现，SSE 其实是一个严格的坐标下降（Coordinate Decendet）过程。设目标函数 SSE 如下：

$$\mathrm{SSE}(C_1, C_2, \cdots, C_k) = \sum (x-c)^2$$

采用欧式距离作为变量之间的聚类函数。每次朝一个变量的方向找到最优解，也就是求偏倒数，然后等于 0，可得 $C_i = \frac{1}{m}\sum x$，其中 m 是 C_i 所在的簇的元素的个数，也就是当前聚类的均值就是当前方向的最优解（最小值），这与 k-means 的每一次迭代过程一样。因此，这样保证 SSE 每一次迭代时都会减小，最终使 SSE 收敛。由于 SSE 是一个非凸函数（Non-convex Function），因此，SSE 不能保证找到全局最优解，只能确保局部最优解。但是可以重复执行几次 k-means，选取 SSE 最小的一次作为最终的聚类结果。

如图 6-20 所示，即将二维数据分成了两大类。

图 6-20 数据分类结果

（图片来源：海鳗云旅游大数据教学实训平台）

3. KNN 最近邻聚类

邻近算法，或称 K 最近邻（KNN，K-Nearest Neighbor）分类算法是数据挖掘分类技术中最简单的方法之一。所谓 K 最近邻，就是 K 个最近的邻居的意思，说的是每个样本都可以用它最接近的 K 个邻居来代表。Cover 和 Hart 在 1968 年提出了最初的邻近算法。KNN 是一种分类（Classification）算法，它输入基于实例的学习（Instance-based Learning），属于懒惰学习（Lazy Learning），即 KNN 没有显式的学习过程，也就是说没有训练阶段，数据集事先已有了分类和特征值，待收到新样本后直接进行处理。与急切学习（Eager Learning）相对应。

KNN 是通过测量不同特征值之间的距离进行分类。思路是，如果一个样本在特征空间中的 K 个最邻近的样本中的大多数属于某一个类别，则该样本也划分为这个类别。KNN 算法中，所选择的邻居都是已经正确分类的对象。该方法在定类决策上只依据最邻近的一个或者几个样本的类别来决定待分样本所属的类别。

提到 KNN，网上最常见的就是如图 6-21 所示，可以帮助大家理解。

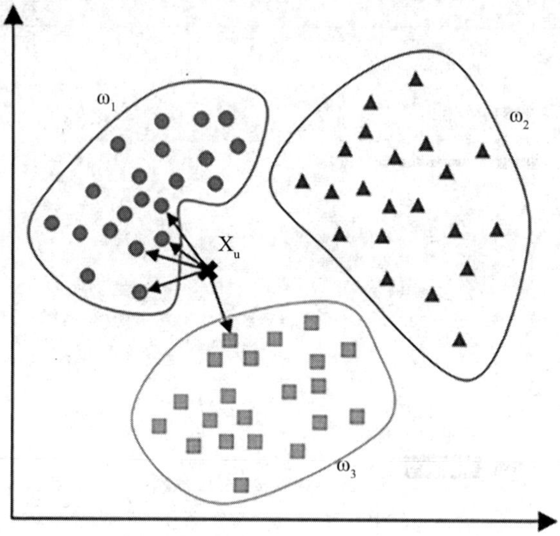

图 6-21　KNN 归类图

我们要确定绿点属于哪个颜色（红色或蓝色），要做的就是选出距离目标点距离最近的 K 个点，看这 K 个点的大多数颜色是什么颜色。当 K 取 3 的时候，我们可以看出距离最近的三个，分别是红色、红色、蓝色，因此得到目标点为红色。

（1）计算测试数据与各个训练数据之间的距离；

（2）按照距离的递增关系进行排序；

（3）选取距离最小的 K 个点；

（4）确定前 K 个点所在类别的出现频率；

（5）返回前 K 个点中出现频率最高的类别作为测试数据的预测分类。

下面，我们基于海鳗云旅游大数据教学实训平台进行模型运算（见图 6-22）。

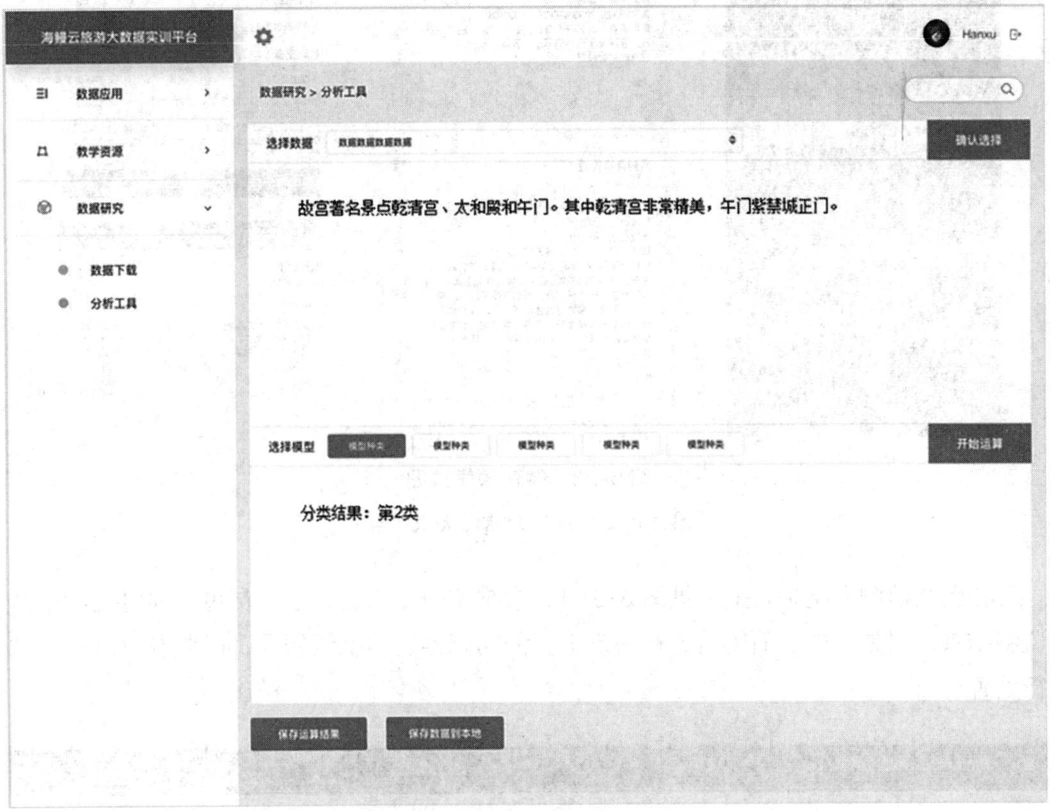

图 6-22　数据分类结果

（图片来源：海鳗云旅游大数据教学实训平台）

选择好数据后，点击运算，给出分类结果为第二类，即本文属于第二大类。

三、舆情预警

网络舆情预警指从危机事件的征兆出现到危机开始造成可感知的损失这段时间内，化解和应对危机所采取的必要与有效的行动。

及早发现危机的苗头，及早对可能产生的现实危机的走向与规模进行判断，及早通知各有关职能部门共同做好应对危机的准备。危机预警能力的高低，主要体现在能否从每天海量的网络言论中敏锐地发现潜在危机的苗头，及准确判断这种发现与危机可能爆发之间的时间差。这个时间差越大，相关职能部门越有充裕的时间来准备，为下一阶段危机的有效应对赢得了宝贵的时间。

目前，很多舆情监测系统都可以对可能为负面的舆情进行预警，当监测到负面舆情时，通过设置微信自动预警，能实现符合设置条件的负面舆情实时推送（见图 6-23）。

图 6-23 微信预警截图

（图片来源：海鳗云旅游大数平台）

在舆情监测系统平台上（见图 6-24），数据实时更新，景区人员可以通过查看平台监测结果，对重要的负面舆情通过一键上报的功能推送给上级领导，以便及时对舆情进行处置。

图 6-24 预警上报截图

（图片来源：海鳗云旅游大数据平台）

如图 6-24 所示，点击上图红框处，则可给设置好的接收者报送此条负面信息。报送后，此处显示为“已报送”。

实训与思考

实训 1 文本情感分析模型应用

【实训目的】

通过对情感分析过程的复现，实现对情感分析流程的认知。

【实训要求】

掌握情感分析基本流程，并熟练运用海鳗云旅游大数据数据教学实训平台对文本进行情感分析。

【方法与工具】

1.方法

自己选择数据或使用给出数据训练模型，并用训练好的模型选择文本进行验证，对比平台内置模型判别差异与自己构建模型的区别。

2.工具

海鳗云旅游大数据教学实训平台（内置模型及内置 Python 运行环境）

【操作步骤】

1. 上传数据或选择数据，训练模型；
2. 上传获选择用于验证的文本；
3. 用训练好的模型验证效果；
4. 用内置模型对文本进行情感判断，对比效果；
5. 将结果填入下方表格中（见表 6-8）。

表 6-8 文本情感分析模型应用

模型训练	
验证文本	
训练模型 判别效果	
系统内置模型 判别效果	

【自我评价】

通过实训，进行自我评价，评价量表如表 6-9 所示。

表 6-9 评价量表

评价项目		评价标准
实训内容	熟练掌握情感分析步骤	等级一：能高质与高效地完成情感分析表格，并能提出新颖的想法。
		等级二：能高质与高效地完成情感分析表格。
		等级三：基本能够完成情感分析表格，但需要进一步指导。
通用能力	情感分析模型理解能力	等级一：能高质与高效地完成情感分析表格，熟悉其中原理，并能进行总结。
		等级二：能高质与高效地完成情感分析表格，熟悉其中原理。
		等级三：基本能够完成情感分析，但对原理过程不够理解。

【拓展练习】

1. 情感分析还有哪些重要的常用的分析方法呢？请自主学习了解相关模型。

2. 对不同模型进行对比，了解共性与差异。

实训 2　热词分析及传播分析应用

【实训目的】

通过对热词分析和传播分析的实现，实现对舆情分析理论的巩固及应用。

【实训要求】

通过查阅文献能够理解热词分析的应用场景，并构建词云图展示；能够了解传播分析原理并对传播分析结果进行分析。

【方法与工具】

1. 方法

选择相应文本，运用海鳗云旅游大数据教学实训平台进行操作。

2. 工具

海鳗云旅游大数据教学实训平台（内置模型及内置 Python 运行环境）。

【操作步骤】

1. 一篇文本热词分析：

①选择一篇文本导入系统；

②作统计频率并作词云图和分析。

2. 多篇文本热词分析：

①选择多篇文本导入系统；

②分析各篇文章的特征词；

③汇合所有文章特征词作频率统计并作词云图和分析。

3. 传播分析：

①根据关键词搜索得到各篇与事件相关文章；

②使用海鳗云旅游大数据平台进行传播路径分析；

③运用海鳗云旅游大数据平台进行传播趋势分析。

4. 将分析结果填入下方表格（见表 6–10）。

表 6-10 热词分析及传播分析应用

一篇文章词频统计及分析	
多篇文章特征词提取	
词频统计及分析	
传播分析文本选择	
传播路径分析	
传播趋势分析	

【自我评价】

通过实训，进行自我评价，评价量表如表 6-11 所示。

表 6-11 评价量表

评价项目		评价标准
实训内容	熟练掌握热词分析步骤	等级一：能高质与高效地完成热词分析表格，并能提出新颖的想法。
		等级二：能高质与高效地完成热词分析表格。
		等级三：基本能够完成热词分析表格，但需要进一步指导。
通用能力	热词分析模型理解能力	等级一：能高质与高效地完成热词分析表格，并能进行总结，总结场景。
		等级二：能高质与高效地完成热词分析表格，熟悉其中原理。
		等级三：基本能够完成热词分析，但对结果不够理解。

【拓展练习】

1. 热词分析对文本分析的意义是什么？进行思考总结。
2. 思考热词分析与数据清洗话题聚类的联系。

实训3　文本话题聚类应用

【实训目的】

通过对话题聚类原理的操作与分析，加深对话题聚类的理解及应用。

【实训要求】

简单了解话题聚类原理，实现话题聚类，并学习话题聚类的结果分析。

【方法与工具】

1. 方法

自己选择喜欢的文本或者系统内置文本，运用平台进行话题聚类。

2. 工具

海鳗云旅游大数据教学实训平台（内置模型及内置 Python 运行环境）

【操作步骤】

1. 上传数据或选择数据；

2. 选择模型并设置分类数量，点击运行；

3. 对结果进行分析，并将结果填入下方表格（见表 6–12）。

表 6–12　文本话题聚类应用

数据选择	
模型参数选择	
结果分析	

【自我评价】

通过实训，进行自我评价，评价量表如表 6–13 所示。

表 6–13　评价量表

评价项目		评价标准
实训内容	熟练掌握聚类步骤	等级一：能高质与高效地完成话题聚类表格，并能提出新颖的想法。
		等级二：能高质与高效地完成话题聚类表格。
		等级三：基本能够完成话题聚类表格，但需要进一步指导。
通用能力	理解话题聚类原理	等级一：能高质与高效地完成话题聚类表格，并能进行总结，总结场景。
		等级二：能高质与高效地完成话题聚类表格，熟悉其中原理。
		等级三：基本能够完成话题聚类分析，但对结果不够理解。

【拓展练习】

话题聚类对文本分析的意义是什么？进行思考总结。

第四节 舆情处置

从前两节课程中，我们了解了旅游舆情的监测和分析。下面，我们来学习整个舆情管理流程中的舆情处置环节。

从概念的角度，舆情处置指当舆情产生后，通过合理合法与切实有效的方法解决问题根源、防止舆情扩散及平息舆情危机的过程。简言之，舆情处置是对舆情危机事件的应对和处理。旅游舆情处置则是特指对旅游行业舆情危机事件的应对及处理。

对旅游目的地来说，突发舆情在所难免。事件发生后，如何正确处理事件与应对舆情，关系到相关景区，甚至是县、市及省的网络舆情形象。在一个旅游舆情事件中，很多时候，事件的主体并非特定景区，一场旅行包含“食、住、行、游、购、娱”六个方面，一旦游客在其中任何一个方面有了不好的体验，很可能导致游客对整个旅游过程的否定，最终形成负面评价。而这种负面评价最终会落到景区或景区所在地上，对目的地网络舆情形象造成损害。如“青岛大虾事件”，有媒体称，一只 38 元的虾抵消了山东旅游局几亿元的广告效果。该事件时至今日仍然会被媒体提及，可见其对旅游目的地的影响之大、影响之深远。因此，及时有效的舆情处置，不仅有助于防止舆情扩散、澄清事实、阻断谣言、避免事态进一步恶化，也有助于树立政府或企业公信力，形成良好舆论生态圈，还有助于维护旅游目的地网络舆情形象。

当舆情危机事件发生时，不论何种行业、何种机构，都应通过舆情分析，从舆情危机中看到其背后存在的社会问题，并采用行之有效的对策解决矛盾、疏导情绪，进行舆情处置。如果在危机发生后，对其充耳不闻、听之任之，则会使舆情危机由小变大，由少变多，最终造成巨大损失。

一、舆情处置需把握的要点

由于网络舆情危机具有多变性和复杂性的特点。因此，在对网络舆情危机进行处置的时候，处置策略和方法也不尽相同。但事物总有其自身的规律存在，我们只要找到其中的规律并善加利用，往往能取得“事半功倍”的效果。在舆情应对和处置中，主要遵循以下几点原则：

（一）及时性

及时性是成功进行舆情处置的先决条件。在整个舆情危机管理过程中，及时性也应置于首位。在自媒体飞速发展的时代，“人人都有麦克风”，舆情信息在网上传播的速度极快。因此，现在很多舆情专家都强调在舆情处置上要遵循“黄金N小时”原则（N的数值从30分钟到5小时不等）。一般情况下，舆情危机的处置速度与舆情危机带来的损失成反比，处置速度越快，损失越小。但同时也要注意，“快速”不代表“匆忙”，没有准备、不明前因后果地匆忙上阵，只会使舆情之火越烧越旺，质疑之声越来越多。因此，及时地处置舆情需及时更新舆情信息，不打无把握之仗。

（二）抓住问题核心

舆情危机并非凭空产生，它是矛盾集中爆发的表现，抓住问题的核心，找到矛盾的根源，就能为舆情处置工作指明方向。但是，有时应对主体、媒体和公众对危机的认知是不一致的。这种不一致会使应对主体的应对措施不恰当、应对方向出现偏差，无法通过舆情应对来打消公众和媒体的质疑，也无法平息舆情危机的继续发酵和传播，达到有效处置舆情的目的。因此在舆情处置中，找到引起舆情危机爆发的核心问题，才能采取正确有效的舆情处置策略进行处置。

（三）掌握主导权

当舆情危机发生时，涉事主体往往处于被动局面，媒体和网民有先入为主的态度，对涉事方存在抵触情绪。因此，化被动为主动，在舆情危机处置中采用有效方法、掌握主导权与话语权，是舆情处置制胜的关键。

上海市政府前新闻发言人焦扬曾说过，“在突发事件的新闻传播中，最可怕的不是记者抢发新闻，而是记者抢发的不是出自政府发布的新闻。谁第一时间发布新闻，谁就掌握了舆论主动权、事件处理的主导权”。

在舆情事件发生初期抢占舆论主动权，使官方声音对事件进行定性和引导，使媒体、当事人和利益相关者及意见领袖的声音在官方声音的主导下对事件发表公开意见，对避免舆论进一步激进具有重要意义。

（四）统一应对口径

在舆情危机中，面对媒体和大众的质疑，谁来应对，如何答疑也是需要谨慎对待的要点。

（1）确定“说什么”的问题。当舆情危机发生时，需要面对它的，不仅仅是涉事个人、某个员工或某个部门的领导，而是个人背后的整个企业、机构及地方政府等。越是重大的舆情危机，需要出面进行应对的主体就越多。如果大家应对时都各执一词，前后矛盾，只会导致舆情危机愈演愈烈，一发不可收拾。因此，当舆情危机涉及多个应对主体时，从上至下，各关联方需要保持有效的沟通，制定统一的事件回应口径，站在统一战线合力应对，保证最终事件的应对效果。需要注意的是，统一回应内容，要以事实为依据，隐瞒事实强行统一口径不但起不到应对舆情的效果，还会引发更多的质疑。

（2）确定“谁来说”的问题。让一个普通员工去回应媒体质疑，显然人微言轻，起不到任何效果；凡事都让最高领导出面回应，显然也不合情理。因此，“谁来说”，这个人选也至关重要。现在随着企业和政府机构舆情意识的加强，很多都专门设立舆情相关部门或相关人员来作为舆情回应的发布部门或新闻发言人。什么身份的人说什么话，这样专职的人员面对媒体和网络大众，代表的就是整个企业或是政府机构，说出的话也令人信服。现在新媒体发展给“谁来说”这个问题带来的一个显著变化就是“去中介化”，很多重要的应对公告，都可以通过官方微博和官方微信来发布，直接面对广大网民，这样既能体现权威性，也能更好地和网民沟通。

二、舆情处置案例详解

下面我们将由一个案例来介绍如何利用舆情监测平台进行舆情处置。

舆情处置案例简介：

2019 年 1 月，华东政法大学学生小王携带零食进入上海迪士尼乐园时，被工作人员强制翻包检查，并阻拦她携带外食入园，小王无奈将零食送人一部分，其余扔掉。

上海迪士尼翻包检查与禁止外带食品饮料的规矩由来已久，小王并不是屈服于这项“霸王条款”的个例。3 月，小王将上海迪士尼告上了法庭。几个月后，事件由媒体报道并引发大众热议。8 月 11 日上海迪士尼“不知悔改”的对外回复犯了众怒，面对舆论质疑不及时回应公众最关心的问题，既不道歉也不认错。此时迪士尼舆情危机全面爆发。

（一）舆情潜伏期

在本章第一节我们了解到，在网络舆情的潜伏期，网络舆情处于萌芽阶段，即处于酝酿期。

从舆情监测平台上可以看出（见图 6-25），从 2019 年 1 月到 3 月，迪士尼“翻包”“搜包”相关的信息虽然存在于网络，但并未形成公众和媒体的共鸣，仍是个别网友自由讨论与交流，相关数据量较少。案例中，小王同学 1 月在迪士尼被搜包，3 月将迪士尼告上法庭，在这两个时间点上，媒体和公众并未对此事多加关注，舆情正处于潜伏期。此时如果遵循及时性的原则，迅速介入并对舆情发展进行干预，付出的成本最小，受到的损失最少。但在这两个时间点，迪士尼并未重视，也未采取有效应对措施，错失最佳应对时机，违背了舆情处置及时性的原则。

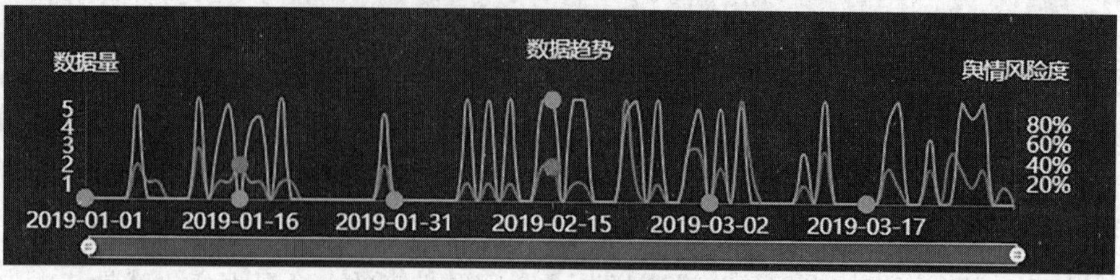

图 6-25　1—3 月同“翻包”相关的信息走势图

（图片来源：海鳗云旅游大数据平台）

舆情监测平台为使用者提供了一个衡量某段时间内舆情风险指数的工具。如图 6-26 所示，舆情风险指数显示迪士尼整体舆情风险并不高，但是因同样事件多次被提及，应引起重视。

图 6-26　1—3 月上海迪士尼舆情风险指数

（图片来源：海鳗云旅游大数据平台）

（二）舆情成长期

4—7 月，在舆情监测平台上用“迪士尼 + 翻包”和“迪士尼 + 搜包”作为关键词进行数据检索，可以看到，小王同学被翻包不是个例（见图 6-27）。

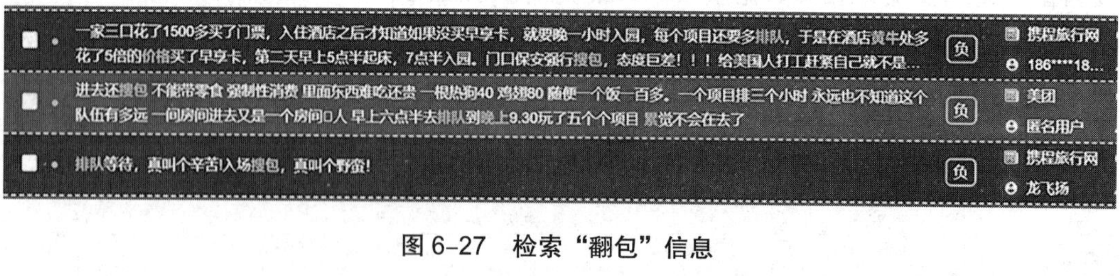

图 6-27　检索“翻包”信息

（图片来源：海鳗云旅游大数据平台）

另外，从信息来源可见，这一时期媒体开始介入并对此话题进行报道（见图 6-28）。

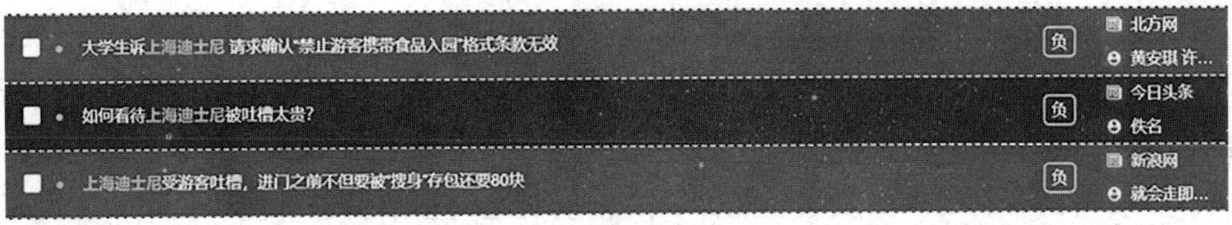

图 6-28　检索到媒体报道的“翻包”信息

（图片来源：海鳗云旅游大数据平台）

从情绪分析看，很多网友对“搜包”这件事表现出不满和愤怒的负面情绪（见图 6-29）。

图 6-29　4—7 月“翻包”相关信息情绪占比图

（图片来源：海鳗云旅游大数据平台）

相关数据量增加，媒体参与对事件的报道，促使不同网民之间及网民和媒体之间进行深度的交流和讨论，最后形成比较一致性的群体意见。这表明，舆情事件进入了成长期。

此时，舆情监测平台对这一时期舆情风险指数的评价已经接近较高（见图 6-30）。

图 6-30　4—7 月上海迪士尼舆情风险指数

（图片来源：海鳗云旅游大数据平台）

正如我们在第一节中提到的，网络舆情的声量包含增量和存量。小王同学被“翻包”这件事，仅仅给这个话题增加了一点微不足道的增量。然而，由于存量的巨大，长期的负面情绪积累，这点增量就成了压垮骆驼的最后一根稻草。随着时间的推移，舆情进入成长期，舆情话题已经粗具规模。此时，透过这些负面评论不难发现，问题的核心是“翻包”这种行为侵犯了公民的基本人身权利。

在舆情成长期出手进行舆情处置，也是一个较好的时机。应对主体通过舆情分析了解核心问题所在，对网络反馈的公众诉求坦诚回应和交流，在媒体报道中掌握主动，使得舆情朝对自己有利的一面发展。然而，迪士尼对此仍然未引起重视，只把小王同学的起诉看成自己面临的众多诉讼中的普通的一个，再次错失舆情处置良机。自 2017 年 11 月这家知名游乐园发布禁止携带食品入园新规并“翻包检查”后，消费者争议沸起，同类诉讼每隔一段时间就会出现一次，但尚未听闻有消费者的胜诉记录。

（三）舆情成熟期

在舆情成熟期，网络舆情的社会影响力和舆情导向威力开始形成，主流意见已成型。

8 月，迪士尼“翻包”事件舆情彻底爆发。在舆情监测平台上，仅查询 8 月同“翻包”“搜包”相关的数据约有 49794 条，比 1—7 月（不到 300 条）增加了约 165 倍（见图 6-31）。

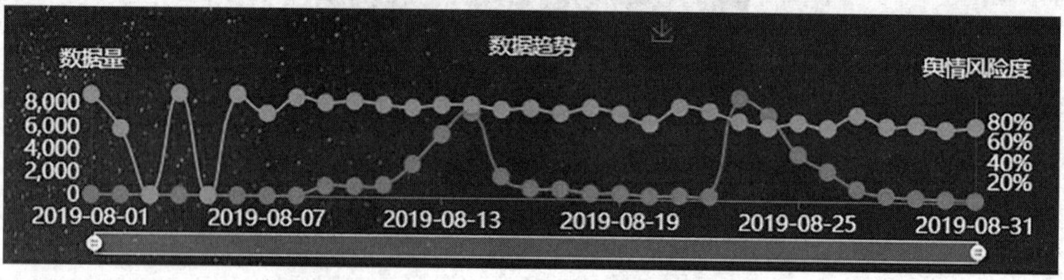

图 6-31　8 月“翻包”相关信息走势图

（图片来源：海鳗云旅游大数据平台）

8 月，参与舆情的公众不再仅限于去过迪士尼的网友，舆情传播的内容，也不再是个别网友对“翻包”的不满，整个事件变成媒体、法律界人士及众多网民对上海迪士尼“翻包检查”与“双标”等行为的合法与合规性表示质疑。其中，《人民日报》、人民网、央视财经、中国新闻网及光明网等中央媒体对事件进行了报道和评论，“翻包”事件成为一个全国性的热议话题。舆情监测平台上，7 月和 8 月迪士尼的热议话题充分显示了这个变化（见图 6-32）。

图 6-32　7 月和 8 月“翻包”相关信息情绪占比图

（图片来源：海鳗云旅游大数据平台）

此时，与舆情潜伏期与成长期相比，舆情处置的难度是非常大的。

从舆情处置需要把握的四个要点来看，上海迪士尼在此次舆情处置中，完全没有遵循舆情处置的基本原则。首先，没有遵循及时性原则。在舆情潜伏期和成长期没有进行舆情处置，错失良机；其次，在舆情的成熟期，舆情话题的主导权掌握在媒体和网民的手中，迪士尼并未尝试与媒体及网民沟通，引导舆论走向；再次，美国迪士尼总部和上海迪士尼应对口径不一致，美国总部称无法回复相关问题，上海迪士尼称“翻包”是园区规定，目前不会改变，又称是应相关部门的要求；最后，上海迪士尼显然没有抓住舆情反馈的核心问题——“翻包”侵犯了消费者的基本人身权益。8 月 22 日上海浦东消保委称，“上海迪士尼不接受调解，坚持翻包”。这导致了舆情二次发酵，热度居高不下。在舆情监测平台上，8 月迪士尼舆情风险指数已经达到 82%，进入极高区域（见图 6-33）。

图 6-33　8 月上海迪士尼舆情风险指数

（图片来源：海鳗云旅游大数据平台）

（四）舆情衰退期

舆情衰退期是网络舆情面临结束的可能，网络舆情逐渐趋于平息。平息的原因有多种，如事件已得到解决或有双方都接受的解决方案、这一事件被其他热点事件替代、事件暂无法得到解决但也没有新的观点可以引发讨论等。不论是何种原因，再轰轰烈烈的网络舆情事件都会进入舆情衰退期。

进入舆情衰退期，讨论的话题和媒体的报道逐渐减少，但此时仍然很容易因处置不当引发新的舆情。这个时期的舆情处置，主要围绕在解决问题与积极整改等行动上。此时用积极的态度去应对舆情危机中发现的问题，并进行反思和整改，对后续声誉的修复会有极大的帮助。

9 月，上海迪士尼食品携带细则出炉，“禁带整个西瓜、榴梿、臭豆腐等，游客可携带供本人食用的食品及饮料进入上海迪士尼乐园，但不允许携带需加热、再加热、加工、冷藏或保温的食品及带有刺激性气味的食品。所有个人随身行李都必须接受检查，所有游客都需要通过金属探测器”。这场由“翻包”引起的舆情事件，在迪士尼做出让步的情况下进入舆情衰退期。

从舆情监测平台上展示的9月事件数据量可以看出，9月事件数据量约15073条，比8月有大幅下降。10月数据量更是下降到1406条。

从9月情绪占比图（见图6-34）中可以看到，由于迪士尼修改了食品携带细则，负面情绪开始减少，正面情绪显著上升。

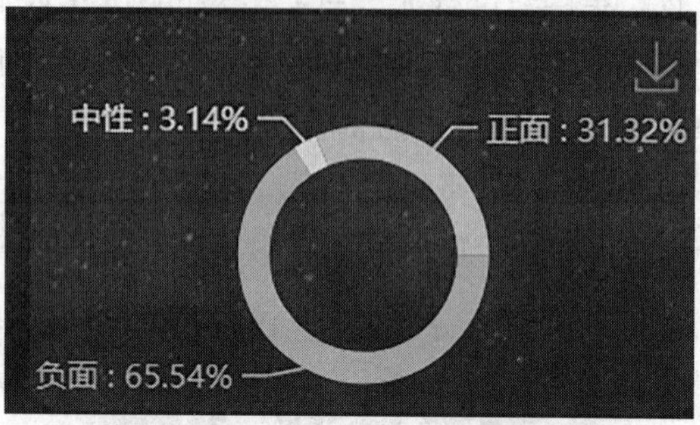

图6-34　9月上海迪士尼信息情绪占比图

（图片来源：海鳗云旅游大数据平台）

9月舆情风险指数也开始回落（见图6-35）。

图6-35　9月上海迪士尼舆情风险指数

（图片来源：海鳗云旅游大数据平台）

舆情危机的传播和发展是复杂多变的，舆情危机的处置方法也远不止以上所述的四种。在实际舆情处置过程中，多种处置方法互相交织，灵活运用，才能取得比较好的处置效果。

实训与思考

旅游舆情处置过程及其要点

【实训目的】

通过在舆情监测平台上对典型舆情事件的舆情发展过程进行查看和分析，明白各个舆情阶段的特征，并从中总结出舆情处置的要点。

【方法与工具】

海鳗云旅游大数据平台——舆情监测

【实训要求】

自拟检索关键词，对三亚市半年内的数据进行检索，对检索出的数据进行筛选，找出一个舆情事件，运用本章所讲的舆情处置方法进行舆情处置分析，并评价相关舆情处置结果。

【操作步骤】

1. 在舆情监测平台中，自拟旅游类关键词（如旅游、投诉、价格及宰客等），检索三亚市半年以内的舆情数据。

2. 从检索结果中，选择要进行分析的舆情事件，并填写下表（见表 6–14）：

表 6–14　旅游舆情处置过程

<table>
<tr><td colspan="2">舆情事件名称</td><td></td></tr>
<tr><td colspan="2">舆情事件概要</td><td></td></tr>
<tr><td colspan="2">舆情事件核心问题</td><td></td></tr>
<tr><td rowspan="4">舆情主体分析（分类描述）</td><td>主体 1</td><td></td></tr>
<tr><td>主体 2</td><td></td></tr>
<tr><td>主体 3</td><td></td></tr>
<tr><td>主体 4</td><td></td></tr>
<tr><td rowspan="4">舆情应对方（分类描述）</td><td>应对方 1</td><td></td></tr>
<tr><td>应对方 2</td><td></td></tr>
<tr><td>应对方 3</td><td></td></tr>
<tr><td>应对方 4</td><td></td></tr>
</table>

续表

舆情生命周期划分及舆情处置分析	潜伏期	时间：起　止
		舆情处置方法：
		舆情处置方法是否得当，请说明理由：
	成长期	时间：起　止
		舆情处置方法：
		舆情处置方法是否得当，请说明理由：
	成熟期	时间：起　止
		舆情处置方法：
		舆情处置方法是否得当，请说明理由：
	衰退期	时间：起　止
		舆情处置方法：
		舆情处置方法是否得当，请说明理由：

【自我评价】

通过实训，进行自我评价，评价量表如表 6-15 所示。

表 6-15　评价量表

评价项目		评价标准
能否从海量数据中发现舆情事件	对舆情事件的敏感性	舆情敏感性高，通过浏览数据能快速发现舆情事件。
		舆情敏感性低，需在帮助下才能发现舆情事件。

续表

评价项目		评价标准
能否根据数据情况，正确划分舆情的生命周期	对舆情所处阶段的判断力	对舆情所处阶段判断准确，能正确划分舆情生命周期。
		对舆情所处阶段判断困难，不能正确划分舆情生命周期。
能否熟练掌握舆情处置要点	熟练掌握和运用处置方法	熟练掌握，能对不同的舆情事件及其所处的舆情生命周期做出正确的舆情处置； 不熟练，不能对舆情事件做出正确的舆情处置。

第五节　旅游声誉修复

一、认识旅游声誉

（一）旅游声誉的定义

旅游声誉是指旅游者对于旅游目的地认知的一个总体评价。影响旅游声誉的因素除了旅游目的地本身给旅游者带来的主观感受，还涉及旅游目的地的环境、服务、饮食及文化等方方面面。这些体验会给旅游者留下好的或坏的印象，从而影响旅游者对旅游目的地的认知以及对旅游目的地声誉的传播。积极正面的声誉能构建旅游目的地强大的竞争力和塑造良好的信誉。

（二）旅游声誉的特点

1. 旅游声誉的传播性

新媒体用户圈子化与部落化的传播特点，颠覆了传统媒体的大众传播模式，基于大数据形成的声誉传播逐渐形成了远大于传统声誉的影响力，人们对于大数据的信任已经很大程度上影响和改变了旅游目的地选择。旅游声誉传播对政府监管、景区运营和消费决策的影响也日渐凸显。

2. 旅游声誉的评价性

随着互联网的发展，网络评价逐渐成为旅游者判断旅游产品或服务好坏的标准。网络评价极大地改变了旅游消费的“后验性”特征，提高了旅游消费正确决策的概率。对旅游企业或旅游目的地而言，良好的声誉意味着更高的消费概率，且对长期发展影响重大。

3. 旅游声誉的特色性

旅游目的地本身的人文精髓与祖辈流传下来的生活方式是旅游目的地的灵魂，这种精神内涵所营造出的特色性形成了旅游者对旅游目的地的美好向往。

4. 旅游声誉的持久性

大数据时代，任何数据的产生都可能长期影响潜在消费者的判断。潜在消费者基于网络上的任何一个数据节点都可以对旅游企业或旅游目的地的声誉形成判断，那些过时与错误的信息也可能被消费者错误地用于旅游消费决策。

（三）旅游声誉评估维度

专家多通过目的地品牌的综合影响力来评估旅游声誉，又称为旅游目的地品牌综合指数。品牌综合指数可分为五大评估维度（见图 6-36）：

（1）品牌知名度，旅游目的地品牌的网络影响力，受关注度（提及频次）和美誉度（好评度）影响；

（2）品牌忠诚度，旅游者对旅游目的地的心理认知，如归属感、荣誉感、认同感及推荐意愿等，良好的忠诚度是旅游目的地品牌传播和营销转化的基石；

（3）品牌获得感，旅游者对旅游目的地的心理感受，如满足感与性价比等；

（4）品牌质量，旅游目的地提供的产品和服务质量，从交通、配套、消费、服务、景观、安全、卫生及体验八大维度综合评价；

（5）品牌个性，旅游目的地向外展示出的品质或魅力，是“互联网 +”新旅游生态下年轻人的个性化需求，如感官吸引力、文化魅力及生活方式等。

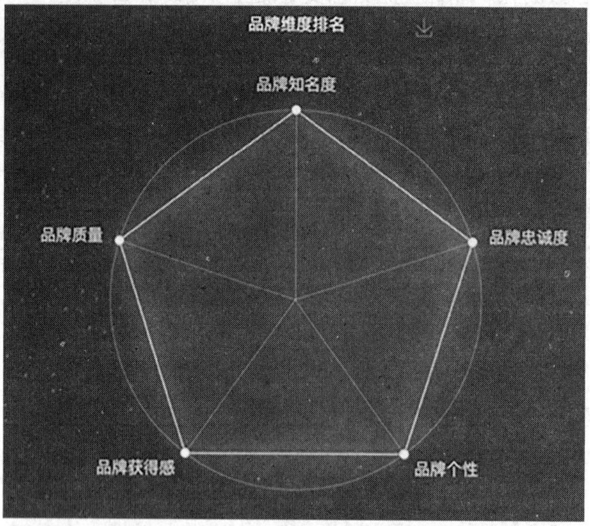

图 6-36　上海迪士尼品牌维度指数

（图片来源：海鳗云旅游大数据平台）

二、旅游声誉修复

旅游业是一项综合性很强且较敏感的产业，极易受到外部不可预测因素的影响。在旅游业蓬勃发展的态势下，各种问题也在不断涌现，在互联网的助推下，一件小事就可能造成无法挽回的扩散式影响。2019 年 8 月的“迪士尼翻包”事件损害了上海迪士尼的声誉，让“迪士尼童话”不再“传递快乐”。2019 年 11 月 20 日，迪士尼在美国证券交易委员会官网公布了截至 2019 年 9 月 28 日的年度报告，报告显示迪士尼归母净利润 62 亿美元，比 2018 年的 125.98 亿元利润下滑了一半。迪士尼乐园收入虽有所增长，但游客人数在下滑，除了美国国内乐园游客人数增长停滞，乐园人数下滑的主要原因是受“迪士尼翻包”事件的影响。

（一）分析声誉受损原因

1. 对比品牌综合指数变化

品牌综合指数是旅游目的地声誉的最直观体现，对比竞品景区的品牌综合指数变化情况以及景区出现重大舆情事件时关键事件节点品牌综合指数的变化情况，对于景区的运营管理具有重要的参考价值。

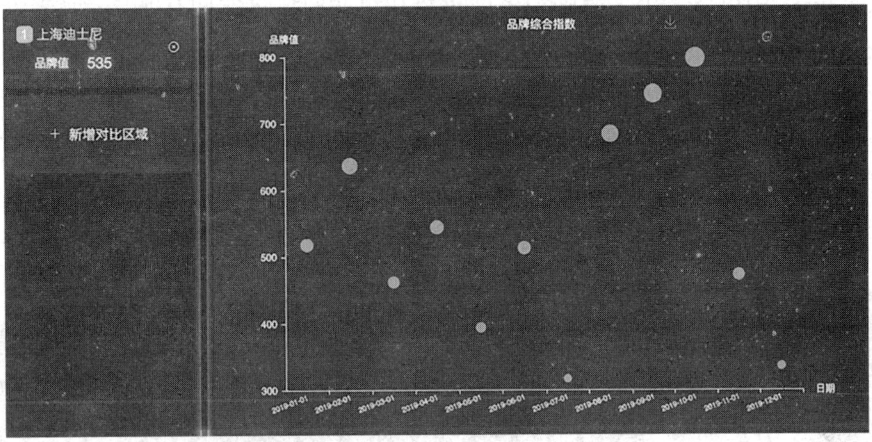

图 6–37 上海迪士尼品牌综合指数变化情况

（图片来源：海鳗云旅游大数据平台）

在本章第四节舆情处置中提到“迪士尼翻包”事件爆发期发生在 8 月，从图 6–37 中可以看出，上海迪士尼品牌综合指数有明显下降趋势，随着事件进入衰退期，综合指数有所回升，但没有回到事件发生前的指数值，可见负面舆情对品牌有着长期的负面影响。通过网络舆情分析，上海迪士尼乐园直接竞品景区“长隆欢乐世界”“方特欢乐世界”“北京欢乐谷”的网络关注度明显提升。很多网友表示“再也不去上海迪士尼了”“支持国产品牌”“方特欢乐世界也不错的”。可见负面舆情会对竞争品牌有积极的正向溢出效应。上海迪士尼凭借本身强大的 IP 影响力，有着对游客强大的吸引力，这是其他主题乐园暂时无法抗衡的巨大优势，但国内主题乐园的市场潜力较大，发展强势，如果上海迪士尼不断发生负面舆情事件，其在中国市场的发展前景令人担忧。

2. 对比品牌维度指数变化

品牌维度指数能够直观地体现目的地品牌在事件发生前后游客对旅游目的地品牌认知的变化情况，便于旅游目的地找到突破口，指导旅游声誉修复决策。

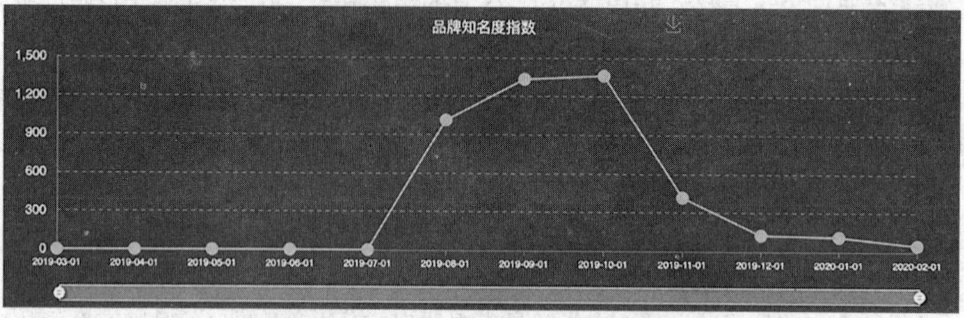

图 6-38　上海迪士尼品牌知名度指数变化情况（2019 年 3 月—2020 年 2 月）

（图片来源：海鳗云旅游大数据平台）

从图 6-38 中可以看出，品牌知名度指数在负面舆情爆发期有明显上涨趋势，舆情衰退期急速下降。“知名度”维度包含了“关注度”与“美誉度”2 个二级指标，通过对二级指标的分析，在负面舆情生命周期的“潜伏期到成长期”，关注度急速上升，美誉度有所下降。随着负面舆情的衰退，关注度逐渐降低，美誉度回升幅度较小，且没有恢复到负面舆情发生前的水平，若不能重新建立与游客积极的情感联系，对于上海迪士尼的美誉度影响是长期且深刻的。

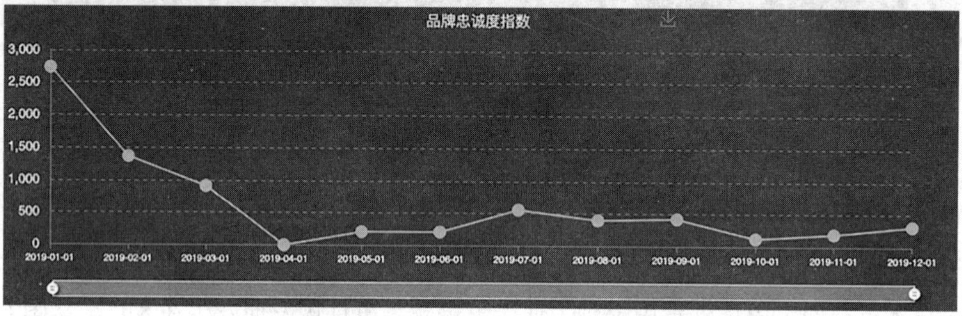

图 6-39　上海迪士尼品牌忠诚度指数变化情况（2019 年）

（图片来源：海鳗云旅游大数据平台）

从图 6-39 中可以看出，在负面舆情的“潜伏期”，品牌忠诚度指数已经急速下滑，可见负面舆情会严重影响游客对旅游目的地品牌的“忠诚度”，“忠诚度”的降低也会影响旅游目的地对游客的吸引力，进而降低游客的重游意愿，游客对旅游目的地的认同感降低也会影响游客对旅游目的地的推荐意愿。

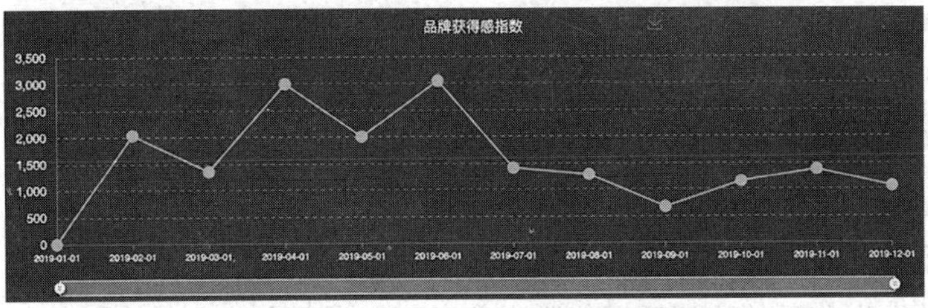

图 6-40　上海迪士尼品牌获得感指数变化情况（2019 年）

（图片来源：海鳗云旅游大数据平台）

从图 6-40 中可以看出，品牌获得感在负面舆情的“成熟期到衰退期”呈持续下降趋势，舆情结束后指数有所回升，但未恢复到事件发生前的水平。通过对舆情监测平台二级指标进行详细分析，二级指标“尊重”的指数明显下降，表明“翻包”事件让游客感到不受尊重，也在消磨着游客对迪士尼的喜爱，当这种持续的消耗积累到一定程度，对于迪士尼声誉的影响是无法估量的。二级指标“性价比”的指数也有大幅下降，表明在负面舆情爆发后激发了原本认为价格不合理网友的投诉欲望。

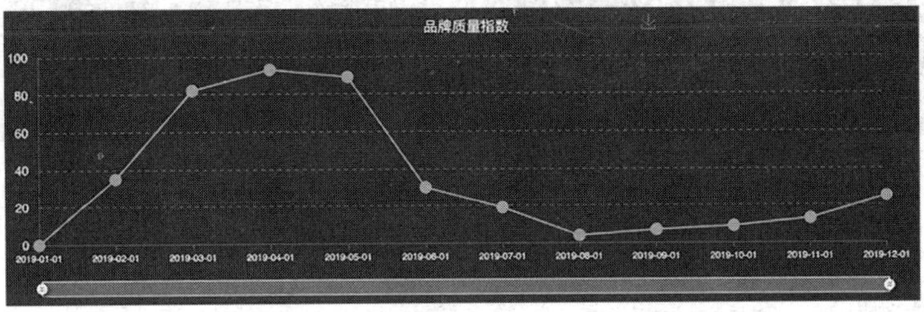

图 6-41　上海迪士尼品牌质量指数变化情况（2019 年）

（图片来源：海鳗云旅游大数据平台）

从图 6-41 中可以看出，在舆情事件的“潜伏期”上海迪士尼乐园的品牌质量指数呈上升趋势，表明此时游客对上海迪士尼乐园的整体服务较为满意。在事件的“成长期”品牌质量指数开始下降，二级指标中的“服务”“消费”“体验”指数均有大幅度下降，可见负面舆情的爆发凸显出原本隐藏的景区管理、服务、体验上的不完善。

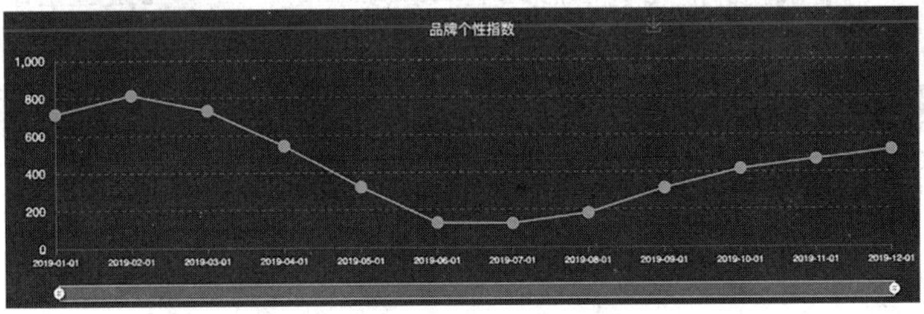

图 6-42　上海迪士尼品牌个性指数变化情况（2019 年）

（图片来源：海鳗云旅游大数据平台）

从图 6-42 中可以看出，“个性”维度无明显变化，可见迪士尼的品牌个性对游客依然保有强大的吸引力，虽然负面舆情与游客的期望相悖，游客对迪士尼品牌的依恋还在，但如果负面舆情不断积累，只依靠品牌个性平衡其他维度的指数下滑，对上海迪士尼乐园无疑是一个巨大的隐患。

3. 对比品牌热议话题变化

通过事件发生前后的热议话题指数变化，可以看出负面舆情事件对网友关注点变化的影响。

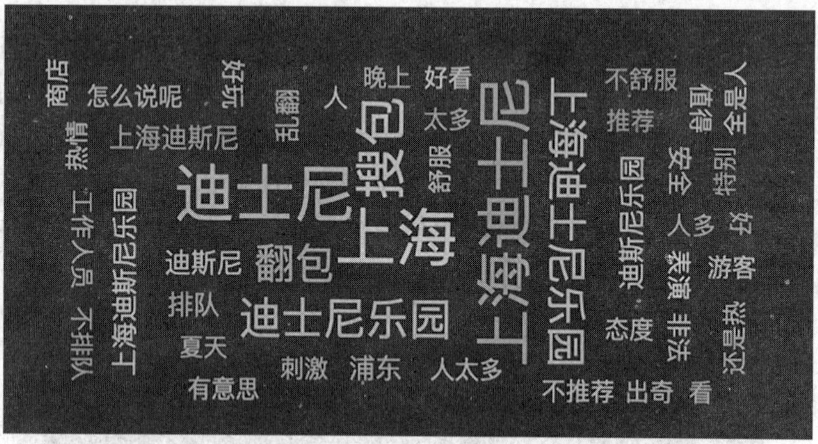

图 6-43　上海迪士尼品牌热议话题（2019 年 1—7 月）

（图片来源：海鳗云旅游大数据平台）

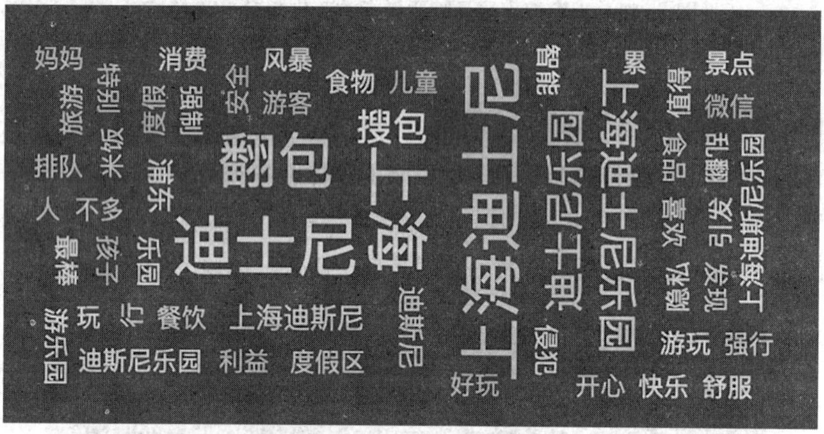

图 6-44　上海迪士尼品牌热议话题（2019 年 8—10 月）

（图片来源：海鳗云旅游大数据平台）

从图 6-43、图 6-44 中可以看出，在负面舆情的潜伏期到成长期，网友热议话题多为“好看”“值得”“舒服”“好玩”“有意思”等突出品牌个性的词汇，可以看到“搜包”“翻包”等热议话题也混杂其间，表明“翻包事件”的存量已经逐步积累成型，随时可能爆发。在负面舆情的成熟期到衰退期，“翻包”“强制”“利益”“强行”“排队”“侵犯”等影响品牌忠诚度和获得感的词汇大量出现，可见负面舆情对上海迪士尼乐园的品牌忠诚度与获得感有较大影响。

（二）明确声誉修复目标

分析结果显示，此次上海迪士尼声誉受损的原因主要体现在以下三点：

1. 侵犯人权

网友关注最多的是入园时强行翻查游客背包，很显然，上海迪士尼乐园的这种做法侵犯了游客的人格尊严。

2. 强制消费

上海迪士尼园区内餐饮贵且品质得不到保证，这迫使游客不得不考虑自带饮食，而园区又通过禁止自带饮食的方式来提高餐饮营收，这就陷入一种恶性循环。

3. 双标

迪士尼六大园区只有亚洲国家的中国上海和日本迪士尼乐园禁止携带食物，不同地区采用不同的标准，这种行为严重伤害了中国游客的自尊心。

（三）全面落地修复声誉

（1）情感修复。通过分析结果有针对性地回应网络舆论，真诚地向公众道歉。

（2）动作修复。找出目的地管理和服务上的薄弱环节，积极做出整改与完善。

（3）信任修复。从目的地品牌的五大维度入手，重塑游客与目的地的品牌关系。

负面舆情发生后，上海迪士尼乐园由不回应到不得不做出妥协，可见其意识到负面舆情对声誉造成的重大影响。互联网时代没有“沉默”这个选项，要投入时间和资源倾听游客的声音，吸取经验教训，根据游客需求升级产品，为游客创造更美好的旅游体验。

实训与思考

旅游声誉修复

【实训目的】

通过第四节的舆情处置我们找出了上海迪士尼负面舆情存在的一些问题，通过问题分析并理解旅游声誉的评估方法及各评估维度的应用。

【实训要求】

根据上海迪士尼负面舆情各生命周期的旅游声誉变化情况，分析旅游声誉受损原因，并简述修复策略。

【方法与工具】

通过海鳗云旅游大数据平台——品牌评估完成表格。

【操作步骤】

利用海鳗云旅游大数据平台——品牌评估进行分析，将分析结果填入表格中（见表6–16）。

表 6–16　旅游声誉修复

分析声誉受损原因	品牌综合指数	品牌维度指数	品牌热议话题
明确声誉修复目标			
全面落地修复声誉			

【自我评价】

通过实训，进行自我评价，评价量表如表 6–17 所示。

表 6–17　评价量表

评价项目		评价标准
实训内容	能否熟练掌握旅游声誉修复要点	等级一：能够熟练使用海鳗云旅游大数据平台评估工具，高质与高效完成旅游目的地品牌声誉受损原因，提出合理的修复建议，整个过程思路清晰。
		等级二：能够熟练使用海鳗云旅游大数据平台评估工具，高质与高效完成旅游目的地品牌声誉受损原因，提出合理的修复建议。
		等级三：能够熟练使用海鳗云旅游大数据平台评估工具，高质与高效完成旅游目的地品牌声誉受损原因，提出合理的修复建议，整个过程需要指导完成。

第七章

基于大数据的旅游客流统计与预测

【学习目标】

· 了解旅游客流统计与预测的基本概念
· 了解当前旅游统计的实际做法
· 了解并掌握基于大数据的旅游客流统计、预测及旅游统计的方法
· 理解基于大数据的旅游客流统计、预测及旅游统计的重要性

第一节　基于大数据的旅游客流统计

一、什么是基于大数据的旅游客流统计

基于大数据的客流统计（客流量统计），即运用新一代信息技术对某区域（点）的某时间段（点）的游客数量进行计算的过程，如某景区“五一”黄金周每天客流量计算。客流量统计一般分为实时客流统计和历史客流统计。实时客流是指以短时间间隔扫点而获取的给定区域（点）的累加游客人数，如智能手机各类 App 的 GPS 可以以 1 小时为单位进行扫点获取位置数据并进行客流统计（见图 7-1），移动运营商的手机基站定位数据则可以以更短时间间隔获得，如 3 秒，并以一段时间的累计进行客流统计（见图 7-2）。

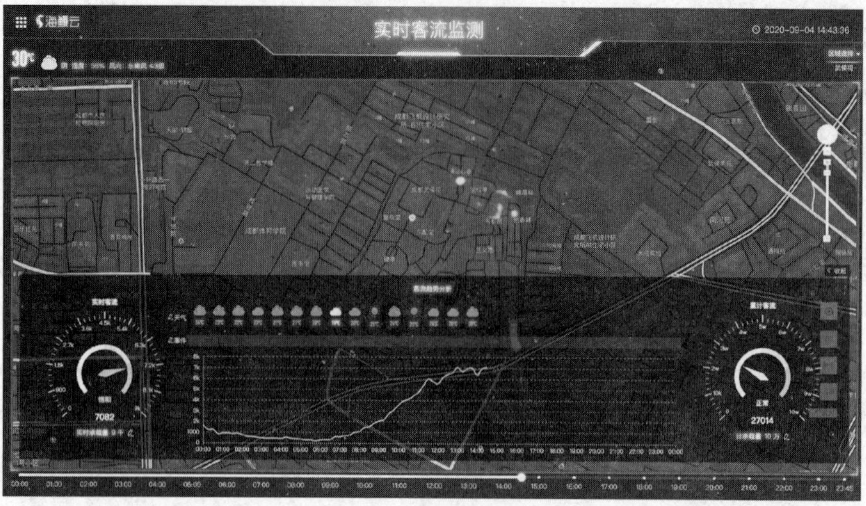

图 7-1　实时客流统计示例——基于 GPS

（图片来源：海鳗云旅游大数据平台）

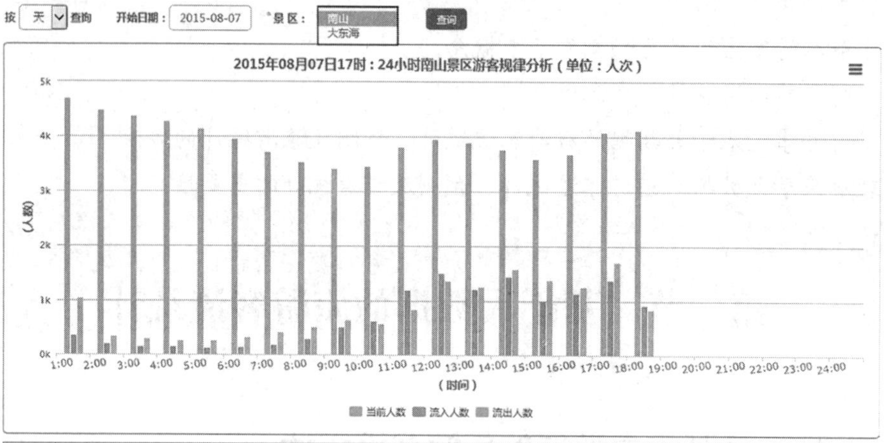

时间	1:00	2:00	3:00	4:00	5:00	6:00	7:00	8:00	9:00	10:00	11:00	12:00	13:00	14:00	15:00	16:00	17:00	18:00	19:00	20:00	21:00	22:00	23:00	24:00
当前人数	4707	4495	4377	4280	4141	3959	3726	3542	3416	3464	3817	3959	3905	3773	3609	3699	4101	4131	暂无	暂无	暂无	暂无	暂无	暂无

图 7-2　实时客流统计示例——基于手机基站

（图片来源：海南游客信息实时统计分析系统）

历史客流是指以一段时间内的累计扫点而获取的给定区域（点）的游客人数。例如，若 10 小时内累计，则当天 18 点可获得昨日客流量。历史客流统计一般是可获取的位置点数据在时间上不连续、间隔长或者短暂丢失（如网络中断）情况下，采用稍长时间间隔来覆盖至少 90% 位置数据的客流统计方案。

二、旅游客流统计的意义

科学及有效地客流统计与时间与空间上的分析，能够快速并及时地支持管理决策。

通过对不同时间段客流量统计，可以得出一天、一周、一月、一年的客流变化规律，辅助管理决策，如合理安排服务时间，在客流高峰期增加服务，在空闲时减少服务，同时对电力、维护人员及安防人员等进行合理调整，控制运行成本；可以根据历史和当前客流状态，预测变化和趋势与预警突发事件，预先对流量较大的区域采取预防突发事件的措施；通过客流量的前后对比，可以有效评估营销活动的投资回报；通过对历史销量和客流量的对比，可以有效分析各项管理策略对流量及销量的影响，科学地进行经营决策。

三、可用于旅游客流统计的大数据源

由于游客的移动性，用于客流统计的数据需要记录游客的移动位置。记录游客移动位置的数据也被称为游客移动大数据。游客移动大数据包含全球定位系统（GPS）位置数据、手机基站定位数据、Wi-Fi 定位数据、带地理标签的旅游图片和社交媒体签到数据以及其他能够提供游客位置的数据等。目前被广泛应用于实际客流统计的游客移动大数据主要为 GPS 位置数据和手机基站定位数据。

（一）全球定位系统（GPS）位置数据

1. 定位原理

全球定位系统（Global Positioning System，GPS）是 20 世纪 70 年代由美国陆海空三军联合研制的卫星定位系统，20 世纪 80 年代开始民用。利用 GPS 可以进行全球范围内、全天候、连续、实时的定位。

GPS 系统包括三大部分：由空间星座部分的 21 颗工作卫星和 3 颗在轨备用卫星组成的 GPS 卫星星座；地面监控部分提供每颗 GPS 卫星所播发的星历，星历是描述卫星运动及其轨道的参数，用于计算卫星的位置；用户设备部分，即 GPS 信号接收机，包含 GPS 接收机硬件、数据处理软件和微处理机及其终端设备。

用户设备跟踪、接收、放大、处理卫星信号，测量出已知位置的卫星到用户接收机之间的距离，然后综合多颗卫星的数据来计算接收机的具体位置。卫星的位置可以根据星载时钟所记录的时间在卫星星历中查出。接收机到卫星的距离测量有两种方法，一种是伪距测量，一种是载波相位测量。

伪距测量通过记录卫星信号传播到用户所经历的时间，再将其乘以光速得到（由于大气电离层的干扰，这一距离并不是用户与卫星之间的真实距离，而是伪距）。由于用户接收机使用的时钟与卫星星载时钟不可能总是同步，所以除了用户的三维坐标 x、y、z 外，还要引进一个变量 t，即卫星与接收机之间的时间差作为未知数，然后用 4 个方程将这 4 个未知数解出来。所以，如果想知道接收机所处的位置，至少要能接收到 4 个卫星的信号。

载波相位测量通过测量得到卫星信号载波与测量时刻接收机产生的本振载波相位

的差值，从而求得接收机到 GPS 卫星的距离。用户设备获取的 GPS 主要位置数据为 $GPGGA 语句，包含世界时间、纬度、纬度半球、经度、经度半球、定位质量知识、使用卫星数据量、水平精确度、海拔高度、高度单位等字段。

2. 数据源

游客在旅行过程中使用的地图、导航以及其他提供或需要位置服务的 App，均采用 GPS 位置数据来获取游客位置。App 中的 GPS 数据可用于客流统计。其中，地图以及导航 App 的位置数据较为准确，可被用于小地理尺度范围客流统计，如景区高峰时段客流分析，大型节事地点周边交通分析等。

（二）手机基站定位数据

1. 定位原理

基站即公用移动通信基站，是无线电台站的一种形式，是指在一定的无线电覆盖区中，通过移动通信交换中心，与移动电话终端之间进行信息传递的无线电收发电台。基站的网络覆盖区域是一个正六边形的面状服务器，相互交接而组成一张巨大的移动通信网络。为了避免信号干扰，相邻的基站选择不同频率范围的信号与移动设备进行通信。移动设备在插入 SIM 卡并开机后，总是会定期或不定期地主动或被动地搜索周围的基站，与基站建立联系，选择距离最近、信号最强的基站作为通信基站，以确保手机的正常通信。

当移动设备发生位置移动时，基站信号对于移动设备的强弱程度会发生变化，为了防止突然间中断连接，移动设备会先和信号更好的基站进行通信，协调好通信方式之后就会从之前的基站切换到新基站。手机信令数据就是手机终端实时与周边的基站进行通信传输的一种数据，包含唯一用户标识、归属地、时间戳、基站小区编号、事件（收发短信、主被叫、上网、位置更新、小区切换）等数据项。其中，基站小区编号，即与该设备连接的基站。

采用手机信令数据中与设备连接的基站进行定位的方法被称为 COO 定位，它是一种单基站定位，即根据设备当前连接的蜂窝基站的位置来确定设备的位置。之所以可以通过单基站定位，是因为可以获取确定的基站地理位置信息，终端通过获取当前设备接入的基站位置信息和当前基站周围完整的 GIS（地理信息系统），就可以实现移动终端的定位。运营商在建立基站时对每一个基站都有确切的位置记录，运营商根据用户所处基站提取用户位置信息，从而实现移动终端定位。

COO 定位的精度就取决于蜂窝小区的半径。在基站密集的城市中心地区，通常会采用多层小区方式，小区被划分得很小，这时定位精度可以达到 50 米以内；而在其他地区，可能基站分布相对分散，小区半径较大，可能达到几千米，也就意味着定位精度只能粗略到几千米。尽管 COO 定位精度不太确定，但 COO 是 GSM 网络中的移动设备最快捷、最方便的定位方法，因为网络端及其设备端都不需要任何额外的计算及硬件投入。目前 COO 定位被应用于各种基于手机信令定位数据的用户移动行为研究。

TOA 和 TDOA 定位是基于电波传播时间的定位方法。采用移动电话测量不同基站的下行导频信号，得到不同基站下行导频的到达时刻（Time of Arrival，TOA）或到达时间差（Time Difference of Arrival，TDOA），根据该测量结果并结合基站的坐标，采用三角公式估计算法计算出移动设备的位置。实际的位置估计算法需要考虑多基站（3个或 3 个以上）定位的情况，因此算法要复杂很多。

一般而言，移动设备测量的基站数目越多，测量精度越高，定位性能改善就越明显。尽管 TOA 和 TDOA 定位时信号很容易受到干扰，但相比较 COO 定位而言，其精度还是得到了提升，大约在 150 米。目前其主要用途是在没有 GPS 且没有 Wi-Fi 的情况下，快速大体了解移动设备的位置；如果移动设备中没有基站位置数据包，还需要联网才行。目前，在基于手机信令数据的游客行为分析中，由于开启 TOA 和 TDOA 定位对于移动的信令平台来说计算资源开销及负荷较大，且 COO 定位就能满足对游客位置及轨迹分析的需求，一般较少使用到 TOA 和 TDOA 定位。

2. 数据源

手机基站定位数据包含在手机信令数据中，由移动通信运营商提供。手机基站定位数据由于定位原理不同于 GPS，能够持续获取用户位置点数据，游客位置数据的连续性好，适合旅游客流的轨迹分析。但也因为基站定位原理，对于基站不足的小地理尺度景区则无法获得游客位置数据，因而手机基站定位数据适合较大地理尺度或区域客流统计。

四、旅游客流统计与分析步骤与方法

基于游客移动大数据的客流统计与分析的步骤与方法如图 7-3 所示。其中涉及以下关键技术和方法。

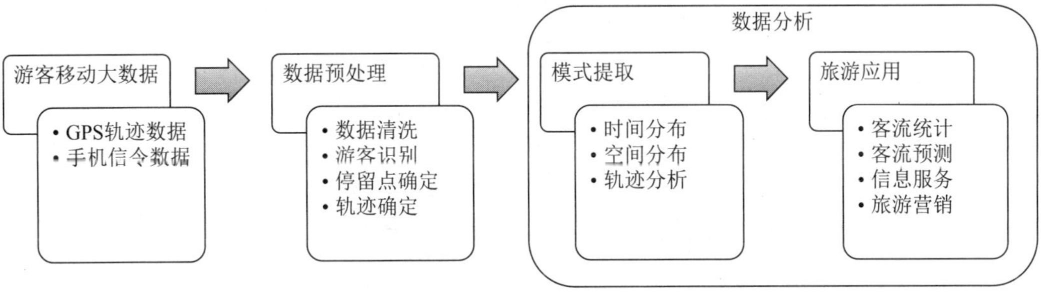

图 7-3　基于游客移动大数据的客流统计、分析步骤与分析方法

（根据《旅游大数据研究》图3-1修改）

（一）数据采集

在旅游应用中，上述两类数据源，即手机 App 的 GPS 数据和手机信令数据，需要分别从数据服务商和移动运营商处获取，而并非自行采集。从数据服务商或移动运营商获取的数据，是经过了加密处理后的不涉及个人隐私的原始数据，这些数据不能直接用来进行数据分析和实际应用，需要针对应用目标进行数据预处理，预处理后的数据才能用来进行应用分析。

（二）数据预处理

1. 停留点确定

游客的停留点通过位置数据中的经纬度来确定。根据经纬度对应的地理区域坐标，可以判断游客所在景点或目的地的位置或区域。

2. 游客识别

出现在给定范围内的手机 GPS 或手机通信用户，不一定是游客。世界旅游组织以及国家文旅部对于“游客”的定义，均无法直接用于基于 GPS 以及手机基站定位数据的游客识别。一般而言，对于景区的游客识别，可以简化为景区内出现的用户均为游客（工作人员可以根据其在景区出现的频次进行排除）。但对于目的地范围内的游客识别，则需要以标准的游客定义（世界旅游组织以及国家文旅部给出）为原则，根据统计目标以及目的地范围游客的特点等，制定出不同的游客识别方法。例如，若要总体上大致把握目的地的客流量，则可采用粗分法，即非常住地 + 统计区域的方法，如统计郑州高铁游客量，采用出现在郑州高铁站 + 郑州为非常住地 + 出现在郑州及周边景区的方式筛选出高铁游客（见图 7–4）。

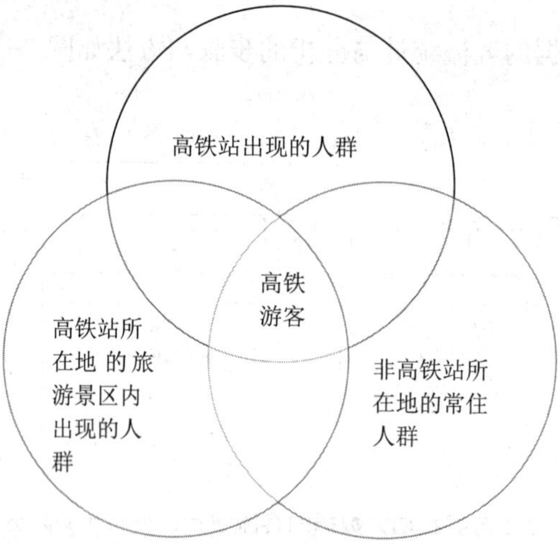

图 7–4　粗分法确定游客示例

若要精细统计目的地的旅游人数，则需要制定细分的游客识别方法。以海南省为例，根据每小时的手机信令数据，可以对省内的某一区域（如三亚市）的游客进行定义（见表 7–1）。

表 7-1 基于手机信令数据的海南省外的国内游客定义

<table>
<tr><td rowspan="7">出现一次及以上的外省手机信令</td><td>只出现过一次的</td><td colspan="3">仅在高速公路区域内出现过一次的手机信令</td><td>非游客人员</td></tr>
<tr><td rowspan="6">出现过多次的</td><td rowspan="5">晚 23 点至早 9 点期间在三亚地区出现 3 次及以上的外省手机信令</td><td colspan="2">连续出现 21 天以内，或者在 21 天期间有间断离开三亚但超过一半时间在三亚的手机信令</td><td>过夜游游客</td></tr>
<tr><td rowspan="3">在三亚驻留时间大于 22 天小于 290 天的手机信令</td><td>过夜地点在酒店及旅游集聚区</td><td>住在酒店的候鸟型游客</td></tr>
<tr><td>过夜地点在旅游房地产区域</td><td>住在自购房产的候鸟型游客</td></tr>
<tr><td>过夜地点在非旅游集聚区的老街区、村镇等地</td><td>探亲型住亲友家游客</td></tr>
<tr><td colspan="2">停留时间大于 30 天小于 290 天，行为轨迹比较固定地出现在市区或非旅游区域网格的手机信令</td><td>务工经商等非游客人员</td></tr>
<tr><td colspan="3">排除上述过夜游客、候鸟型游客、务工经商人员及高速公路区域网格内经过且不停留的非游客人员的手机信令</td><td>一日游游客</td></tr>
</table>

（资料来源：《旅游大数据研究》表 3-2）

3. 轨迹确定

如上所述，手机基站定位数据非常适合用户的轨迹确定。手机信令数据是持续产生的，每一条手机信令都包含了“手机号码（实际为 IMSI 号）”“手机位置（实际为基站位置）”“信令产生时间”等数据。利用手机信令数据中得出的带位置的连续时间序列，再用位置序列与移动网络覆盖区域的地理位置进行匹配，能够判断移动用户在各个区域的进、出以及驻留情况，并得到移动用户的出行链信息，将数据连接起来即得到游客行为轨迹。

（三）数据分析

1. 热度分析

根据所确定的游客时空轨迹，判断每位游客在各个统计时间段分别所处的空间位置区域，进而统计不同时间段各个空间位置区域内的游客数量，并计算不同时间段内各个空间位置区域内对应的游客密度，进而基于某种热度指标给出热度分析结果。

热度分析适用于区域监测和预警。具体方法与可视化可以采用以下（但不限于）方案：

（1）以速度表的形式显示各区域当前的游客数量和饱和率；

（2）根据各区域的游客数量结合预警门限情况以指针的方式进行预警；

（3）预警门限可根据各区域的实际承载能力进行可变设置；

（4）以曲线图方式按小时粒度显示相应区域的游客数量变化情况（见图 7-5）。

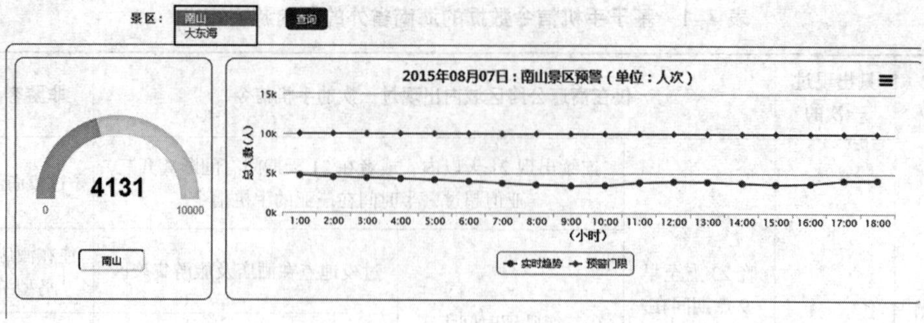

图 7-5　景区客流监测与预警示例

（图片来源：海南游客信息实时统计分析系统）

2. 进出分析

根据所确定的游客时空轨迹，可以分析游客进入与离开区域的时间规律（见图7-6）。

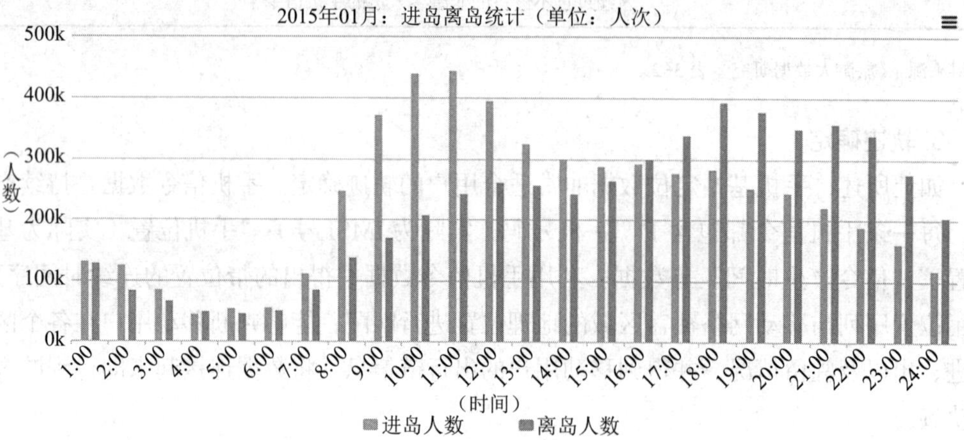

图 7-6　海南省进出岛客流监测

3. 轨迹分析

根据所确定的游客时空轨迹，可以得到如图 7-7 所示的游客行为轨迹图。

更进一步地，根据每位游客的轨迹，可以分析出游客的轨迹模式，得到基于轨迹的游客细分；结合游客其他特征，可对旅游产品开发、信息服务以及旅游营销等进行科学的决策支持。

4. 全样本推算

在实际应用中，由于用于客流统计的数据通常为从一家移动数据服务商或运营商获得，而某一家服务商或运营商会仅占据市场的一部分而不是全部，因而会存在一个从样本推算总体的方法，以通过所获得的数据计算而来的客流来推算总客流。例如，中国移动通信作为我国三大移动通信运营商之一，仅占据了手机通信运营市场的一部分。那么，当以中国移动提供的手机基站定位数据来计算客流量时，就需要按照其市场占有率进行样本推算总体的系数估计，再将该系数与根据中国移动自己的基站定位数据计算的客流量数相乘或者进行某种其他算数调整。

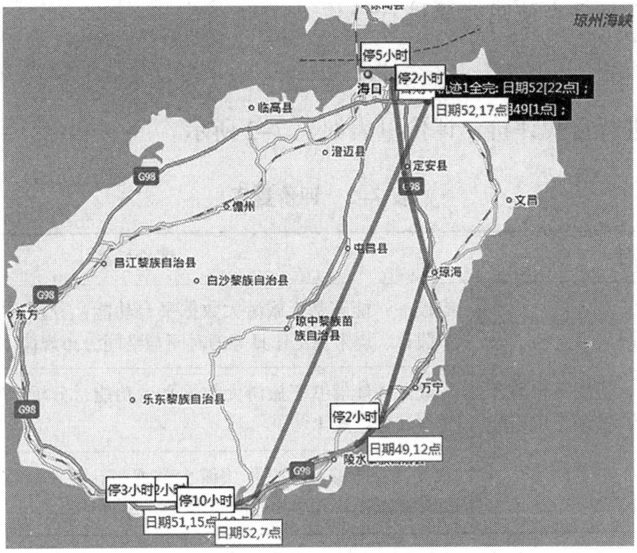

图 7-7　基于手机信令数据的游客行为轨迹

目前，有运营商采用如下方法进行全样本推算。该运营商会查询每一个地区（粒度到地级市或县）的年度用户统计报告，得出其在该地区的用户占比，然后基于该占比给来自这个地区的用户分配一个系数。举例来讲，如果在某个景区出现了 5 个该运营商的用户并属于某区域，而这个区域的地区系数是 3.3，那么对此 5 个人的样本来推算的总体就是 5 乘以 3.3，即该景区来自该区域的游客被推算为 16.5 人。尽管该方法并不能准确推断整体，如用户总体上的占比并不一定是游客占比，也不一定是特定景区的占比，但在实际应用中因操作起来简单而被作为典型方法所采用。未来可以对此方法进行优化，如建立游客特征分类，基于该分类设定不同的系数。

实训与思考

基于大数据的实时客流统计可视化

【实训目的】

了解用基于大数据的实时客流统计可视化展现方案。

【实训要求】

选取某景区，获取该景区实时客流与趋势，分析实时客流时空分布特征。

【方法与工具】

使用旅游大数据平台提供的客流统计与预测等相关功能。

【操作步骤】

按照旅游大数据平台使用步骤进行操作。

【自我评价】

通过实训，进行自我评价，评价量表如表7–2所示。

表7–2 评价量表

评价项目		评价标准
实训内容	对旅游大数据平台的客流统计功能的使用程度	等级一：能够基于旅游大数据平台功能，分析出客流在一段时间，如节假日、周末及工作日等的时间与空间分布规律。
		等级二：能够基于旅游大数据平台功能，分析出客流在一天中的时间与空间分布规律。
		等级三：能够基本操作旅游大数据平台的实时客流可视化展现功能，包含客流量与客流趋势的时间与空间展现等。

【拓展练习】

1. 基于大数据的旅游客流统计，对于旅游景区、目的地等的管理有什么具体作用？
2. 当前基于大数据的旅游客流统计在实际应用中存在哪些阻碍或问题？

第二节 基于大数据的旅游客流预测

一、什么是旅游客流预测

旅游客流预测就是根据已知客流量数据，采用某种预测方法，对未来可能的客流量进行预先判断。

旅游预测，具体来说就是依据旅游历史发展的过程和目前实际情况，综合旅游市场、旅游环境、旅游产业等相关方面的信息，运用定性和定量的科学分析方法，分析出旅游发展过程中的历史客观规律，并结合各类旅游现象之间的联系以及作用做出科学的分析和评估，进而推测出未来旅游发展的可能结果。

旅游预测可以是对特定旅游指标进行预测，如旅游接待总人数、旅游总收入。也可以是对某个旅游行业未来的发展趋势或者旅游相关行业经济发展趋势的预测，选择不同的旅游经济指标，分别能够反映出旅游所需的预测结果。

二、基于大数据的旅游客流预测的优势

在实际中，传统的旅游客流预测大多基于管理者的经验或者宏观（特别是长期）预测结果。在目前我国旅游需求迅猛增长并动态变化背景下，这些传统预测方法往往导致预测结果和实际客流的较大偏差，从而造成管理与服务的诸多问题。近年来，频繁出现的热点景区在节假日客流超过预期而造成的超载、拥堵以及冲突等安全问题，有的甚至上升至突发公共事件，为旅游安全、旅游体验以及旅游行业都带来了不良的经济和社会影响。而从另一方面来讲，旅游淡季客流量低，资源过度又造成了成本居高不下。在当前散客化的趋势下，传统旅游客流预测方法不能满足现代精细化管理和服务的需求。因此。基于大数据的实时性进行中短期预测将为目的地及景区等的客流管理提供较好的决策支持。

三、可用于客流预测的数据源

第一节所述可用于旅游统计的大数据源均可以作为客流预测的数据源。除此之外，还可采用搜索引擎提供的搜索指数、搜索趋势等数据进行客流预测，但其无法达到 GPS 和手机基站定位数据的实时性，可用于天、周、月等更长时间周期的预测。

四、基于大数据的旅游预测方法

针对不同场景，有多种模型可供选择，我们针对不同模型，给出了模型适宜的应用场景（见表 7-3）。

表 7-3　应用场景与适用客流预测模型

应用场景	适用模型
分时段预测，适合短中期预测	线性回归与马尔科夫结合预测
小时客流预测，天客流预测，适合短期预测	ARIMA 预测
小时天等预测	多项式回归预测
小时天等预测，时间跨度均可	非线性回归预测
短期预测	灰色预测 多元回归预测

（一）线性回归预测

线性回归预测是将原始数据拟合成一条直线，该直线反映了原始数据集合中离散数据的走势，根据该直线的走势可以进行预测。

线性拟合将整个数据拟合成以下函数形式：

$$Y = \alpha X + \beta + \varepsilon$$

其中，α 是截距项，β 是斜率。最终要做到的就是在所有（α，β，ε）参数组合中找出一个使得残差平方和 RSS 最小的组合，该组合作为最终线性函数的参数，此时应用最小二乘法作为求解参数的方法。

$$RSS=\sum_{i=0}^{m}(yi-yi')^2=\sum_{i=0}^{m}(y_i-(\alpha+\beta x_i))^2$$

由上述公式可知，RSS 实质上是关于 α 和 β 的一个函数。所以可以分别对 α 和 β 求偏导数并使其方程等于 0，这样就可以求出两个自变量的值，见下列公式：

$$\beta=\frac{\sum_{i=1}^{n}(X_i-\bar{X})(Y_i-\bar{Y})}{\sum_{i=1}^{n}(X_i-\bar{X})^2}$$

$$\alpha=(Y-\beta X)\cdots\cdots$$

因为 α 与 β 都可以得出具体的值，所以能够求出整个函数的参数值，进而得到拟合函数。线性拟合函数对于离散数据的拟合状态（见图 7-8）：

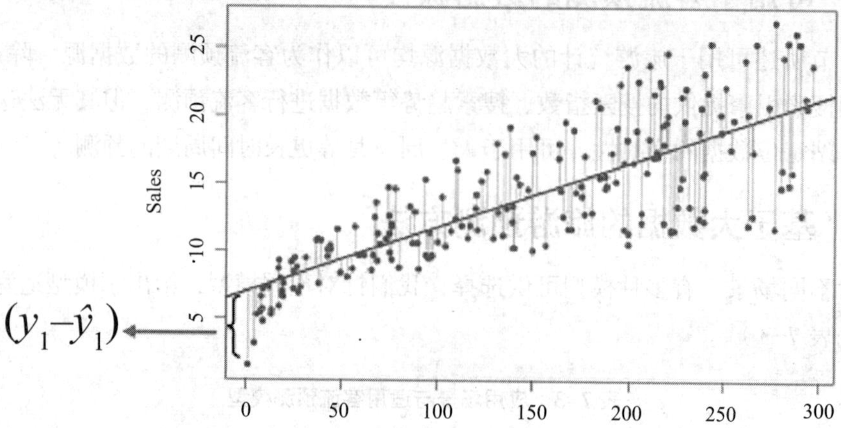

图 7-8　线性拟合示例图

线性拟合只可以反映出数据整体的走势，不能反映出数据的波峰波谷，如果在某个特定的实验中，希望得知数据的走势或者数据在何处达到最大值转而向下，在何处达到最小值转而向上，就不能使用直线来拟合数据，此时就需要非线性拟合。

（二）马尔科夫预测

马尔科夫理论指出，“系统达到每一状态的概率仅与近期状态有关，在一定时期后，马尔科夫过程逐渐趋于稳定状态而与原始条件无关”的这一特性称为“无后效性”。对马尔科夫过程和马尔科夫链进行分析，并对未来的发展进行预测，称为马尔科夫分析。马尔科夫预测方法的特点是，不需要大量的统计资料，只需有限的近期资料即可实现定量预测，而且马尔科夫预测方法适用于在短期预测的基础上，只要状态转移矩阵滚动次数足够多，也能适用于长期预测。许多事件发展过程的状态转移具有无后效性，对于这样一些事件则可以利用马尔科夫预测。马尔科夫预测过程如下。

（1）状态转移。

状态转移是指客观事物由一种状态到另一种状态的变化。由于状态转移是随机的，因此必须用概率来描述状态转移可能性的大小，将这种转移的可能性用概率描述，就是状态转移概率。对于由状态 E_i 转移到状态 E_j 的概率，称它为从 i 到 j 的转移概率。公式表达如下：

$$P(E_i \rightarrow E_j) = P(E_j/E_i) = P_{ij}$$

（2）状态转移概率矩阵。

假定某一个事件的发展过程有 n 个可能的状态，即 E_1，E_2，E_3，…，E_n。记 P_{ij} 为从状态 E_i 的状态转移概率矩阵，则状态转移矩阵为：

$$\begin{bmatrix} P_{11} & P_{12} & \cdots & P_{1n} \\ P_{21} & P_{22} & \cdots & P_{2n} \\ \vdots & \vdots & \vdots & \vdots \\ P_{n1} & P_{n2} & \cdots & P_{nn} \end{bmatrix}$$

（3）终极状态预测。

在马尔可夫链中，已知系统的初始状态和状态转移概率矩阵，就可推断出系统在任意时刻可能所处的状态。以 k 为时刻，$\pi_i(k)$ 为状态概率（即事件在初始时刻 k=0 状态已知的情况下，经过 k 次状态转移以后，在第 k 个时刻处于状态 E_i 的概率），可以构造如下公式：

$$\pi_i(k) = \sum_{i=1}^{n} \pi_i(k-1) P_{ij} \quad (i=1, 2, \cdots, n)$$

若记行向量 $\pi(k) = [\pi_1(k), \pi_2(k), \cdots, \pi_n(k)]$，可以得到计算概率矩阵的递推公式：

$$\begin{cases} \pi(1) = \pi(0) P \\ \pi(2) = \pi(1) P = \pi(0) P^2 \\ \pi(k) = \pi(k-1) P = \cdots = \pi(0) P^k \end{cases}$$

下面以天气预测对马尔科夫链模型进行阐述，说明如何根据今天天气预测明天和后天天气。

①首先把有雨的天气称为 0 状态，把无雨的天气称为 1 状态。

②根据历史天气记录，汇总后发现：当第一天为有雨时，第二天为有雨的概率为 0.8，第二天为无雨的概率为 0.2；第一天为无雨，第二天为有雨概率为 0.3，第二天为无雨概率为 0.7。从而构建转移概率矩阵：

$$P = \begin{pmatrix} 0.8 & 0.2 \\ 0.3 & 0.7 \end{pmatrix}$$

从而可以得到明天为有雨的概率为 0.8，明天为无雨的概率为 0.2。

于是两步转移概率矩阵为：

$$P^{(2)} = P \times P = \begin{pmatrix} 0.7 & 0.3 \\ 0.45 & 0.55 \end{pmatrix}$$

从而得到后天为有雨的概率为 0.7，后天为无雨的概率为 0.3。

（三）线性回归与马尔科夫结合预测

线性回归与马尔科夫结合是指首先通过线性回归模型判断客流变化的整体趋势，然后运用马尔科夫方法对波动情况进行拟合矫正。具体步骤如下：

（1）线性回归拟合整体趋势并预测客流值。

（2）计算拟合误差：实际值 - 线性拟合预测值。

（3）运用拟合误差变化规律构建转移概率矩阵，并进行预测，得到拟合误差求解值。

（4）求最终预测值：线性拟合预测值 - 马尔科夫拟合误差求解值。

（5）当知道实际值时可以拿实际值与预测值进行对比，检验效果。

以下通过我国 2001 年到 2010 年客流量（traffic，万人）和铁路线长度（distance，万千米）数据（见表 7-4）来说明线性回归和马尔科夫结合的预测过程。

表 7-4　示例数据：2001—2010 年客流量和铁路线长度

年份	客流量（万人）	铁路线长度（万千米）
2001	105155	7.01
2002	105606	7.19
2003	97260	7.3
2004	111764	7.44
2005	115583	7.54
2006	125656	7.71
2007	135670	7.8
2008	146193	7.97
2009	153451	8.55
2010	167609	9.12

首先进行线性回归，拟合出 traffic = 34530 * distance – 141661

然后求出差值（实际值减去拟合预测值）占实际值的百分比（简称差值百分比）（见表 7-5）。

表 7-5 示例计算：拟合预测值与差值百分比

年份	拟合预测值	差值百分比
2001	100393.7	4.52788104
2002	106609.1	−0.94983578
2003	110407.4	−13.51775597
2004	115241.6	−3.11151308
2005	118694.5	−2.69203831
2006	124564.6	0.86854841
2007	127672.3	5.89496186
2008	133542.4	8.65336684
2009	153569.7	−0.07735951
2010	173251.7	−3.36660666

再根据差值百分比构建马尔科夫状态区间（见表 7-6）。

表 7-6 示例计算：马尔科夫状态区间定义

状态	状态区间%	含义
1	［−15~−10］	显著下降
2	（−5~0］	下降
3	（0~5］	增长
4	（5，10］	显著增长

假设 2010 年客流量为 x，则：

状态 1 中值为（1−12.5%）x；

状态 2 中值为（1−0.25%）x；

状态 3 中值为（1+0.25%）x。

根据马尔科夫状态区间得到历年的马尔科夫状态：

表 7-7 示例计算：2001—2010 年马尔科夫状态

2001年	2002年	2003年	2004年	2005年	2006年	2007年	2008年	2009年	2010年
3	2	1	2	2	3	4	4	2	2

如表 7-7 所示，可知每一年到下一年的状态转换情况，如 2001 年状态为 3，到下一年 2002 年状态转换为 2。因而可得到每种状态的一步（到下一年）转换情况以及状

态转移概率（见表 7-8）。

表 7-8　示例计算：2001—2010 年马尔科夫状态转换情况

项目	状态1	状态2	状态3	状态4
状态 1	0	1	0	0
状态 2	1	2	1	0
状态 3	0	1	0	1
状态 4	0	1	0	1

横向归一化（见表 7-9）：

表 7-9　示例计算：2001—2010 年马尔科夫状态转换概率

项目	状态1	状态2	状态3	状态4
状态 1	0	1	0	0
状态 2	0.25	0.5	0.25	0
状态 3	0	0.5	0	0.5
状态 4	0	0.5	0	0.5

得到方程：

0.25×（1-12.5%）x+0.5×（1-2.5%）x+0.25×（1+2.5%）x=34530×distance-141661

其中 distance 根据公布的数据，2011 年铁路新增线路 2022 公里，即 distance=9.12+0.2022=9.3222，求得 0.9625x=180234.6，x=187256.7 即为 2011 年的预测客流量。

（四）ARIMA 预测

ARIMA 模型是目前应用较广泛的时间序列分析方法，最早由 Box 和 Jenkins 于 1970 年提出。其基本思路是：利用差分方法对原始时间序列进行平稳化，通过平稳序列自相关与偏自相关函数的特性，判断模型的类型以及模型阶数和未知参数，之后对模型的有效性进行检验，最终对未来的时间序列进行分析预测。ARIMA 模型一般记为 ARIMA（p，q，d），其代表对非平稳的随机序列变量 Yt 进行 d 次差分处理后，得到平稳序列 X_t。之后，将平稳序列 X_t 拟合为 $ARMA$（p，q）模型，该模型的表达式如下：

$$X_t=\varphi_1 X_{t-1}+\cdots+\varphi_p X_{t-p}+\varepsilon_t-\theta_1\varepsilon_{t-1}-\cdots-\theta_q\varepsilon_{t-q},\ t\in Z\ (1)$$

式中：前半部分为自回归过程；p 为自回归阶数；φ_1，…，φ_p 为自回归系数；后半部分为滑动平均过程；q 为滑动平均阶数；θ_1，…，θ_q 为滑动平均系数；X_t 为平稳数据序列；$\{\varepsilon_t\}$ 为未观察到的白噪声序列，形式为 2W~N（0，σ）。

特别地，当 q=0 时，该模型成为自回归模型 AR（p），表达式如下：

$$X_t=\varphi_1 X_{t-1}+\cdots+\varphi_p X_{t-p}+\varepsilon_t,\ t\in Z$$

当 p=0 时，该模型称为滑动平均模型 MA（q），表达式如下：

$$X_t=\varepsilon_t-\theta_1\varepsilon_{t-1}-\cdots-\theta_q\varepsilon_{t-q},\ t\in Z$$

如图 7-9 所示，根据某地区肺结核发病人数绘制的原始数据图。

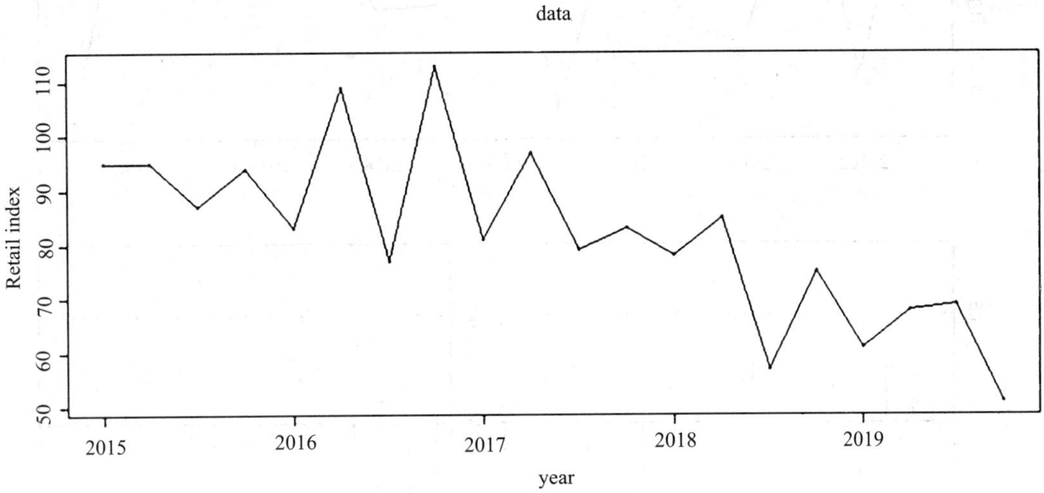

图 7-9 平均季节发病率时间序列图

根据原始数据计算得到该数据的自相关和偏自相关。

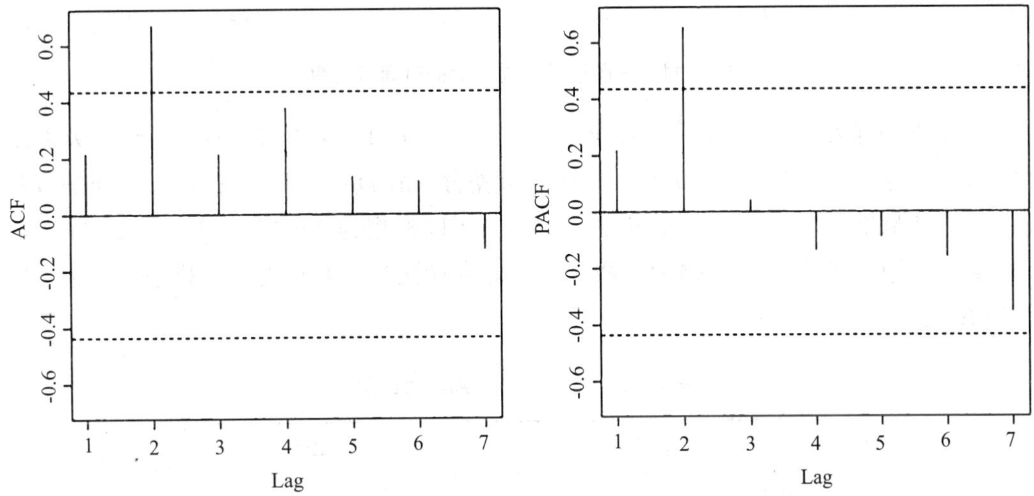

图 7-10 原始序列的自相关图与偏自相关图

如图 7-10 所示，ACF（自相关系数）和 PACF（偏自相关系数）均为拖尾，因而采用 ARIMA 对数据进行季节性差分运算，得到如图 7-11 所示结果。

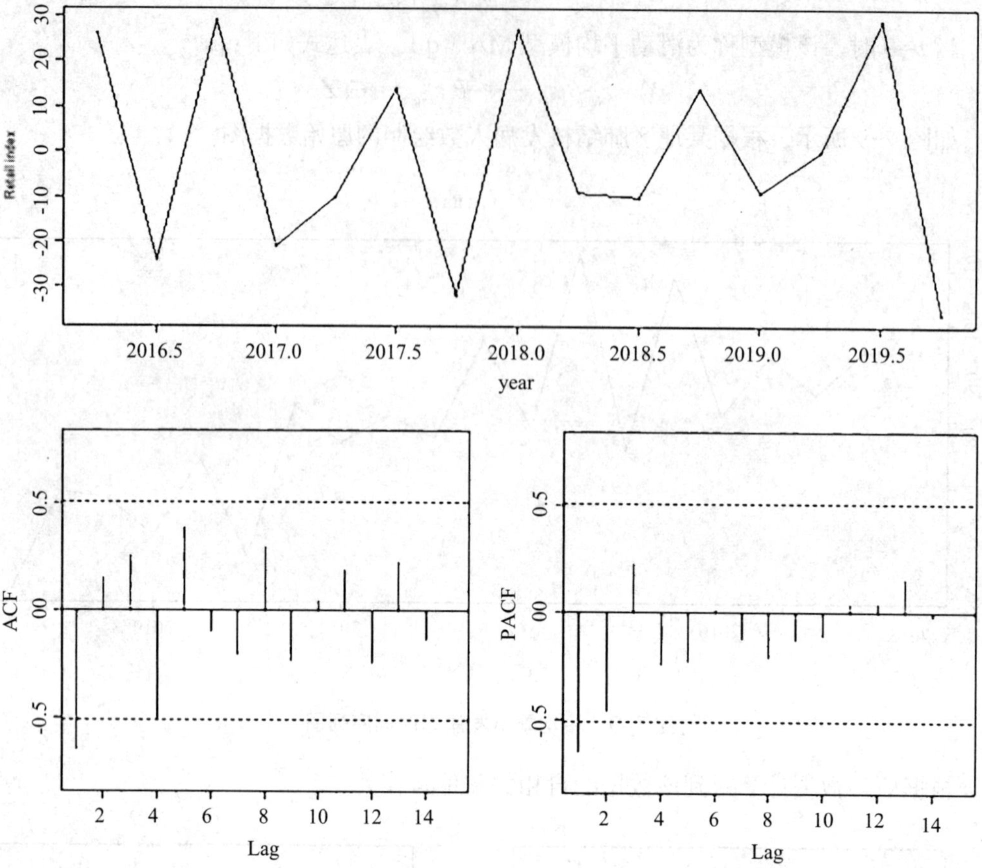

图 7-11　一阶季节性差分后的时间序列图

对于非季节项，只进行了一阶非季节差分，故 d=1，从 PACF 看出 p=1，从 ACF 看出 q=1。对于季节项，也只进行了一阶季节差分，故 D=1，再看在 lag4，8 处是否有 spike，从 PACF 看出 P=0，从 ACF 看出 Q=0，所以模型为 ARIMA（2，1，2）(0，1，0)［4］。因为数据量较少，模型参数选择可能存在误差，因此改动参数进行对比（见表 7-10）：

表 7-10　各参数模型 AIC 对比图

模型	AIC
ARIMA（2，1，2）(0，1，0)［4］	119.81
ARIMA（1，1，1）(0，1，0)［4］	126.3
ARIMA（2，1，1）(0，1，0)［4］	123.75
ARIMA（1，1，2）(0，1，0)［4］	127.37
ARIMA（2，1，2）	148.31

根据 AIC（赤峰信息准则）准则，选择 AIC 最小的作为最佳结果，最终模型为：ARIMA（2，1，2）（0，1，0）[4]。

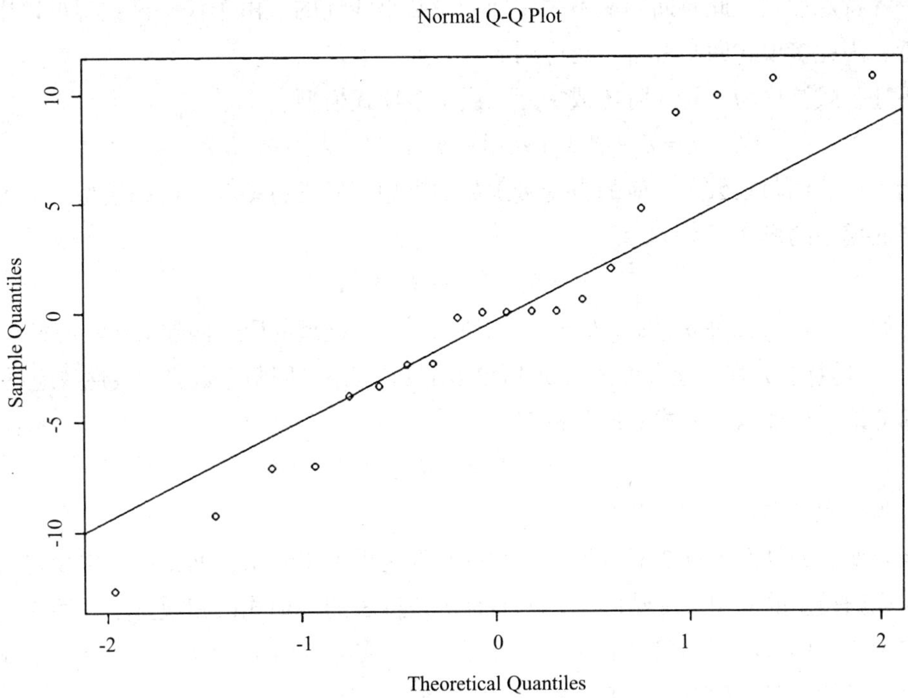

图 7-12　拟合残差的 Q-Q 图

对残差进行白噪声检验，P=0.7243>0.05，此该模型的残差是白噪声序列，结合图 7-12，误差是正态随机的，则说明已经提取完了模型有用信息，证明选取的该季节模型是较为适合的。对后两年数据进行预测的结果（见图 7-13）。当获取到实际值后，可以将实际值与预测值进行对比来检验模型预测效果。

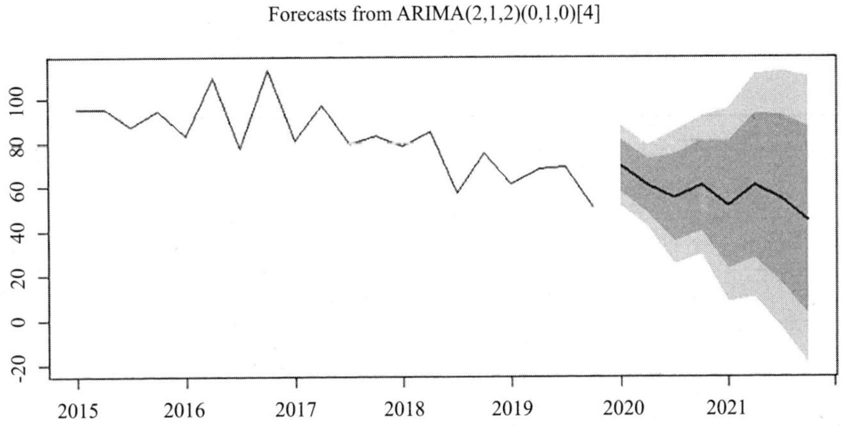

图 7-13　ARIMA 模型 2020—2021 年季度预测图

（五）多项式回归预测

多项式回归，回归函数是回归变量多项式的回归。多项式回归模型是线性回归模型中的一种特殊形式，此时回归函数关于回归系数是线性的。由于任一函数都可以用多项式逼近，因此多项式回归有着广泛应用。

下述公式被称为一元二阶（或一元二次）多项式模型。

$$y_1 = \beta_0 + \beta_1 x_i + \beta_2 x_i^2 + \varepsilon_i\ （i = 1，2，\cdots，n）$$

为了反映回归系数所对应的自变量次数的类型，通常将多项式回归模型中的系数表示成下面模型的形式：

$$y_i = \beta_0 + \beta_1 x_i + \beta_{11} x_i^2 + \varepsilon_i$$

形如 $y_1 = \beta_0 + \beta_1 x_i + \beta_2 x_i^2 + \varepsilon_i$（$i = 1，2，\cdots，n$）的模型的回归函数 $y_i = \beta_0 + \beta_1 x_i + \beta_{11} x_i^2 + \varepsilon_i$ 是一条抛物线方程，通常称为二项式回归函数。其中，回归系数 β 为线性效应系数。

相应地，形如以下公式的回归模型：

$$y_i = \beta_0 + \beta_1 x_i + \beta_{11} x_i^2 + \beta_{111} x_i^3 + \varepsilon_i$$

称为一元三次多项式模型。

当自变量的幂次超过 3 时，回归系数的解释变得困难起来，回归函数也变得很不稳定，对回归模型的应用会受到影响，因而幂次超过 3 的多项式回归模型不常使用。以上两个多项式回归模型都是只含有一个自变量 x，在实际应用中，常遇到含有两个或两个以上自变量的情况，称形如以下公式的回归模型：

$$y_i = \beta_0 + \beta_1 x_{i1} + \beta_2 x_{i2} + \beta_{11} x_{i1}^2 + \beta_{22} x_{i2}^2 + \beta_{12} x_{i1} x_{i2} + \varepsilon_i$$

为二元二阶多项式回归模型。它的回归系数中分别含有两个自变量的线性项系数 β 1 和 β 2，并含有交叉乘积项系数。交叉乘积项表 x_1 与 x_2 的交互作用，系数 β12 通常称为交互影响系数。模型构建好后可以在知道实际值时拿实际值与预测值进行对比，检验效果。

如表 7-11 所示，为我国 1991 年到 2014 年的人口数据，以此数据构建模型对 2015 年的人口数进行预测。

表 7-11　我国 1991—2014 年人口数据

单位：万人

年份	t	总人口	年份	t	总人口
1991	1	115823	1997	7	123626
1992	2	117171	1998	8	124761
1993	3	118517	1999	9	125786
1994	4	119850	2000	10	126743
1995	5	121121	2001	11	127627
1996	6	122389	2002	12	128453

续表

单位：万人

年份	t	总人口	年份	t	总人口
2003	13	129227	2009	19	133450
2004	14	129988	2010	20	134091
2005	15	130756	2011	21	134735
2006	16	131448	2012	22	135404
2007	17	132129	2013	23	136072
2008	18	132802	2014	24	136782

该数据所显示的整体变化趋势如图 7-14 所示。

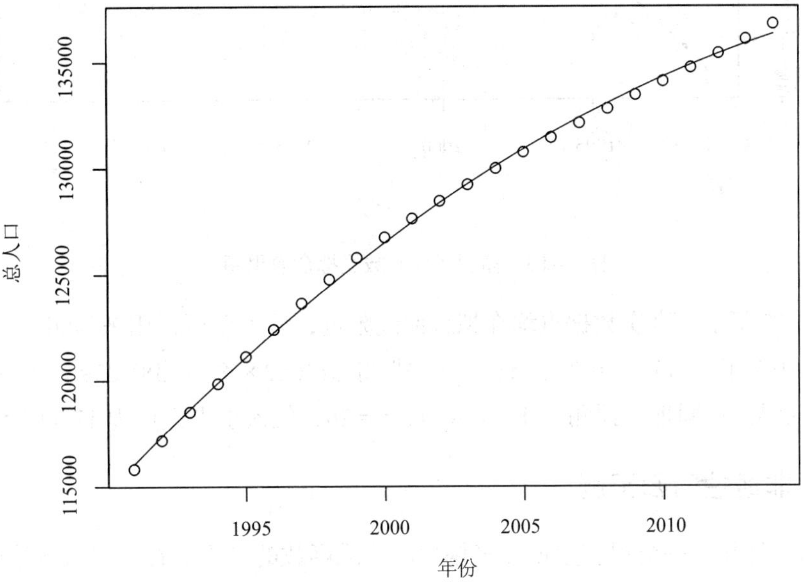

图 7-14　我国 1991 年到 2014 年的人口变化趋势

观察图 7-14 的人口变化趋势，可以发现人口趋势不是简单的线性关系，所以可以选择多项式拟合模型。首先选择二次多项式。

	Estimate	Std. Error	t value	Pr（>|t|）	
（Intercept）	114682.808	150.783	760.58	< 2e-16	***
x	1381.839	27.790	49.72	< 2e-16	***
x2	-20.038	1.079	-18.57	1.65e-14	***

Multiple R-squared：0.9988，Adjusted R-squared：0.9987

可以发现模型拟合参数均通过了建议，调整后的拟合优度为 0.9987，拟合结果较为理想，模型结果如以下公式所示：

$$y = 114682.808 + 1381.839t - 20t^2$$

数据拟合效果如图 7-15 所示。

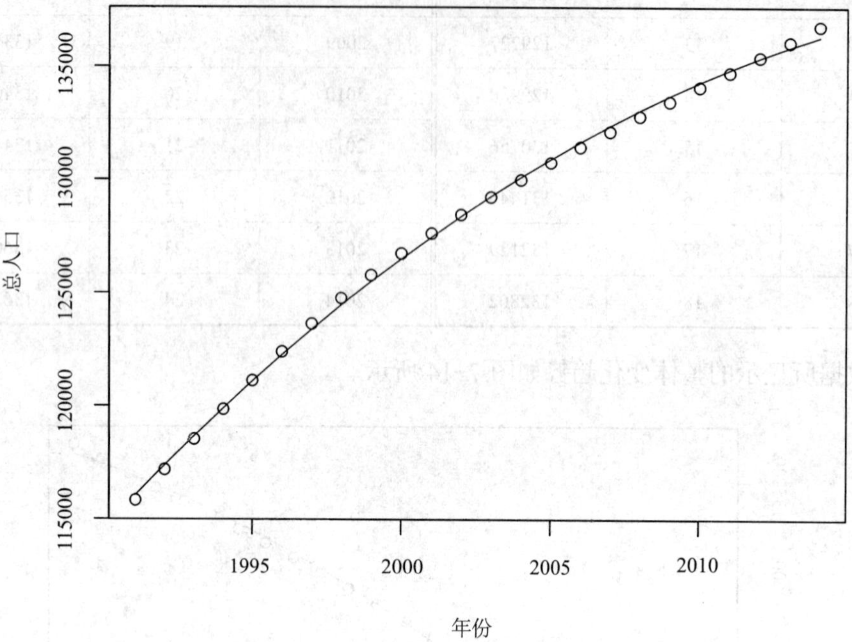

图 7-15　多项式回归数据拟合效果图

如图 7-15 所示，真实数据点均在拟合曲线附近，该模型可以用来预测。

预测 2015 年人口，t = 25，代入公式得 $114682.808 + 1381.839 \times 25 - 20 \times 25^2 = 136728.8$（万人）；同理，预测 2016 年人口，t = 26，代入求得人口为 137090.6 万人。

（六）非线性回归预测

曲线拟合是基于一组现有数据点来构建曲线或函数的过程。在大多数场景中，我们获取到的数据不是连续的，这就造成对于没有出现在数据集合中的点无法得知出他的具体值，对于数据点处于整体数据的哪些位置，也无从得知。此时就希望可以根据这些数据，得到一条可以大概表述出离散点的关系的一条曲线或者一个函数，通过曲线拟合方式拟合出的函数曲线，可以将没有出现的点代入函数中求出该点对应的值，也可以反映出该数据集数据的走势或者数据和数据之间的关系。常用的曲线拟合有不同的表现形式，指数函数，对数函数，三角函数等。根据研究对象的限制或者特征，选择函数构建模型，并拿实际值对比效果。

基于表 7-12 数据，以逻辑回归为例对人口进行预测。

表 7-12 我国 1993—2017 年人口数据

单位：万人

年份	t	人口	年份	t	人口
1993	1	118517	2006	14	131448
1994	2	119850	2007	15	132129
1995	3	121121	2008	16	132802
1996	4	122389	2009	17	133450
1997	5	123626	2010	18	134091
1998	6	124761	2011	19	134735
1999	7	125786	2012	20	135404
2000	8	126743	2013	21	136072
2001	9	127627	2014	22	136782
2002	10	128453	2015	23	137462
2003	11	129227	2016	24	138271
2004	12	129988	2017	25	139008
2005	13	130756			

逻辑回归函数形式如下：

$$x\left(\mathrm{t}\right)=\frac{x_m}{1+\left(\frac{x_m}{x_0}-1\right)\mathrm{e}^{-rt}}$$

x_0 为初始值，x_m 为环境容纳量，现有土地经济等环境下最大的人口容量。

关于 x_0，有两种处理方案，一种是直接取第一年的人口数量，作为 x_0。因第一年并不一定完全满足逻辑回归曲线，会对拟合结果产生一定的影响，所以，通常选择另一种处理方式，把 x_0/x_0-1 作为未知参数，进行求解，则可变形为：

$$x\left(\mathrm{t}\right)=\frac{x_m}{1+\beta\mathrm{e}^{-rt}}$$

则已知人口数量 x（t），年份 t，对 x_m、r 和 β 进行拟合求解。求得函数拟合值为：

$$x\left(\mathrm{t}\right)=\frac{1.4623\times10^5}{1+0.2462\ \mathrm{e}^{-0.0574t}}$$

预测 2018 人口数，t = 26，$x\left(26\right)=\frac{1.4623\times10^5}{1+0.2462\mathrm{e}^{-0.0574\times26}}=138558$

预测 2019 人口数，t = 27，$x\left(27\right)=\frac{1.4623\times10^5}{1+0.2462\mathrm{e}^{-0.0574\times27}}=138965$

（七）灰色预测

我国著名学者邓聚龙教授通过对大量信息系统的研究，发现其中有很大一部分是部分信息已知，部分信息未知的系统。因此，他提出了灰色模型（Gray Model）概念，通过对这种灰色系统深入研究，在 20 世纪 80 年代初期创立了灰色系统理论。灰色系统理论通过深入研究系统中的已知信息，从中寻找规律，以此来推测出系统中的未知信息。换句话说，就是灰色系统理论利用从已知信息中获得的有价值信息，来正确认识和有效控制整个系统。

GM（1，1）表示 1 阶方程和 1 个变量的灰色模型，其中，G 表示 grey（灰色），M 表示 model（模型），计算过程如下。

记原始时间序列为非负序列，形如下式：

$$X^{(0)}=\left(x^{(0)}(1),\ x^{(0)}(2),\ \cdots,\ x^{(0)}(n)\right)$$

对原始数列进行累加得：

$$X^{(1)}=\left(x^{(1)}(1),\ x^{(1)}(2),\ \cdots,\ x^{(1)}(n)\right)$$

其中，$X^{(1)}(k)=\sum_{i=1}^{k}x^{(0)}(i)$，$k=1,\ 2,\ \cdots,\ n$，则得下式：

$$x^{(0)}(k)+ax^{(1)}(k)=b$$

为 GM（1，1）模型的原始形式，其中，参数 a 为发展系数，b 为灰色作用量。

$Z^{(1)}$ 为 $X^{(1)}$ 的紧邻均值生成序列，形如下式：

$$\mathrm{Z}^{(1)}=\left(\mathrm{z}^{(1)}(2),\ \mathrm{z}^{(1)}(3),\ \cdots,\ \mathrm{z}^{(1)}(\mathrm{n})\right)$$

其中，$Z^{(1)}=1/2\left(x^{(1)}(k)+x^{(1)}(k-1)\right)$，则称下式：

$$x^{(0)}(k)+ax^{(1)}(k)=b$$

为 GM（1，1）模型的基础形式。对系数 a，b 进行求解。

称 $\frac{dx^{(1)}}{dt}+ax^{(1)}=b$ 为灰阶分方程，结合上式，取 $x^{(1)}(0)=x^{(0)}(1)$，对累计序列运算得：

$$\hat{x}^{(1)}(k+1)=(x^{(1)}(0)-\frac{b}{a})\,e^{-ak}+\frac{b}{a},\ k=1,\ 2,\ \cdots,\ n$$

还原，求原始序列拟合预测值：

$$\hat{x}^{(0)}(k+1)=\hat{x}^{(1)}(k+1)-\hat{x}^{(1)}(k)$$

当得知实际值时，可以用实际值与预测值进行对比以检验预测效果。

如表 7-13 所示数据为例进行杭州旅游收入预测。

表 7-13　杭州 2003—2008 年旅游总收入

单位：亿元

年份	2003	2004	2005	2006	2007	2008
旅游总收入	325.9	410.1	465.1	543.7	630.1	707.2

将 6 个数据作为原始数据序列：

$$\hat{x}^{(0)}=(325.9，410.1，465.1，543.7，630.1，707.2)；$$

一次累加生成得到：

$$\hat{x}^{(1)}=(325.9，736，1201.1，1744.8，2374.9，3082.1)；$$

对累计序列进行模型求解运算得：

$$x(k+1)=2766.4556e^{0.13806k}-2440.5556；$$

2009 年为第 7 年，累计值为：

$$x(7)=2766.4556e^{0.13806\times6}-2440.5556=3893.413；$$

则 2009 年旅游收入预测值为

$$x(7)-x(6)=3893.413-3076.625=816.7878。$$

（八）多元线性回归与逐步回归预测

一般而言，单个指标可能受多因素影响，多个指标之间存在相关关系。此时，可以采用多元线性回归模型对指标进行预测。

设随机变量 y 与一般变量 $x_{\_1}$，$x_{\_2}$，…，x_p 的线性回归模型为：

$$y=\beta_0+\beta_1x_1+\beta_2x_2+\cdots+\beta_px_p+\varepsilon$$

其中 β_0，β_1，…，β_p 是 $p+1$ 个未知参数，β_0 称为回归常数，β_0，β_1，…，β_p 称为回归系数。y 称为因变量 x_1，x_2，…，x_p 称为自变量。当 $p=1$ 时，公式 7-29 即为本章上述一元线性回归模型即公式 7-1。当 $p\geqslant2$ 时，称公式 7-30 为多元线性回归模型。ε 是随机误差，与一元线性回归一样，对随机误差项常假定为：

$$\begin{cases}E(\varepsilon)=0\\ var(\varepsilon)=\delta^2\end{cases}$$

则称下式：

$$E(y)=\beta_0+\beta_1x_1+\beta_2x_2+\cdots+\beta_px_p$$

为理论回归方程。

逐步回归的基本思想是将变量逐个引入模型，每引入一个解释变量后都要进行 F 检验；并对已经选入的解释变量逐个进行 t 检验；当原来引入的解释变量由于后面解释变量的引入变得不再显著时，则将其删除；以确保每次引入新的变量之前回归方程中只包含显著性变量。这是一个反复的过程，直到既没有显著的解释变量选入回归方程，也没有不显著的解释变量从回归方程中剔除为止；以保证最后所得到的解释变量集是最优的。

逐步回归法选择变量的过程包含两个基本步骤：一是从回归模型中剔出经检验不显著的变量，二是引入新变量到回归模型中，常用的逐步型选元法有向前法和向后法。向前法的思想是变量由少到多，每次增加一个，直至没有可引入的变量为止。向后法与向前法正好相反，它事先将全部自变量选入回归模型，任何逐个剔除对残差平方和贡献较小的自变量。经过逐步回归，使得最后保留在模型中的解释变量既是重要的，又没有严重多重共线性，当知道实际值时可以拿实际值与预测值进行对比，检验效果。

如表 7-14 所示，给出了 1990—2011 年农村居民人均纯收入 Y 与解释变量人均 GDP（X1）、粮食产量（X2）、农林牧渔业总产值（X3）、农作物总播种面积（X4）、乡村劳动力数量（X5）的数据。

表 7-14　样本数据：1990—2011 年农村居民人均纯收入

年份	X1/元	X2/万吨	X3/万元	X4/hm2	X5/人	Y/元
1990	1145.63	42.21	67913	155845	361796	568
1991	1262.81	42.91	71778	160451	371229	582
1992	1405.24	43.58	77172	159893	389910	591
1993	1866.34	41.71	88353	154928	395609	637
1994	2361.63	43.97	117834	154110	402392	756
1995	2965.27	44.44	154802	162864	416582	862
1996	3176.24	46	191020	168835	422640	1005
1997	3563.42	46.6	208470	173125	435015	1098
1998	3625.56	39.7	204288	172696	441803	1127
1999	3568.65	37.98	185225	174757	442590	1106
2000	3844.43	39.68	187337	178226	457700	1142
2001	3953.55	37.11	182949	172109	472928	1161
2002	3934.04	30.88	188143	169021	479309	1265
2003	4196.72	28.65	213343	166343	473499	1322
2004	4988.45	29.83	236624	167897	484453	1394
2005	5113.56	40.27	277016	174473	496345	1504
2006	6039.55	40.97	318148	185724	501505	1687
2007	7149.6	42.59	383571	198236	507902	2046
2008	9323.48	46.02	455896	205833	559894	2439
2009	9690.85	54.83	515304	219420	575673	2831
2010	11585.68	60.3	579985	242192	591603	3368
2011	14118.49	65	714514	251939	620833	4096

首先我们把 5 个因素纳入构建模型，得到各参数指标如下：

Estimate Std. Error t value Pr（>|t|）

```
##(Intercept) -4.388e+02   7.902e+02   -0.555   0.58635
## x1          2.086e-01   6.868e-02    3.037   0.00785 **
## x2         -2.418e+00   5.011e+00   -0.482   0.63599
## x3          6.322e-04   1.249e-03    0.506   0.61962
## x4          7.645e-03   3.626e-03    2.108   0.05113.
## x5         -1.172e-03   1.540e-03   -0.761   0.45758
```

即模型结果为

$$y=-438.8+0.2086x_1+2.418x_2+0.00063x_3+0.00765x_4-0.00117x_5。$$

此模型的检验参数 AIC 值为 195.31（AIC 越小说明模型效果越好）。当我们去掉某个指标后，模型 AIC 值分别为：

```
# Start：AIC = 195.31
## y ~ x1 + x2 + x3 + x4 + x5
##
##          Df Sum of Sq   RSS     AIC
## - x2      1    1330    92749   193.62
## - x3      1    1464    92883   193.66
## - x5      1    3311    94730   194.09
## <none>                 91419   195.31
## - x4      1   25395   116814   198.70
## - x1      1   52690   144109   203.32
```

本结果可以如下解读：原始的 AIC 为 195.31，模型形式为 $y=\beta_0+\beta_1x_1+\beta_2x_2+\cdots+\beta_5x_5$，去掉 x_2，AIC 变为 193.62，去掉 x_3，AIC 变为 193.66。

显然，当去掉参数 x_2，AIC 值最小，而且相较于原始 AIC 值有所减小。去掉 x_2 后重新构建模型如下：

```
## Step：AIC = 193.62
## y ~ x1 + x3 + x4 + x5
##          Df Sum of Sq   RSS     AIC
## - x3      1     854    93603   191.83
## - x5      1    2030    94780   192.10
## <none>                 92749   193.62
## - x4      1   26221   118970   197.10
## - x1      1   52814   145563   201.54
```

进一步，发现去除 x3，AIC 最小而且小于原始 AIC 值 193.62，去除后重新构建模型，多次进行，最终去掉任意指标 AIC 值都不会减小，结果如下：

```
## Step：AIC = 190.37
## y ~ x1  +  x4
##
##        Df Sum of Sq   RSS    AIC
## <none>                95920 190.37
## - x4    1     49523 145443 197.52
## - x1    1    550899 646819 230.35
```

此时模型已经达到较为理想的效果，模型具体参数如下：

```
##              Estimate Std. Error t value Pr（>|t|）
##（Intercept）-1.003e + 03  3.655e + 02  -2.746  0.01285 *
## x1           2.100e-01  2.011e-02  10.446 2.59e-09 ***
## x4           8.011e-03  2.558e-03   3.132  0.00549 **
```

即最终模型结果为 $y = -1003 + 0.21x_1 + 0.008011x_4$。

当已知对应的 2 个指标值时就可对收入进行预测。

实训与思考

基于大数据的客流预测模型应用

【实训目的】

了解用基于大数据的客流预测模型应用过程。

【实训要求】

针对给定大数据集，选用合适的客流预测模型进行客流预测。

【方法与工具】

Python 和 R 语言

海鳗云教学实训平台

【操作步骤】

1. 导入时间序列

直接填写

x ＝［31.87，32.87，31.77，31.5，30.44，30.77，29.69，29.69，29.13，27.68，29.79，25.19］

或者导入文件（文件获取地址或二维码）

from pandas importread_csv

```
filename = input（" 文件名：" ）
f = open（filename，encoding = 'UTF-8'）
data = read_csv（f）
print（data）
```

2. 加载工具包

```
import numpy as np
import matplotlib.pyplot as plt
```

3. 进行模型参数运算

```
lan =[ ]
for i in range（len（x））:
if i = = len（x）- 1:
continue
# 求级比
lan.Append（x [i] / x [i + 1]）
x_1 = np.cumsum（x）
# 构造数据矩阵 B 及数据向量
B = np.array（[-1 / 2 *（x_1 [i]+ x_1 [i + 1]）for i in range（len（x）- 1）]）
B = np.mat（np.vstack（（B，np.ones（（len（x）- 1，））））.T）
Y = np.mat（[x [i + 1] for i in range（len（x）- 1）]）.T
u = np.dot（np.dot（B.T.dot（B）.I，B.T），Y）
[a，b]=[u [0，0]，u [1，0]]
a_new，b = x [0] - b / a，b / a
```

4. 输入需要预测的年数并预测

```
year = 20
year + = len（x）
x_predict =⌊x ⌊0⌋⌋
x_predict = x_predict +[a_new *（np.exp（-a * i）- np.exp（-a *（i - 1）））for i in range（1，year）]
# 计算相对误差，如果较小，则可以使用
print（（np.array（x_predict [ : len（x）]）-np.array（x [ : len（x）]））/np.array（x [ : len（x）]））
print（x_predict [len（x）: ]）
```

5. 结果展示

注意这里数字要根据时间序列的具体年份

```
plt.plot（range（2005，2017），x [ : len（x）]，range（2005，2037），x_predict）
```

```
plt.xlabel('Years')
plt.ylabel('Concentration [mt]')
plt.legend(['Actual', 'Forecast'])
plt.savefig('1.png', dpi=600)
```

【自我评价】

通过实训，进行自我评价，评价量表如表 7–15 所示。

表 7–15　评价量表

评价项目		评价标准
实训内容	熟练预测模型步骤	等级一：能高质与高效地完成客流预测，并能提出新颖的想法。
		等级二：能高质与高效地完成客流预测。
		等级三：基本能够完成客流预测，但需要进一步指导。
通用能力	理解客流预测原理	等级一：能高质与高效地完成客流预测，并能进行总结，总结场景。
		等级二：能高质与高效地完成客流预测，熟悉其中原理。
		等级三：基本能够完成客流预测，但对原理不够理解。

【拓展练习】

1. 客流预测还有哪些模型？自主学习客流预测模型并完善场景分类表格。

2. 进一步思考客流预测的意义。

第三节　旅游统计与大数据

一、当前旅游统计的实际做法

（一）旅游统计调查制度

从 20 世纪 80 年代初起，在国家统计局的支持和指导下，我国逐步建立起了一套以抽样调查为主、企业报表为补充的旅游统计核算体系。1995 年制定的《旅游统计调查制度》，规定了旅游统计的范围、统计方法及统计口径，使得旅游管理部门第一次有了统计的基本依据和操作规范，是旅游主管部门定期向社会各界发布旅游统计数据的法律依据。《旅游统计调查制度》每两年修订一次，力求旅游统计数据更客观地反映我国旅游行业的发展情况。2020 年 12 月，由文化和旅游部制定、国家统计局批准，《全国文化文物和旅游统计调查制度》下发。

《全国文化文物和旅游统计调查制度》是指导全国旅游统计工作的纲领性文件，规定了统计报表、上报时间以及综合核算等内容，并对相关名词进行了权威性定义。将供给方填报的报表，分为基层报表（文旅基表）、部门综合报表（文旅综表）、快报表（文旅快表）三类；将需求方的游客花费调查，规定为针对三类游客：即国内游客、入境游客和出境游客。

（1）基层报表。

主要调查文化和旅游科研机构、事业机构、企业、行政部门、旅行社、星级饭店、A 级景区的基本情况，包含从业人员情况、资产设施拥有量、财务经营状况、业务活动开展情况等四大方面，以及文化和旅游机构基本建设投资情况。基层报表目录，如表 7-16 所示。

表 7-16 示例：基层报表目录

表号	表名	报告期别	填报范围	报送单位	报送日期及方式
文旅基 9 表	文化和旅游科研机构基本情况	年报	各级、各类文化和旅游科研（含科技）机构	各类文化和旅游科研机构	3 月 15 日前网上直报
……	……	……	……	……	……
文旅基 29 表	A 级景区基本情况	年报	各级文化和旅游行政部门管理的 A 级景区	各类 A 级景区	3 月 15 日前网上直报

（2）部门综合报表。

主要调查地方接待入境旅游人数（过夜游客人数、一日游游客人数）、入境过夜游客人 / 天数、星级饭店接待国内过夜游客人数、星级饭店接待国内过夜游客人天数等。部门综合报表目录如表 7-17 所示。

表 7-17 示例：部门综合报表目录

表号	表名	报告期别	填报范围	报送单位	报送日期及方式
文旅综 1 表	地方旅游接待基本情况	年报	各级文化和旅游行政部门管辖范围内的有关旅游市场情况	各级文化和旅游行政部门	3 月 15 日前网上直报

（3）快报表。

主要调查旅行社组织接待国内旅游情况、旅行社外联接待入境旅游情况、旅行社组织出境旅游情况和星级饭店住宿接待情况。快报表目录如表 7-18 所示。

表 7-18 示例：快报表目录

表号	表名	报告期别	填报范围	报送单位	报送日期及方式
文旅快 4 表	旅行社组织接待国内旅游情况快速调查表	季报	各级文化和旅游行政部门管理的旅行社	各类旅行社	每季后次月 10 日前
……	……	……	……	……	……
文旅快 7 表	星级饭店住宿接待情况快速调查表	季报	各级文化和旅游行政部门管理的星级饭店	各类星级饭店	每季后次月 10 日前

（4）抽样调查问卷。

调查问卷是世界各国通行的旅游数据搜集方式。《全国文化文物与旅游统计调查制度（2020）》规定了调查的主要内容是游客旅游停留时间、旅游花费等，并给出了调查问卷。由于游客花费涉及旅游收入的计算，而不同类型游客的花费有较大差异，因此需要对不同类型的游客设计出不同的表式，有国内出游情况调查表，入境游客花费 A、B 表，以及旅行社填写的接待入境游客收入调查表等。抽样调查问卷目录如表 7-19 所示。

表 7-19 示例：抽样调查问卷目录

表号	表名	报告期别	填报范围	报送单位	报送日期及方式
文旅统调 1 表	国内出游情况抽样调查问卷	年报	电话抽访各类国内游客出游情况	文化和旅游部	3 月 15 日前网上直报
……	……	……	……	……	……
文旅统调 5 表	地方接待国内游客抽样调查问卷	年报	各级文化和旅游行政部门随机访问各类国内游客旅游情况	各级文化和旅游行政部门	3 月 15 日前网上直报

（5）分层旅游统计制度。

《旅游统计调查制度》是从国家层面规定的旅游统计制度，按照统计上“下算一级”的管理原则，用以指导省一级的旅游统计。国家级与省级的旅游统计在概念上和侧重点上是有区别的。国家旅游统计不依赖于各省上报的数据而独立进行旅游统计，包含国内游、入境游以及出境游三大市场。其中，国内游的人次数来源于全国酒店直报系统，出境与入境数据来源于口岸数据。

在省一级，游客人数的含义和国家级不同，国家一级公共的游客数量含义是“出游”人次数，而省一级的含义是“接待”的游客人次数。在省一级，一般不做三大市场的完整数据，侧重于做国内游客的接待人次数，国际游客仅从酒店住宿登记中统计接待的人次数。省一级国际游客的花费数据由国家旅游局根据全国花费调查分给各个省，以便各省计算国际游客的旅游收入。

在市县一级，三大市场仅做国内游客的接待人次数，不做居民出境游，国际游客的接待仅少数国际化比较高的市县做，如三亚。绝大部分市县不涉及国际游客的人次数和收入。

（二）旅游统计指标

旅游统计的指标基本上包括两类，一类是反映规模的人数指标，另一类是反映效益的旅游收入指标。

旅游统计的人数，指的是人次数。按照住宿业填报的规定，以接待游客的酒店、旅行社以及景区等旅游企业填报接待人数。由于没有办法对重复填报的人数进行剔除，只能对住宿单位填报的人数进行加总。因此，我国旅游统计中对游客数量的统计数据，既不是游客到达旅游目的地的人数，也不是游客在旅游目的地的过夜数，而是酒店前台登记的人数，叫“人次”。换言之，一名游客旅游了 7 天，如果只在一个酒店入住，数量为 1 人次，如果换了三家酒店，就是 3 人次。

根据《旅游统计调查制度》，各地旅游管理部门根据得到的企业填报报表与口岸数据等，结合游客花费抽样调查问卷所产生的游客花费数据，核算出各个指标值。

（1）游客人数的核定。

以旅游饭店、社会旅馆等各类住宿供给单位填报的数据为基础，参考口岸、交通枢纽、景区、旅行社等人数核算而来。

（2）旅游收入的计算。

根据游客花费抽样调查问卷，计算出游客的人均天花费，再根据游客人数的核算计算出的游客平均每人的驻留时间，相乘而来。即旅游收入 = 游客的人均天花费 × 游客的人天数。住宿单位填报的有游客平均入住天数。加权平均，计算所有游客在旅游目的驻留的时间（天）。是计算旅游收入的依据之一。

（三）旅游统计报表

根据上述原则，分不同类别的游客进行分类统计，形成如表 7-20 所示表格。

表 7-20　示例：XX 省 / 市旅游接待基本情况表

填报单位：　　　　　　　　　　　　××年××月

项　目	本月	与上年同期对比增长（%）	1-本月累计	与上年同期对比增长（%）
一、地方接待入境旅游人数（人次）				
1. 过夜游客人数				
（1）中国香港				
（2）中国澳门				
（3）中国台湾				
（4）外国人				
2. 一日游游客人数				
（1）中国香港				
（2）中国澳门				
（3）中国台湾				
（4）外国人				
二、地方接待入境过夜游客人 / 天数				
（1）中国香港				
（2）中国澳门				
（3）中国台湾				
（4）外国人				
三、星级饭店接待国内过夜游客人数（人次）				
四、星级饭店接待国内过夜游客人天数				
五、住宿设施单位数（个）				
（1）星级饭店				
（2）非星级住宿设施				
六、住宿设施床位数（个）				
（1）星级饭店				
（2）非星级住宿设施				

如表 7-20 所示，统计报表的各项指标和分类，基本上是目前全国各地各级旅游管理部门的统计格式表。不同的地区根据本地旅游特色可以在大类下进行细分，如海南在国内过夜游客下面分候鸟类游客以及短租游客等。该统计报表分月度、季度、年度。

（四）旅游统计在国际上的做法

旅游卫星账户（Tourism Satellite Account，TSA）是联合国世界旅游组织等国际机构所积极推广的一种旅游统计方法。由于旅游是一个综合性产业，因旅游而增加的交通运输、购物等收入，在国民经济账户中分别计入交通运输业和社会商品零售业中，并没有独立的旅游产业。为了反映旅游产业对GDP的贡献率，反映旅游对国民经济相关产业的带动作用，世界旅游组织在2000年提出了旅游卫星账户的概念，向世界各国推荐旅游卫星账户的核算方法。即在国民经济主账户之外，建立一个“附属”账户，剥离出因旅游业带来的增长，从而计算出旅游业对GDP的贡献率，对相关产业和指数增长的作用。

TSA与我国从需求层面统计旅游的人数、收入两个指标不同，它统计的结果是旅游在整个国民经济核算体系中所占的比重，对社会经济各个方面的影响力和拉动作用。比如对就业、税收以及农民收入等。因此，它不只是关注于对游客人数的统计，更关注于旅游这种经济活动对目的地的整个经济带来的影响，提供了旅游业在社会经济方面所具有的作用和影响力的统计信息。这样统计的结果，使得旅游业与其他产业具有可比性，同时具有地区之间、国家之间的可比性。TSA是一种测度旅游业经济影响的方法体系，是一种国际通行的权威、有效的衡量工具，成为各国政府部门制定旅游经济发展政策的有力工具。

联合国世界旅游组织（UNWTO）认为：一个国家的旅游统计体系应该是整合和协调所有旅游业参与者所产生信息的一个基本框架。这个框架应包括与旅游业相关的基本概念、定义、分类、指标、统计结果和表格，能详尽并全面地描述旅游现象在物质、社会以及经济等方面的表现，其统计和测算的数值具有国际可比性。因此，旅游卫星账户是旅游统计体系的一个构成方面。

据世界旅游组织预测，我国将在2020年成为世界最大旅游目的地，旅游业在我国国民经济中日益发挥着重要作用，旅游消费也是我国居民未来重要的消费升级项目之一。对旅游活动所带来的经济效益及其对国民经济的贡献进行全面、科学、准确地评估是十分必要的。但旅游活动本质上是一种消费或需求现象，传统上旅游活动未纳入国民经济核算体系。对于旅游业这样表现为需求方的特征，难以在传统的以供给方为特征的国民账户体系里体现的行业，往往使用附属账户或卫星账户的核算方法。

旅游卫星账户自20世纪70年代末至今已发展了近40年，实现了将旅游活动作为一种经济现象纳入宏观经济统计主流的目标。世界上许多国家编制了自己的旅游卫星账户，如加拿大、西班牙、澳大利亚以及美国等。我国目前已有多个省市编制了地区旅游卫星账户，如厦门、江苏、浙江、广西、贵州以及北京等。

二、当前旅游统计存在的问题

（一）“游客”定义宽泛

《中国旅游统计年鉴》对“游客”的定义，是“不以谋求职业、获取报酬为目的，离开惯常居住地10公里以外，停留时间超过6小时、但不超过12个月，从事参观游览、度假休闲、探亲访友、健康疗养、考察、会议等活动，以及从事经济、科技、文化、教育、体育、宗教等活动的人”。

在上述定义中“10公里”“6小时”“不挣钱”核心判断标准下，游客可以变得非常宽泛。随着现代交通方式的快捷，单位时间通行半径的扩大，“10公里，6小时”的统计标准已经无法准确界定游客，造成游客人数和旅游花费统计泛化现象的出现。例如，郊区农家乐、打麻将、周边游等，超过6小时即可算作游客，这种一日游数量成为各地上报数据中最具争议所在，造成在去重的情况下，市县总数大大高于省，各省总数大大高于全国。常见的评价是：“纵向不能加、横向不可比。”目前游客定义存在的核心问题是无法区分出多远的距离以及多长的时间才能比较恰当地反映当前游客的定义。

（二）游客人数以“人次”统计

游客人数是旅游统计的核心指标。二十多年前，在旅游不太发达、业态不够丰富以及住宿设施单一的情况下，以旅行社与酒店为主以“人次”来统计游客数量是必然的。但随着旅游的发展，散客比例越来越大，新业态越来越普遍，非星级酒店住宿越来越多，传统旅游统计方式越来越面临挑战。

“人次”的概念，不能准确地反映一个旅游目的地游客的数量。假定一个度假性质的目的地和一个观光性质的目的地，两个地方来的游客的人数是一样多的，但由于度假客人的特征是住在一个酒店休闲晒太阳，而观光客会到处游览，会不断换酒店，这样，两个目的地统计出的游客数量会有很大的差距。

以酒店为统计主体，还有一个限制，即统计口径不全。旅游房地产的发展，加之鼓励旅游创业，大量的游客入住自己购买的第二房产，或者入住家庭旅馆，这些，均不在传统旅游填报的范围之内。在滨海度假地，这种现象尤甚。

（三）调查方法的弊端

如上所述，《全国文化文物和旅游统计调查制度》中的调查方法有两种，一种是基层单位的填报报表，另一种是抽样调查。填报方式主要针对旅游基层单位，了解其基本情况、财务情况以及每月经营情况等，以和国家文化和旅游部联网直报方式，省市级旅游局负责审核。抽样调查主要针对游客进行的三大市场（国内、出境与入境）调查，包括国内游客花费调查、入境游客花费调查以及国内居民出游调查等。目前采用拦截面访、计算机辅助电话调查以及入户调查等方式进行。拦截面访有传统纸质问卷，也有电子问卷（手机与 PAD），以被动调查为主。旅游花费调查的数据是旅游收入计算的依据（旅游收入 = 人天数 × 人均天花费），花费问卷是一种回忆式填写。

这两种调查方式存在以下弊端：网上直报方式难以从源头把握数据的真实性；问卷调查方式游客接受程度低，回忆式填写难以确保数据的准确性；随着旅游需求的个性化与多元化，小众市场对样本均衡性的要求高，万分之三样本量所具有的代表性受到质疑。

（四）市县级旅游统计欠缺

现行《全国文化文物和旅游统计调查制度》通过基层报表、部门报表及抽样调查的方式，获得了国家层面三大旅游市场、旅游特征产业等相关统计指标的基础数据，满足了国家旅游统计公报、旅游统计年鉴等宏观数据的要求。按照国家统计与国民经济核算下算一级的原则，各省根据实际情况，对国家旅游统计调查制度进行修订，形成各省旅游统计调查制度。在满足国家层面的报表及抽样调查的基础上，通过执行各省旅游统计调查制度，形成各省的旅游统计发布数据。因此，现行的《全国文化文物和旅游统计调查制度》使国家和省级旅游统计在基础数据的获取上有章可循，在总量指标的推算上有据可依。

随着全域旅游的发展，新理念、新模式及新思路的出现，县域旅游成为振兴地方经济的主要抓手。市县级地方层面旅游业对经济的拉动如何衡量就显得极其重要，但目前市县层面的旅游统计工作问题很多。

（五）出境旅游市场统计不足

国家层面入境、国内及出境三大旅游市场是国家旅游统计调查的目标，但三大市场的调查发展不均衡。早期主要统计到中国来的国际游客，以入境市场为主；之后国内旅游发展迅猛，国内旅游市场的统计逐渐完善，成为各省旅游统计的重要工作；但尽管出境旅游迅猛发展，仍存在“轻出游”与“重接待”现象。例如，海南省旅游统计只做国内和入境两大市场，一直没有公布居民出境旅游的数据。随着出境旅游市场的不断壮大，各级政府、企业需要及时了解并掌握出境旅游市场的规模、出行目的地、出行目的、花费结构及花费水平等信息，完善出境旅游市场统计调查，实现入境、国内以及出境三大旅游市场统计调查的均衡发展。

（六）旅游供给统计的问题

根据《全国文化文物和旅游统计调查制度》，旅游的供给方调查，以旅游饭店、旅行社以及旅游景区三个产业为主，调查范围窄，与国民经济核算体系中的现行旅游产业分类不吻合。且调查的内容仅有单位基本情况以及财务报表等，不属于国民经济核算中各个产业的产出、增加值及其构成等的经济性指标。这种现象导致旅游卫星账户的数据基本需要来源于统计局，但统计局提供的数据分类水平根本无法达到TSA的数据要求。各级统计局面对所有国民经济行业，按照统一标准与方法进行统计，如工业分为规模以上（规上）、规模以下（规下），服务业分限额以上（限上）、限额以下（限下），而旅游业涉及的住宿业、餐饮业以及娱乐业等多数为限下单位，少统与漏统现象非常普遍。因此，现行旅游统计数据一方面无法和其他产业进行对比，无法直接看出旅游产业的发展情况，另一方面也没有和国际接轨，无法和国际上其他同类型的旅游目的地数据进行对比。

三、基于大数据的旅游统计的优势

大数据技术与应用的发展为解决上述旅游统计的现存问题提供了途径。大数据用于旅游统计具有如下优势。

（一）数据的客观性

大数据技术可以通过技术和设备直接获取、存储以及分析游客、旅游企业和涉旅各个行业和管理部门相关数据，基于大数据的统计工作从数据采集、数据存储到数据处理均采用计算机和算法来执行，排除了人工干预，可信度高于填报以及调查问卷，能够在一定程度上确保统计结果的客观性。

（二）数据的代表性

传统的统计学方法考虑到数据采集、存储和处理的能力有限，因此只能采取抽样的方式，用小的数据样本推算总体。基于大数据的方法突破了数据采集、存储和处理能力的限制，采取尽可能多地搜集数据的方式，从大量的、不同来源的、冗余的数据当中去分析现象以及和挖掘现象之下的规律。大数据所涵盖的样本量虽然不能视为总体，但包含了庞大的数据量、多维度多模态的数据形式，具有迅速产生、实时和迅速处理的能力，即使小部分样本的不足也不能导致结构性的偏差，也不会造成信息损失和估计精度问题，较之问卷数据更具有代表性。

（三）数据的覆盖范围大

随着大众旅游时代，新时代的游客呈现出散客化和个性化特征，旅游市场不断细分，大数据能够获取传统供给统计无法覆盖日趋多样的业态和细化的市场数据。例如，国家旅游数据中心为了搜集某市民假日周边郊县农家游等数据，用手机位置数据，首先圈定出传统的景区，然后在周末日观察手机位置的移动，通过轨迹和区域热点分析，去掉传统景区之外的人群比较聚集的区域，可以清晰地发现郊县农家乐和新的旅游热点，再挑选典型热点采用抽样调查的方法，调查线下实际情况，寻找规律性的数据连接特点，最后，比较准确地算出周末郊县游的人数和主要特征等，对该市居民周末出游的规律、热点、消费等情况进行综合分析，从而为进一步发展周边旅游、刺激居民短途旅游的消费政策提供依据。

（四）准确的人数统计

目前旅游统计中的统计项“旅游人数”主要通过规模以上住宿设施前台登记人数结合增长率获得，即“人次”，而如上文所述，“人天”较“人次”更能准确表示旅游人数。而目前即便是“人天”即过夜游客的统计，也主要源于住宿行业的填报，主观填报和客观误差等易造成数据不准确。采用大数据能够进行过夜游客的识别，较为准确地获取“人天”数，进行更准确的“旅游人数”统计。

而对于特殊类型的游客如候鸟、一日游等，依靠传统的统计方式很难得到准确数据。大数据的优势则更加明显。比如，海南省候鸟的定义是21天以上、一年以下，由于候鸟一般不居住在酒店等经营性的住宿单位，更多地在自购房屋中居住，平时生活和当地居民无异，因此用传统的住宿单位填报方式很难收集到准确数量信息。一日游的定义是离开常住地（或者惯常地）6小时以上超过10公里，不以赚钱为目的休闲类活动。用传统的方法很难做到精确统计，用大数据的方式可以比较准确地定位常住地，以此为圆点确定一日游的人数。

（五）实时的客流统计

传统旅游统计工作主要是基于旅游统计系统和旅游卫星账户，二者均以统计学的填报和抽样调查作为数据采集的主要方式，而大数据在对旅游流及旅游体验等对数据精度与结构要求严苛的领域，尤其是需要进行实时统计领域可以实现不可比拟的优势，大数据能够准确地追踪实时客流并进行实时客流统计（见本章第一节）。

四、可用于旅游统计的大数据源

可用于旅游人数统计的数据源包含三大运营商的手机位置信息、景区闸机人数、GPS车辆数及航班人数等。可用于旅游收入统计的数据源有支付宝订购、OTA订购及银联刷卡等。可用于游客分类的数据源主要是游客移动设备中下载安装手机App应用的数据。

在实际进行基于大数据的旅游统计中，并不是依靠单一数据源，而是综合多源数据，相互比对与校对，科学合理地进行旅游统计。

五、基于大数据的旅游统计方法

游客从惯常居住地出发，通过大交通到达旅游目的地，乘坐小交通到达住宿酒店，再进行游览、观光以及餐饮等，最后通过大交通回到惯常居住地，在这个闭环中，一系列行为均被记录在上述可用于旅游统计的数据源中。根据这些数据，可以进行各种旅游统计。

（一）游客总量统计

当前实际被用于游客总量统计的数据主要是GPS和运营商手机基站位置数据。方法与步骤与上述旅游客流统计与分析步骤与方法相似（见本章第一节），即包含GPS和运营商数据获取、游客确定、停留点以及轨迹确定等。

当采用某种数据源确定游客人数后，还需要根据该数据源用户的市场占有率等进行总量的估计，计算出游客总量。

（二）游客消费统计

这些大数据可以从不同角度捕捉到数据的变化进而捕捉到游客的行为特征，并进行归类分析，区分出不同类型的游客；通过轨迹的变化，定位其消费点，从而推算出区域人数和其消费量。

（三）游客分类统计

游客所使用的手机以及网络包含了游客的信息查询、预订、攻略分享和支付等数据，脱敏后可以用于游客消费特征分析。例如，携程与百度等发布的旅游大数据报告就实现了对游客进行“画像”，描述主流群体年龄、职业和消费热点等游客时空行为特征。

数据处理过程总体上均为将各种数据源数据进行清洗，包含去重、去噪以及一致性处理等后，根据各种分类指标的要求，基于多源数据进行综合处理。具体可以采用如下几种处理方式。

1. 基于位置数据的分类

基于游客当前地理位置，可在指定范围内获取游客当前位置处1公里范围内的酒店、景区、餐厅、加油站等兴趣点（POI）的名称和地址。根据游客在这些地点的停留时间可以分析出游客的POI选择偏好，据此进行分类。

2. 基于App数据的分类

通过游客使用App的行为数据对用户进行划分。例如通过分析移动设备安装的App列表中，与学历相关的App（如考研、高中课本、题库解答、育儿、科研等）的安装和使用情况以及参考职业标签，分析并预测用户的学历特征。

3. 基于位置和App融合数据的分类

LBS和App融合数据处理能够综合游客的位置行为信息与App所体现的用户行为特征信息，从而分析出游客的地点选择。例如，分析周末娱乐特征，可选取一段时间范围内用户周末LBS信息，依据LBS的经纬度解析出位置信息，识别用户到访娱乐场所POI信息；再根据用户周末某一类娱乐App的使用次数和安装数量来判断用户对某种娱乐行为的选择程度。

4. 基于业务规则推导与机器学习的分类

对于无法直接获取的游客特征，需要通过两种方法综合分析。一是业务规则。业务规则是指对业务定义和约束的描述，用于维持业务结构或控制和影响业务的行为。业务规则技术的基本思想是将系统处理的业务逻辑从程序代码中抽取出来，将其转变为简单的业务规则，以结构化的业务规则数据来表示业务行为，采用类自然语言来描述，并集中存储在规则库中。二是机器学习。不同于业务规则预定义规则的方法，机器学习是从数据中学习的方法。首先通过大量的相关数据来训练模型，再通过已经训练好的模型来获取游客特征。例如，在机器学习模型的训练阶段，需要通过提供大量的游客数据来训练，找到重复的模式，如具有相似或相同特征的游客类型；然后，当新的游客数据被采集后，已经训练好的模型可以识别出该游客属于哪种类型的游客。

实训与思考

基于手机信令数据的旅游统计

【实训目的】

了解手机信令用于旅游统计的原理，传统的旅游统计方法的局限性。讨论符合旅游统计标准的手机信令数据处理的原理，并尝试用旅游统计的标准进行手机信令数据处理的方法。

【实训要求】

表 X 是一份基于某移动通信运营商手机信令数据的海南省外省游客统计表，按照其市县范围，每隔 2 小时静态抓取了外省手机用户数量。针对手机信令数据的统计目的是对游客人数进行统计。讨论并回答以下问题：

1. 这些外省手机数据可否作为外省游客？这些数据的价值如何？用什么样的线下验证方法，使这些数据可以去补充传统统计方法对游客数量的统计？

2. 这种静态抓取外省游客的方法有哪些局限性？针对手机信令数据，按照游客定义，是否有更加科学准确的方法？

3. 三大运营商的数据是不是更加准确？

【方法与工具】

一、方法

1. 官方统计数据验证方法，将官方公布的旅游统计数据与表 X 的数据进行对比分析；

2. 线下验证方法，指到现场进行游客数量调查，与表X的数据进行对比分析；

3. 文献资料分析法，通过对有关旅游统计和基于大数据的旅游统计的文献与资料进行分析，回答实训要求的讨论与问题。

二、工具

目的地官网、旅游主管部门官网、统计部门官网等，Excel。

【操作步骤】

一、对表X关于国内游客认定的方法进行分析

根据《中国旅游统计年鉴》对“游客”的定义，是“不以谋求职业、获取报酬为目的，离开惯常居住地10公里以外，停留时间超过6小时、但不超过12个月，从事参观游览、度假休闲、探亲访友、健康疗养、考察、会议等活动，以及从事经济、科技、文化、教育、体育、宗教等活动的人”。据此，表X判断是不是一名岛外游客的主要要素为:（1）进入海南的岛外人;（2）停留时间超过6小时;（3）不在海南谋生;（4）可从事各类活动，只要居住在酒店均可算作游客。

根据上述要素，表X用“排除法”对所有岛外手机的非游客属性进行了鉴别和处理:

（1）所有外地手机进入本岛，从距离上均已超过10公里，都有是“游客”的可能性。

（2）上岛时间不超过6小时，均不作为游客。其一，可能是进岛后做短期停留的航空公司、船务公司等工作人员；其二，沿海有可能出现的渔民靠港情况。因此，系统对港口、机场、沿海一带出现的不超过6小时的短期信号均进行了删除。

二、对表X关于总量确定的方法进行分析

对游客的加总数和现有官方的旅游统计在口径上不同。现有旅游统计是以入住酒店的前台登记为准，登记一次算一个“人次”。表X统计的是每天晚上11点（考虑到再晚会有关机的情况）在岛的游客数量，概念上应是当日游客的过夜人数，一个月的加总数量应是本月的“人夜”，或者叫“人天”。

三、对表X关于数据的全面性进行分析

表X未统计其他两家移动通信运营商的手机用户，原因如下。（1）在三大运营商的底层数据无法在统计前进行比对和有效认定的前提下，三家运营商如果分别统计出三套数据，简单加总后得出的数据误差将会更大（使用两个手机的用户将会重复计算）;（2）统计的手机用户样本总量约占总样本的68%，现有任何一种抽样统计都无法做到如此大的样本量，数据具有一定的可靠性，而在比例分析上可靠性更高;（3）国际游客数据是漫游到中国来并且和运营商有入网协议的手机，没有按照68%的比例推算。

四、对表X关于数据的时效性进行分析

移动运营商每五分钟发送一次数据，表X每一个小时更新一次数据。因此，表X的特点是时效性强，基本可以做到实时监测。在景区的人流密度控制上，不仅可以实时

监测计算出景区的人流密度，还可以提前预测景区未来半小时、一小时将会达到的游客数量。对于黄金周监测、重大活动实时监测指挥，都具有实际意义。

【自我评价】

通过实训，进自我评价，评价量表如图 7–21 所示。

表 7–21 评价量表

评价项目		评价标准
实训内容	基于大数据的旅游统计方法掌握程度	等级一：能够针对“实训要求”设定的讨论问题，给出自己的观点，并提供丰富、合理及科学的依据。
		等级二：能够针对“实训要求”设定的讨论问题，在各种可能的结论和观点中，给出自己的观点。
		等级三：能够针对“实训要求”设定的讨论问题，分析出各种可能的结论和观点。

【拓展练习】

1. 分析以下关于旅游统计争论的系列文章，分析当前旅游旅游存在的问题，给出基于大数据的可能的解决方案：

· 周鸣岐 . 旅游数据注了多少水？民众背债太多，无力消费？［EB/OL］. 虎嗅，2020–04–23.

· 陈旭 . 是旅游数据注水还是脑子进水？这妄想症得治！［EB/OL］. 读点数，2020–04–26.

· 保继刚 . 对当前旅游统计工作的几点看法和建议［EB/OL］. 易水文旅，2020–05–08.

· 李享 . 旅游统计数据的“误读”［EB/OL］. 广君微言，2020–05–08.

2. 思考目前基于大数据的旅游统计没有被广泛应用的原因。

参考文献

［1］张超颖 . 中国旅游业行政监管研究［D］. 中国地质大学，2015.

［2］王灿邑 . 论我国旅游市场的行政监管［D］. 长春理工大学，2013.

［3］中华人民共和国文化和旅游部官网［EB/OL］. https：//www.mct.gov.cn.

［4］伯纳德·施瓦茨 . 行政法［M］. 徐炳，译 . 北京：群众出版社，1986.

［5］黄芳 . 大数据开启旅游投诉综合处理新模式［D］. 中国管理信息化，2016.

［6］黄芳 . 基于大数据的旅游投诉及质量监管新机制研究［D］. 重庆大学，2017.

［7］潘立新，吴俏，刘晓莉，等 . 基于大数据的游客情感满意度研究——以芜湖方特为例［J］. 宿州学院学报，2020（1）：6-11.

［8］信联网商务信用体系建设项目组 . 信联网商务信用体系理论与实践——信联网在旅游信用监管中的应用［J］. 中央财经大学学报，2017（5）：88-94.

［9］姜烛，刘力真 . 旅游服务质量信用评价基本指标体系研究［J］. 标准科学，2017.

［10］孙易冰，等 . 一种基于网络爬虫技术的价格指数计算模型［J］. 统计研究，2014，31（10）：74-80.

［11］杨正洪 . 智慧城市：大数据、物联网和云计算之应用［M］. 北京：清华大学出版社，2014.

［12］王洪波 . 把准脉开好方：舆情危机研判与应对［M］. 北京：新华出版社，2017.

［13］唐钧 . 应急管理与危机公关：突发事件处置、媒体舆情应对和信任危机管理［M］. 北京：中国人民大学出版社，2012.

［14］万旋傲 . 网络舆情与公共政策［M］. 上海：上海交通大学出版社，2018.

［15］姜胜洪 . 网络谣言应对与舆情引导［M］. 北京：社会科学文献出版社，2013.

［16］傅祖芸 . 信息论：基础理论与应用［M］. 北京：电子工业出版社，2011.

［17］杜炜 . 旅游消费行为学［M］. 天津：南开大学出版社，2009.

［18］王肇 . 旅游客源地［M］. 北京：中国林业出版社，2001.

［19］杨德清 . 人口统计学［M］. 石家庄：河北人民出版社，1981.

［20］马耀峰，李天顺，刘新平 . 旅游者行为［M］. 北京：科学出版社，2008.

［21］甘枝茂，马耀峰 . 旅游资源与开发［M］. 天津：南开大学出版社，2000.

［22］黎巎．旅游大数据研究［M］．北京：中国经济出版社，2018.

［23］王兴斌．国内旅游统计数据为何“横向不可加、纵向不可比”？——对规范出国内旅游统计的建议［N/OL］. http：//net.blogchina.com/blog/article/1596272，旅游商报，2013-08-29.

［24］中国社会科学院经济研究所．现代经济词典［M］．南京：江苏人民出版社，2005.

［25］国家统计局，北京市2015-2019年国内生产总值（GDP）变化趋势［EB/OL］．http：//data.stats.gov.cn/easyquery.htm?cn = E0105&zb = A01&reg = 110000&sj = 2019，2020-05-20.

［26］王秀玲．大数据在旅游统计中的应用研究［J］．产业与科技论坛，2018，17（23）：47-48.

［27］席唤民．新编旅游统计学［M］．7版．北京：旅游教育出版社，2017.

［28］李享．旅游统计学［M］．2版．北京：中国旅游出版社，2016.

［29］张珊，程静．旅游统计学［M］．北京：机械工业出版社，2015.

［30］黎洁．旅游卫星账户——理论与案例［M］．天津：南开大学出版社，2011.

［31］黎洁．旅游卫星账户与旅游活动对地区经济影响研究［M］．北京：经济科学出版社，2010.

［32］汪峰，魏玖长，赵定涛．综合危机应对模式构建与组织声誉修复——基于两个案例的研究［J］．公共管理学报，2013，10（3）：63-74+140.

［33］郭凯．面向Web文本的数据清洗关键技术的研究与实现［D］．西安电子科技大学，2009.

［34］潘玮，牟冬梅，李茵，刘鹏．关键词共现方法识别领域研究热点过程中的数据清洗方法［J］．图书情报工作，2017，61（7）：111-117.

［35］许林杰．中文文本分词研究［D］．山东师范大学，2003.

［36］商宪丽，王学东．微博话题识别中基于动态共词网络的文本特征提取方法［J］．图书情报知识，2016（3）：80-88.

［37］杨凯艳．基于改进的TFIDF关键词自动提取算法研究［D］．湘潭大学，2015.

［38］刘楠．面向微博短文本的情感分析研究［D］．武汉大学，2013.

［39］杨安琨．互联网热点话题聚类研究与实现［D］．武汉邮电科学研究院，2016.

［40］张志华．基于深度学习的情感词向量及文本情感分析的研究［D］．华东师范大学，2016.

［41］严明，郑昌兴．Python环境下的文本分词与词云制作［J］．现代计算机（专业版），2018（34）：86-89.

［42］张华苹．话题聚类研究及其应用［D］．北京邮电大学，2014.

［43］沈琳．基于微博文本的话题聚类研究与实现［D］．河北科技大学，2014.

［44］尚庆松，石庆升，崔炳谋．基于灰色—马尔科夫预测模型的售票窗口客流量预测研究［J］．铁道运输与经济，2019，41（1）：85-89.

［45］何岸青．基于多项式拟合与支持向量机的股票关键拐点预测［D］．吉林大学，2016.

［46］卢懿．灰色预测模型的研究及其应用［D］．浙江理工大学，2014.

［47］徐群．非线性回归分析的方法研究［D］．合肥工业大学，2009.